Die 39 schönsten Touren für die Kleinsten

# Wanderungen mit dem Kinderwagen

## Münchner Umland

J. BERG

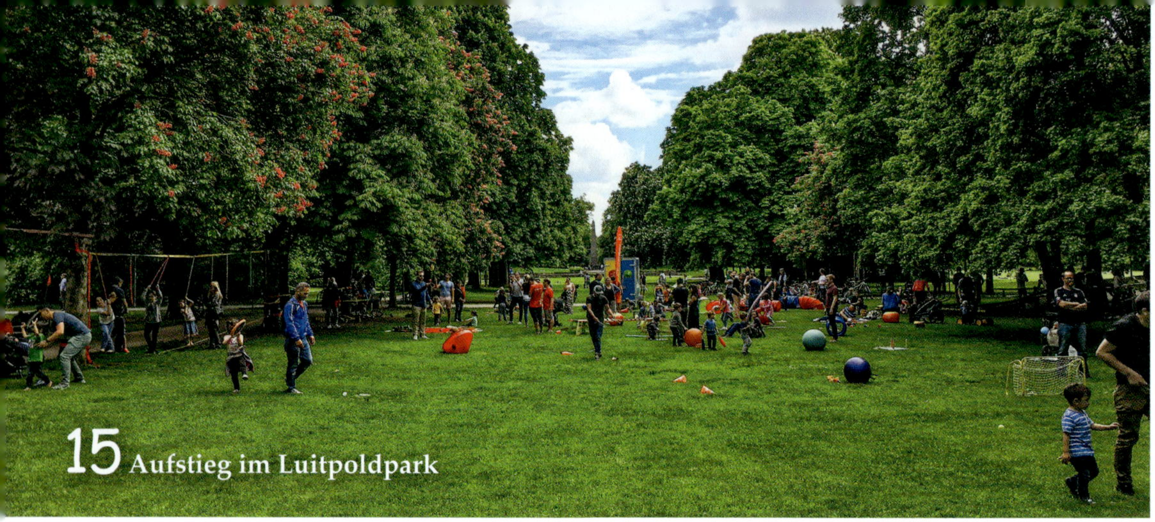


# Inhalt

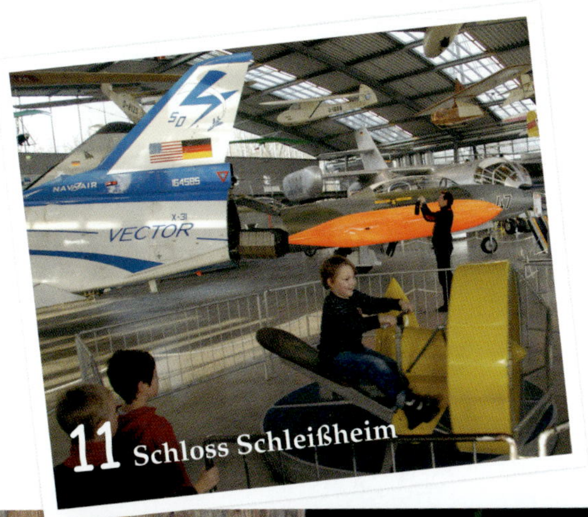

11 Schloss Schleißheim

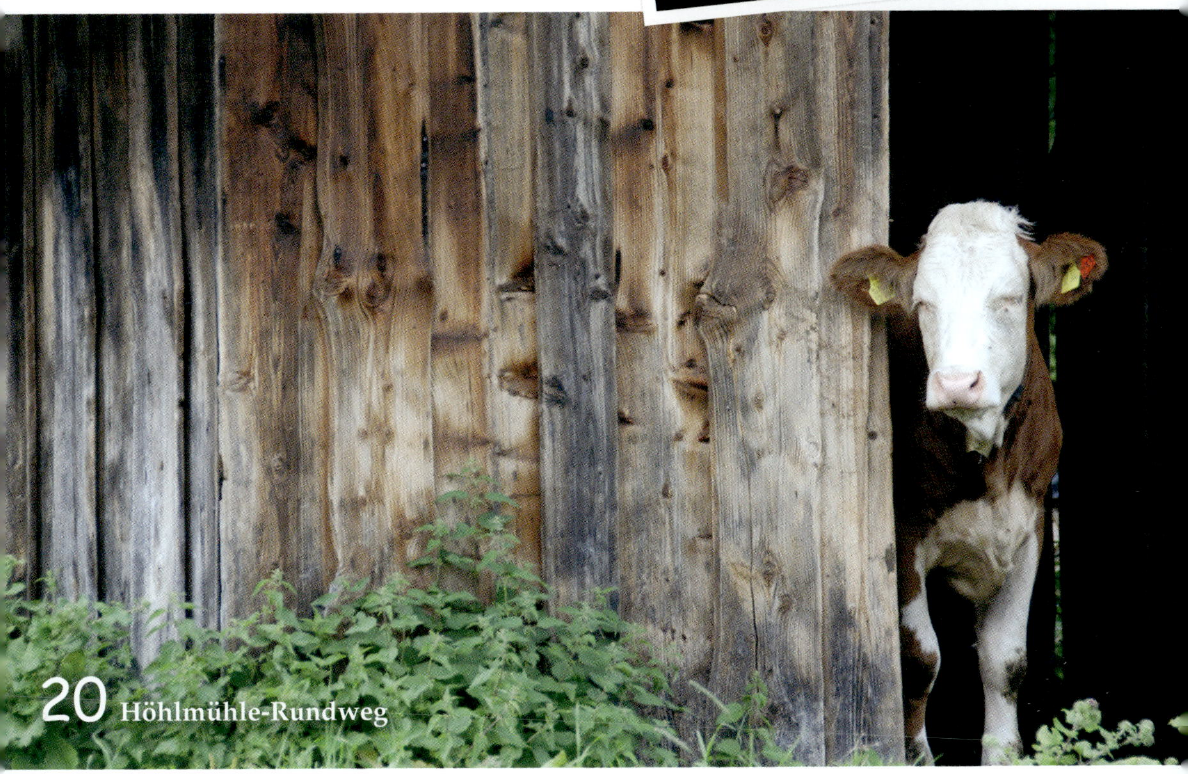
20 Höhlmühle-Rundweg

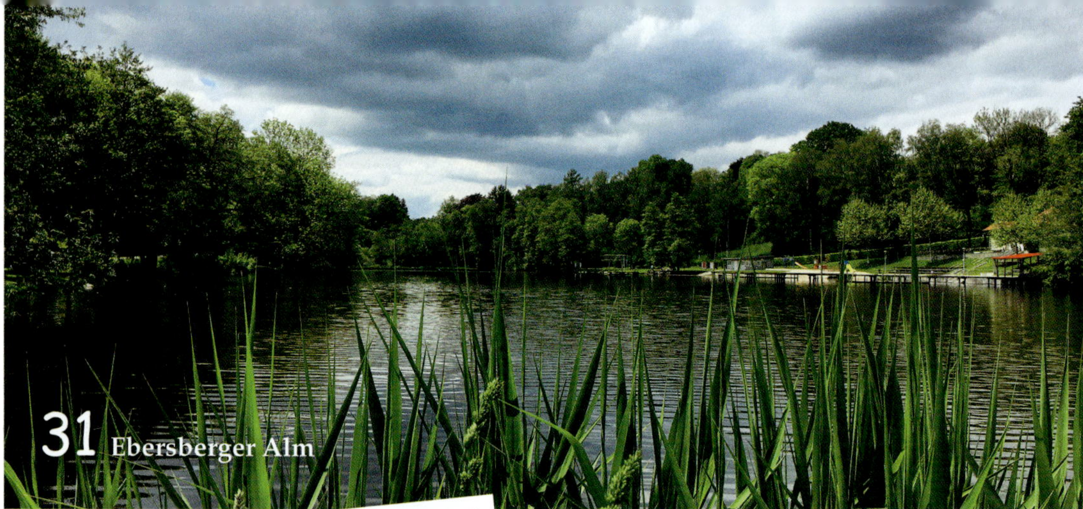


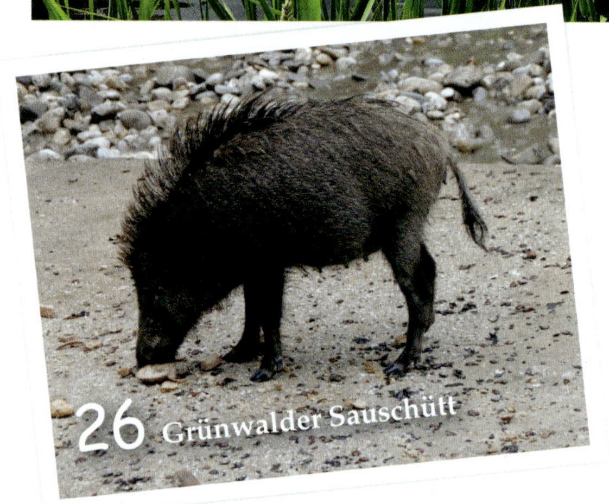


## Münchner Süden 72



## Münchner Osten 98

## Voralpen 110



## Abspann ........ 124



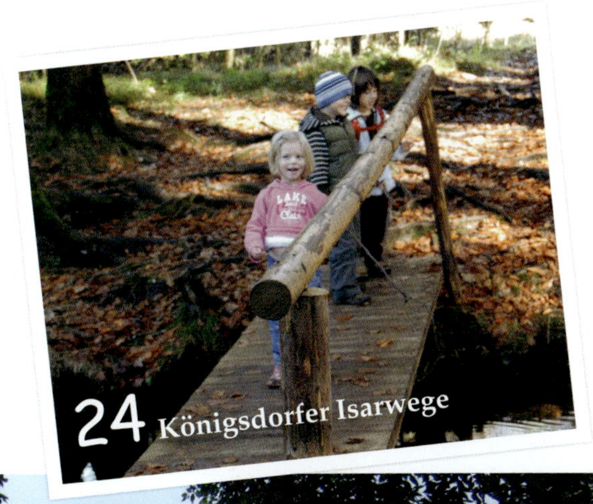
24 Königsdorfer Isarwege

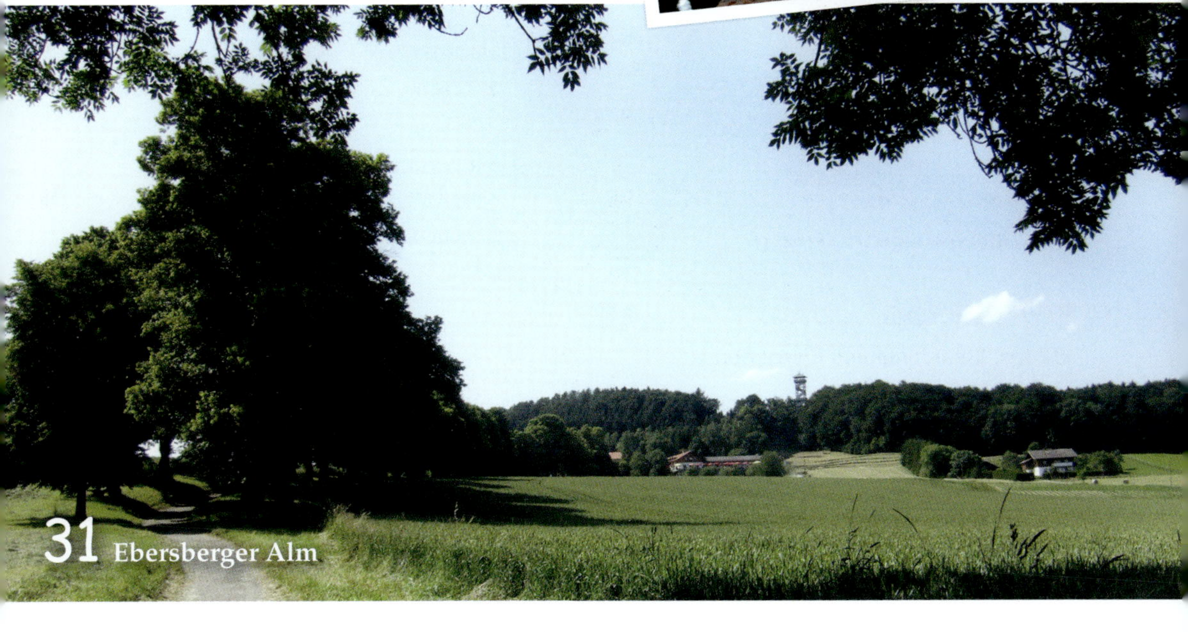
31 Ebersberger Alm

# Tourenüberblick

| Tour | | | km | Hm | Std. | | | | | | | |
|---|---|---|---|---|---|---|---|---|---|---|---|---|
| 1 | ● | Lechpark Pössinger Au | 7,0 km | 35 Hm | 1.30 Std. | ● | ● | ● | ● | ● | | |
| 2 | ● | Deuringer Heide | 2,5 km | 10 Hm | 1.00 Std. | | ● | | | | | |
| 3 | ● | Vogelpark Olching und Amperlust | 5,0 km | 50 Hm | 1.15 Std. | ● | ● | ● | ● | ● | | |
| 4 | ● | Amper und Amperliebe | 6,5 km | 5 Hm | 1.25 Std. | ● | ● | | ● | ● | | |
| 5 | ● | Birgittenweg Altomünster | 6,1 km | 35 Hm | 1.05 Std. | ● | | | | | | |
| 6 | ● | Windachspeicher | 8,5 km | 25 Hm | 1.50 Std. | ● | | | ● | | | |
| 7 | ● | Weßlinger See | 3,7 km | 10 Hm | 1.40 Std. | ● | ● | | ● | ● | | |
| 8 | ● | Leutstetten | 7,7 km | 50 Hm | 2.00 Std. | ● | | | ● | ● | | |
| 9 | ● | Maisinger Schlucht | 11,5 km | 50 Hm | 3.50 Std. | ● | | | | ● | | |
| 10 | ● | Hopfenrundweg Wolnzach | 3,7 km | 40 Hm | 1.10 Std. | ● | | | | | | |
| 11 | ● | Schloss Schleißheim | 3/7 km | 0 Hm | 0.45/1.40 Std. | ● | | | | | | |
| 12 | ● | Weihenstephan | 3,9 km | 35 Hm | 1.25 Std. | ● | ● | | | | | ● |
| 13 | ● | Unterföhringer Isarrunde | 8,2 km | 5 Hm | 1.35 Std. | ● | ● | ● | ● | ● | | |
| 14 | ● | Ehemaliger Fischerhans | 5,6 km | 10 Hm | 1.30 Std. | | | ● | | ● | | |
| 15 | ● | Luitpoldpark | 2,4 km | 37 Hm | 0.45 Std. | ● | ● | | ● | | ● | ● |
| 16 | ● | Perlacher Mugl | 6,6 km | 20 Hm | 1.35 Std. | | | | | | ● | ● |
| 17 | ● | Fröttmaning | 5,2 km | 65 Hm | 0.45 Std. | | ● | | | | ● | ● |
| 18 | ● | Landschaftspark Riem | 5,7 km | 0 Hm | 0.50 Std. | ● | ● | | ● | ● | ● | ● |
| 19 | ● | Osterseen | 4,5 km | 15 Hm | 1.30 Std. | ● | ● | | ● | ● | | ● |
| 20 | ● | Höhlmühle-Rundweg | 7,4 km | 45 Hm | 1.40 Std. | ● | | | ● | | | ● |

| Tour | | | km | Hm | Std. | | | | | | | |
|---|---|---|---|---|---|---|---|---|---|---|---|---|
| 21 | ● | Staffelseerunde | 5,6 km | 10 Hm | 1.30 Std. | ● | | | ● | ● | | ● |
| 22 | ● | Sonntraten | 3,5 km | 350 Hm | 1.00 Std. | | | | | | | ● |
| 23 | ● | Kloster Beuerberg | 7,8 km | 35 Hm | 1.35 Std. | ● | ● | ● | | | | |
| 24 | ● | Königsdorfer Isarwege | 3,6 km | 15 Hm | 1.15 Std. | | | | ● | ● | | |
| 25 | ● | Bruckenfischer | 2,6 km | 85 Hm | 0.25 Std. | ● | | | ● | ● | | |
| 26 | ● | Grünwalder Sauschütt | 2,3 km | 0 Hm | 1.10 Std. | | ● | ● | | | | |
| 27 | ● | Deininger Weiher | 2,4 km | 5 Hm | 0.55 Std. | ● | | | ● | ● | | |
| 28 | ● | Rund um Aying | 8,0 km | 50 Hm | 1.30 Std. | ● | ● | ● | | | | |
| 29 | ● | Herrmannsdorfer Landwerkstätten | 3,5 km | 25 Hm | 1.00 Std. | ● | ● | ● | | | | |
| 30 | ● | Wolfmühle | 3,9 km | 0 Hm | 1.15 Std. | ● | ● | | | ● | | |
| 31 | ● | Ebersberger Alm | 5,4 km | 50 Hm | 2.10 Std. | ● | ● | | ● | ● | | |
| 32 | ● | Hohenlindener Sauschütt | 2,9 km | 5 Hm | 0.55 Std. | ● | ● | ● | ● | | | |
| 33 | ● | Wasserburg am Inn | 3,2 km | 75 Hm | 1.00 Std. | ● | ● | | ● | | | ● |
| 34 | ● | Milchrundweg Pfaffenwinkl | 4,1 km | 45 Hm | 2.10 Std. | ● | ● | ● | ● | | | ● |
| 35 | ● | Um den Katzenkopf | 6,4 km | 60 Hm | 1.40 Std. | | ● | | ● | ● | | ● |
| 36 | ● | Rundweg am Brauneck | 3,5 km | 85 Hm | 1.15 Std. | ● | ● | | ● | | ● | ● |
| 37 | ● | Albert-Link-Hütte | 4,5 km | 45 Hm | 0.55 Std. | ● | ● | | ● | | | |
| 38 | ● | Schwaiger Alm | 4,3 km | 30 Hm | 2.00 Std. | ● | | | | ● | | ● |
| 39 | ● | Taubenberg | 4,0 km | 50 Hm | 0.40 Std. | ● | ● | ● | | | | ● |

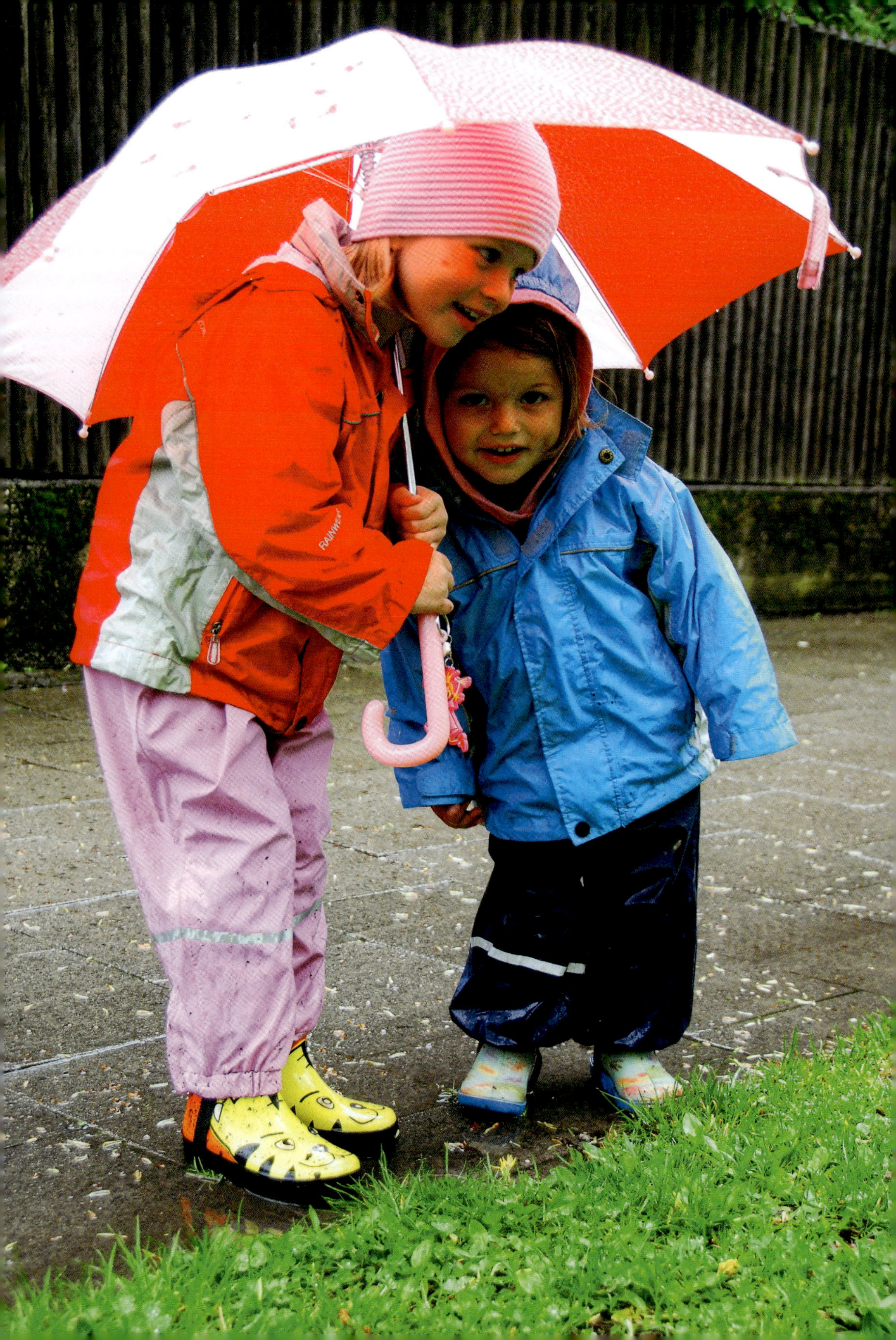

# Vorwort

Ist das spannendste Ereignis für junge Paare, die Geburt eines Kindes, endlich nach Monaten des Wartens und Vorbereitens eingetreten, stellen viele – wie auch wir damals – fest, dass man sich zwar auf vieles Neues, was zum Alltag hinzukommt, eingestellt hat, nur nicht auf das, was dann fehlt: die Freizeit. Hat man dann zwischendurch am Wochenende endlich einmal die Möglichkeit, für ein paar Stunden dem monotonen Kinderwagenschieben rund um Häuserblocks oder stadtnahe, in der Regel rechtwinklig angelegte Waldparzellen zu entfliehen, stellt sich die Frage nach dem »Wohin«. Die stets ähnlichen, wenn auch nicht gleichen Spaziergänge um den Acker von »Bauer Waldbichler« oder entlang der in ein enges Korsett gepferchten Isar – wobei die Namen des Bauers oder Flusses beliebig durch andere Münchner Pendants ausgetauscht werden können – langweilen auf Dauer.

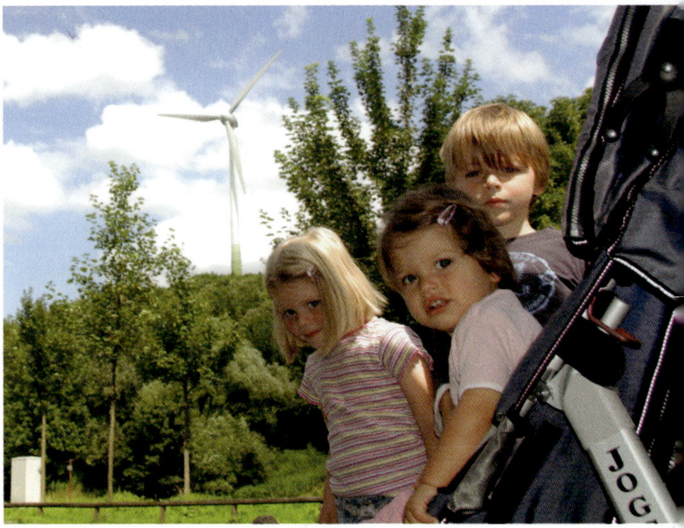

Einer der bekanntesten »Berge« in München: der Müllberg Fröttmaning

Linke Seite: Mit der passenden Ausrüstung darf es auch mal regnen.

Dieser Monotonie muss das Kinderwagenschieben aber nicht unterworfen werden! Sicherlich kann man dem Alltag nicht jeden Tag in das nähere Umland entfliehen; selbst wenn man Bus und Bahn nutzt und den ökologischen Fußabdruck dadurch minimiert. Das eine oder andere Wochenende eignet sich jedoch bestes für einen gemeinsamen Ausflug mit der ganzen Familie oder bei Einzelkindern eben mit dem Partner. Und Oma und Opa sind bei den leichten Kinderwagentouren dieses Buches sicherlich auch nicht überfordert.

Meine Frau Claudia und ich haben mittlerweile drei Kinder zu allen möglichen Bächen, Spielplätzen, Wasserfällen, Barfußpfaden, Hügeln und vor allem Hütten und Wirtshäusern geschoben, uns so die Freude an der Natur erhalten und diese vor allem auch den Kindern fast wortwörtlich in die Wiege (mit Rädern) gelegt.

*Euer Robert Theml*

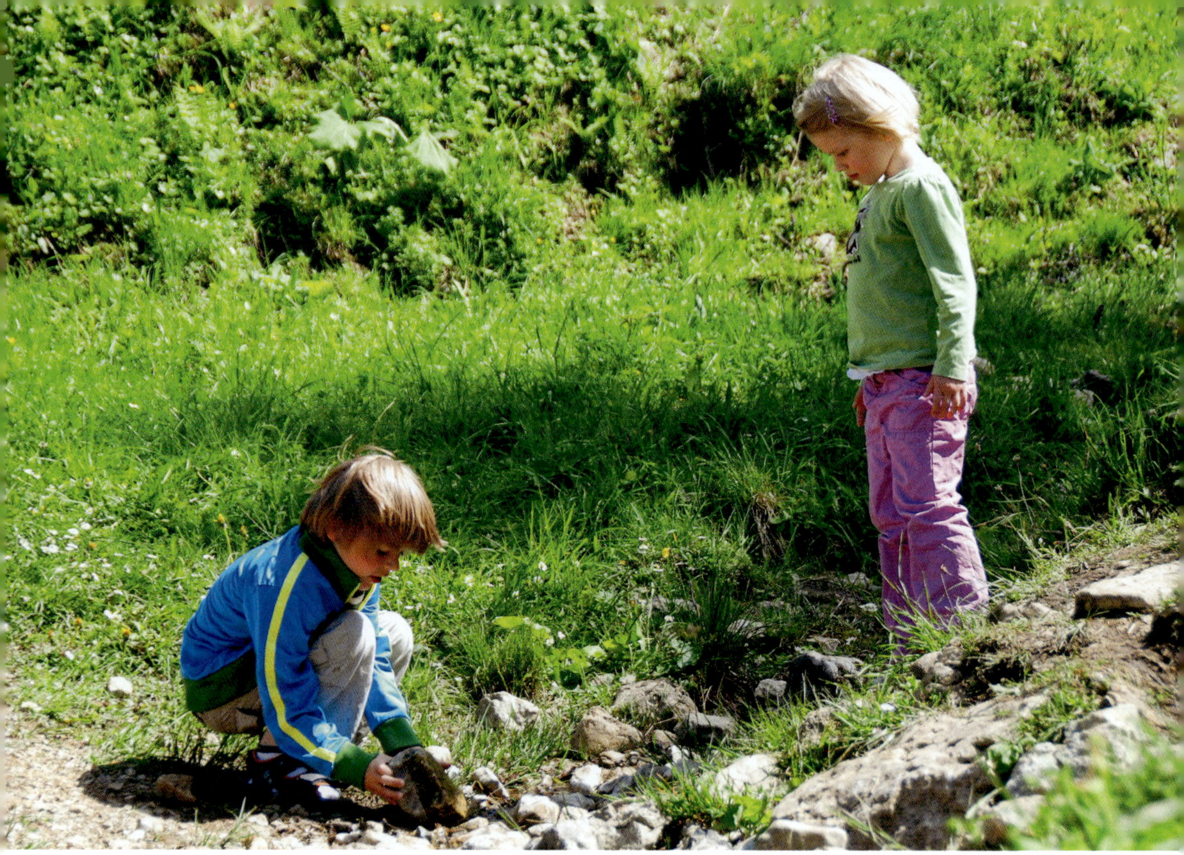

Bäche laden immer zum Spielen ein.

# Wandern mit Kindern

Die Touren in diesem Buch unterscheiden sich zu vergleichbaren Titeln nicht nur durch die Lage rund um München, sondern auch durch ihren deutlich reduzierten Schwierigkeitsgrad. Aufgrund der Nähe zu München oder, anders ausgedrückt, aufgrund der Entfernung zu den Bergen gilt es bei fast allen Touren nur wenige Höhenmeter zu überwinden. Man muss also kein Bergsteiger oder Klettersteig-Profi sein, um die hier vorgestellten Touren zu gehen – ein wenig mehr als ein Spaziergang »rund um den Block« ist es jedoch schon. Auf jeden Fall sind alle Touren garantiert kinderwagengetestet!

Die Touren machen nur Sinn und vor allem Spaß, wenn man alles mit den Kindern gemeinsam macht (zumindest mit den größeren, die das neue Geschwisterchen im Kinderwagen begleiten) – angefangen bei der Planung, über die Auswahl der Ausrüstung und die Geschwindigkeit beim Gehen bis hin zu den Aktivitäten unterwegs. Die Auswahl der Tragehilfen sowie der Ausrüstung sollte mit größter Sorgfalt vorgenommen werden. Wenn die Gummistiefel auf felsigem Untergrund rutschen, die Jacke den Regen nicht abhält oder die Sonne das Kind im Kinderwagen blendet, steht die Tour schnell unter einem schlechten Stern. Jedes unserer drei Kinder musste oder durfte von den ersten Tagen an raus in die Natur. Unsere damals zwei Wochen alte erstgeborene Tochter hat ihre erste Tour ebenso unbeschadet überstanden wie ihre zwei nachfolgenden Geschwister. Ein Baby kann zwar unkomplizierter im Kinderwagen geschoben werden, erfordert aber ein Mehr an Mitdenken, wenn es um die Kältecreme, das Wickeln und die Stillpausen geht. Die Größeren müssen zwar meist mehr im Zaum gehalten werden und benötigen mehr Durchhalteparolen, können aber dafür selbst gehen und wissen selbst, wann sie Durst haben.

## Touren für den Einstieg

Für den Einstieg und den noch unbedarften Kinderwagenschieber empfiehlt es sich, zunächst eine kürzere Tour mit wenigen Höhenmetern zu wählen, um erste Erfahrungen zu sammeln. Alle Touren sind mit Kinderwagen im Sommer wie im Winter getestet und nur diejenigen wurden aufgenommen, die auch wirklich für die ganze Familie geeignet sind. Eine gewisse körperliche Fitness wird natürlich vorausgesetzt.

Ist man mit kleinen Kindern unterwegs, kommen nur einfache, kurze Wegstrecken in Betracht. Aus diesem Grund sind hier nur Touren aufgeführt, bei denen das Ziel in etwa einer Stunde zu erreichen ist. Rechtzeitige Pausen, auch mit Brotzeit und Trinken, sind ein Muss. Die Gehzeit bei Ausflügen mit Kindern ist um ein Vielfaches höher als die am Berg angegebenen Zeiten. Schon das Packen und das Fertigmachen am Ausgangspunkt dauert mit Kindern länger. Die in der Infobox bei den Touren angegebenen Gehzeiten beziehen sich auf die reine Gehzeit mit Kinderwagen hin und zurück.

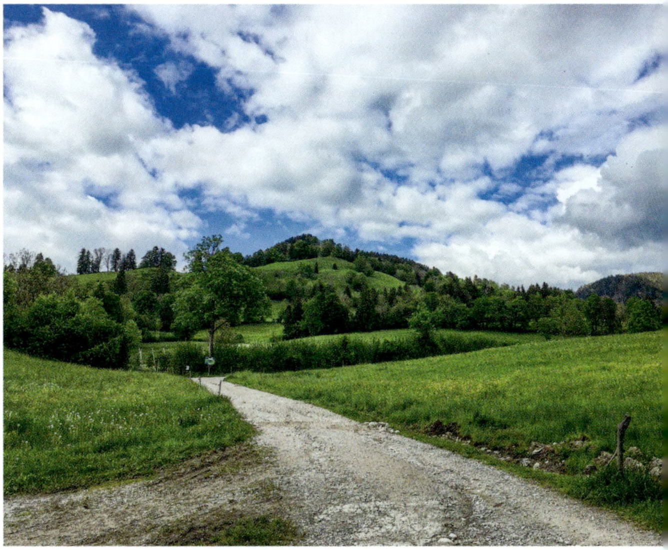

Unter der Woche kann man die Touren meist ohne Trubel genießen.

## Tragehilfen und Kinderwagen

»Wie kommt man vorwärts?« Bei dem Schwierigkeitsgrad der in diesem Buch vorgestellten Touren ist das eher nicht das Problem, die Frage muss vielmehr lauten: »Wie bekommt man den Nachwuchs von A nach B?« Neben den Transportmöglichkeiten

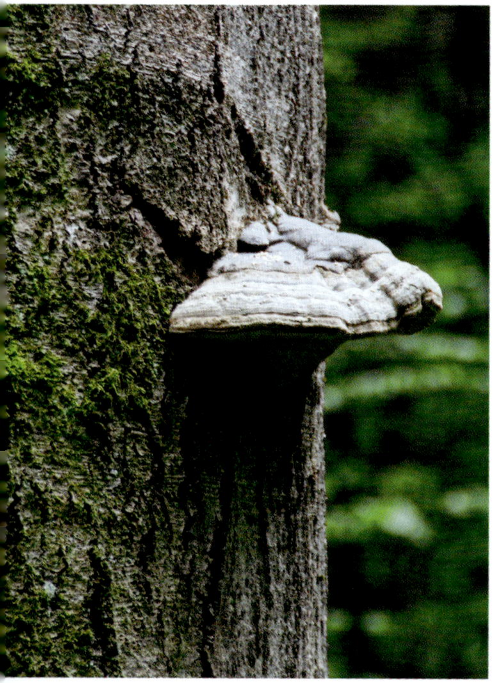

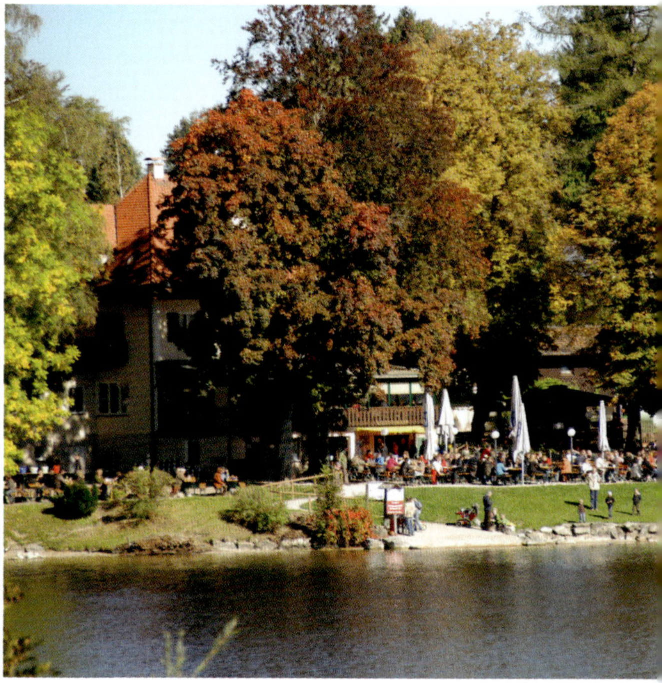

Zum Zeitvertreib: Wer entdeckt als Erstes zehn Baumschwämme, zehn Baumstümpfe, ...

Rechts: Eine Hütte oder ein Biergarten als Belohnung für Groß und Klein

für die Kleinsten ist jeweils an die größeren Kinder gedacht, daher wird in der Infobox immer darauf hingewiesen, wenn der Weg auch mit Rolli oder Laufrad bewältigt werden kann.

### Kinderwagen

Der Vorteil eines Kinderwagens ist, dass das Kind schlafen oder sitzen, sich warm in Decken kuscheln oder sich unter dem Sonnenschutz vor der Sonne schützen kann. Vor allem für die noch empfindlicheren Säuglinge unter einem halben Jahr ist der Kinderwagen daher ideal. Auf unebenen Wegen steht der Wagen stabil und selbst im tiefsten Winter kommt man gut über Eis und Schnee. Bei steileren und unebeneren Wegen kommt man mit dem Kinderwagen ein wenig schlechter voran. Daher sollte man für das erste Mal auf jeden Fall eine leichte Tour wählen. Der

Kinderwagen sollte vorne keine flexiblen Räder haben, die sich bei jedem Stein oder Schneehügel quer stellen.

## Buggy

Der Buggy ist nur für reine Asphalt- oder Kurztouren geeignet. Er ist zwar in der Regel leichter und wendiger als der Kinderwa-

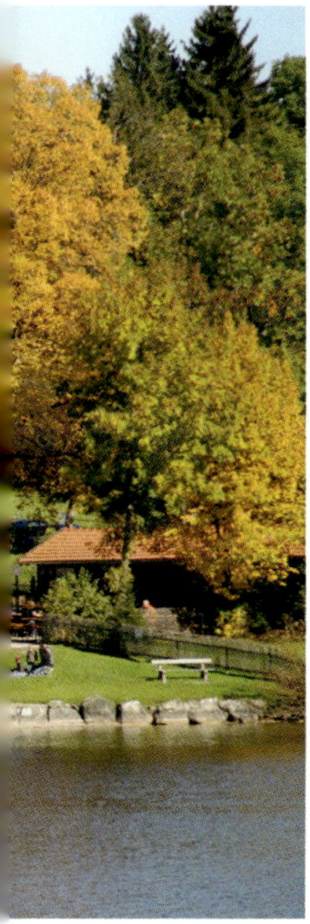

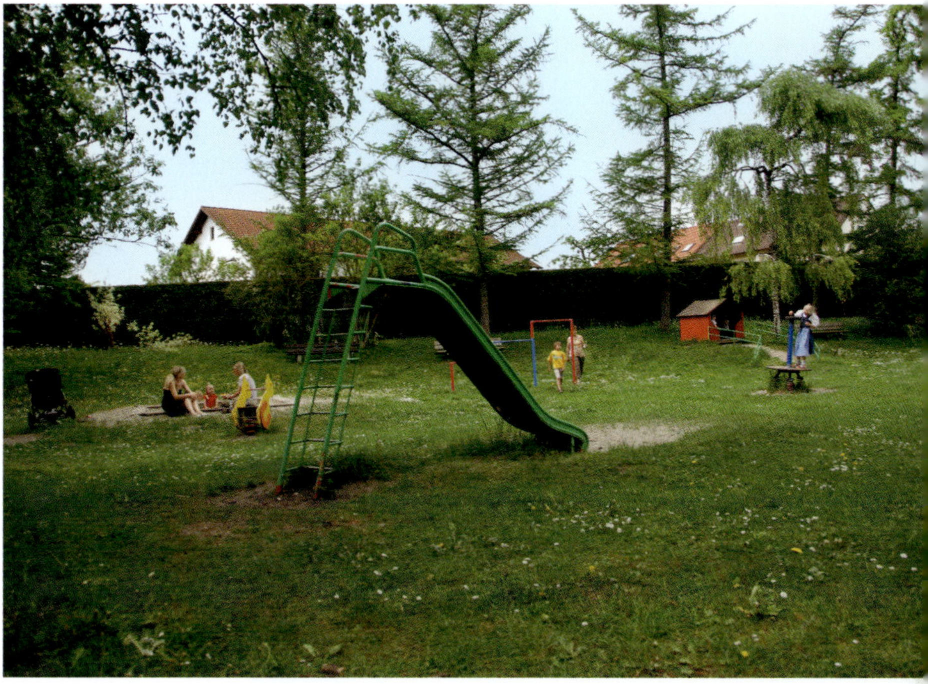

gen, zugleich aber auch wackeliger, der Reifendurchmesser ist kleiner (man taucht in alle Mulden ein) und die Reifen sind meist aus unflexiblem Hartplastik. Ein horizontales Schlafen ist meist nicht möglich.

Spielplätze an den Touren sorgen für Kurzweil bei den »Großen«.

## Rucksacktrage

Eine Rucksacktrage ist für das Transportieren von Kindern, die schon sitzen können, in den Bergen ideal. Die Kinder sitzen gerne auf dem Rücken von Mama oder Papa und haben beste Sicht. Auch schlafen ist kein Problem. Der Träger der Rucksacktrage kommt damit auch über steiles und unwegsameres Gelände. Dank des stabilen Rahmens kann man die Kleinen jederzeit zum Pausemachen abstellen – aber unbedingt immer festhalten! Meist bieten die Rucksacktragen auch Stauraum für Windeln,

Ersatzkleidung, Brotzeit etc. Ein weiterer Vorteil gegenüber dem Tragetuch ist der trockene Rücken durch das Rückennetz. Bitte unbedingt darauf achten, dass die Kleinen komplett vor Sonne geschützt sind und im Winter die Füße und Hände warm bleiben. Bei Temperaturen unter minus zwei Grad besteht angesichts der geringen Durchblutung beim Sitzen Erfrierungsgefahr, vor allem an den Füßen.

### Tragetuch

Im Tragetuch sitzen vor allem kleine Kinder, die noch nicht selbstständig sitzen können, besser. Der Rücken wird (bei richtigem Binden) optimal gestützt. Die Spreiz-Hock-Haltung unterstützt die richtige Entwicklung der Hüften. Allerdings liegt das Tragetuch schweißtreibend am Körper an, man kann das Kind nicht schnell und unkompliziert abstellen, das Binden des Tuches erfordert Übung und ist aufgrund der Länge der Tücher oft unkomfortabel. Ebenso fehlt zusätzlicher Stauraum. Es gibt allerdings mittlerweile leichte Tragesysteme aus Stoff, die alle Vorteile des Tragetuches haben, aber viel leichter anzulegen sind. Die beste Informationsquelle ist hier im Moment noch das Internet.

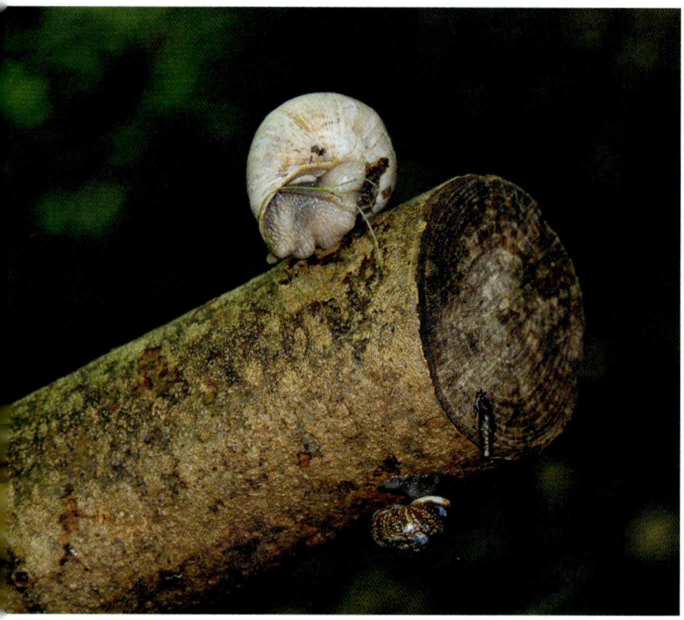

Zwei »Verstecken« spielende Schnecken

## Ausrüstung

Sinnvolle Ausrüstung hinsichtlich Qualität und Quantität ist neben der Wahl der richtigen Tragehilfe das A und O beim Wandern mit Kindern.

### Rucksack

Ein guter Rucksack gehört zur Grundausstattung jeder Wanderung, auch kleiner Touren mit Kindern. Wichtig sind vor allem eine ausreichende Luftzirkulation am Rücken, ein wasserdichtes Außengewebe und ausreichend Packvolumen. Nicht nur der Proviant muss Platz finden, sondern auch der Regenschutz, eventuell Wickelzeug und Spielsachen sowie Karte oder Fernglas.

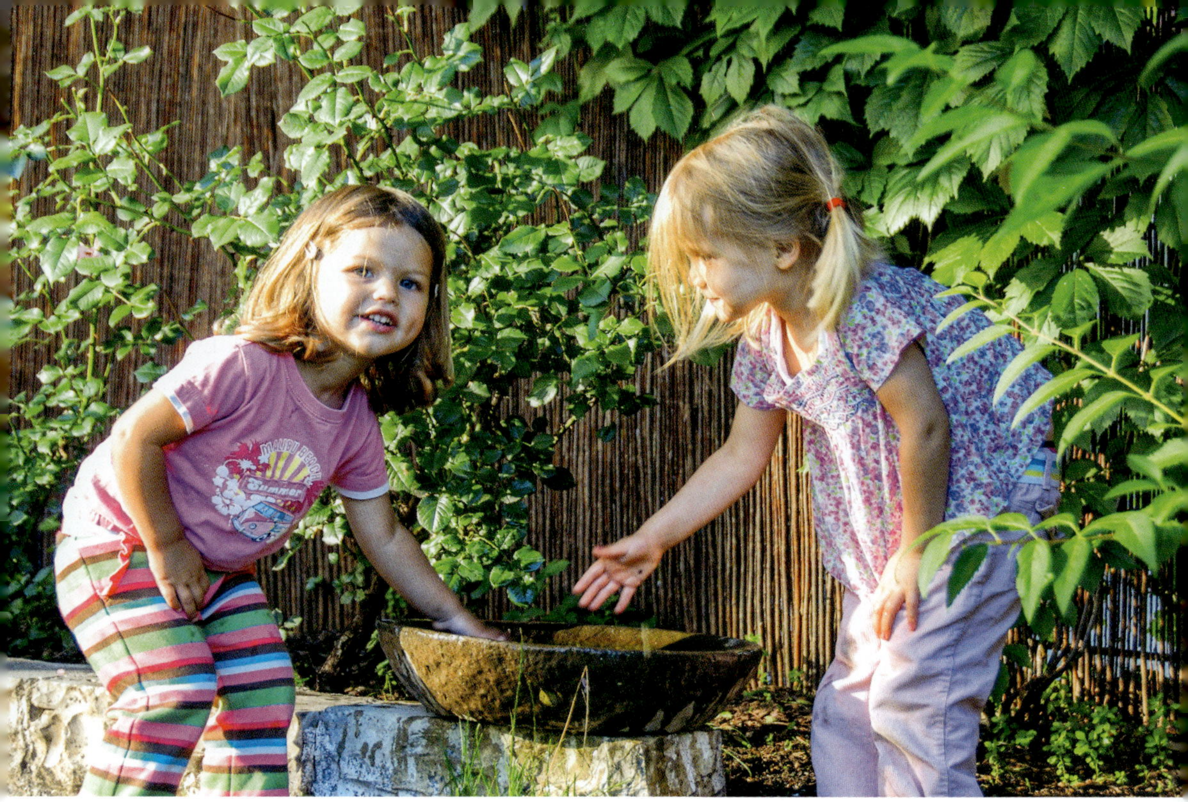

Mit Freunden machen Streiche gleich doppelt Spaß.

## Campinghocker

Gerade bei flachen, leichten Wegen, insbesondere an Flüssen entlang oder um Seen herum, wo es für die Kleinen viele Spielmöglichkeiten gibt, ist diese klappbare, leichte Sitzgelegenheit ein echtes Plus.

## Wanderstöcke

Wanderstöcke können Auf- und Abstieg sehr erleichtern, insbesondere beim Tragen der Kinder geben die Stöcke guten Halt und entlasten spürbar Knie und Rücken. Die meist dreiteiligen Teleskopstöcke (ineinanderschiebbare Stöcke) sind zudem auch in der Ebene leicht am Rucksack zu verstauen.

## Kleidung

Bei der Kleidung von kleinen Kindern, die geschoben oder getragen werden, sollte unbedingt bedacht werden, dass diese sich nicht bewegen. Sie brauchen also vor allem im Winter mindestens eine Schicht Kleidung mehr als die Wanderer. Besonders die Füße und Finger sollten zwischendurch immer wieder kontrolliert werden, um einer Unterkühlung oder gar Erfrierung vorzubeugen. In Frühjahr, Sommer und Herbst empfiehlt es sich, immer Regenkleidung mitzunehmen. Bei Sonnenschein sollten die Kinder stets komplett mit Kleidung bedeckt sein, um einen Sonnenbrand zu vermeiden, eine Kopfbedeckung schützt vor Sonnenstich. Im Kinderwagen spendet ein Sonnenschirm oder ein Tuch den Kleinsten zusätzlichen Schatten von Kopf bis Fuß.

## Gamaschen

Gamaschen können praktisch sein, um Schnee oder auch Matsch aus den Schuhen und von den Hosenbeinen fernzuhalten. Auch gegen im Gras lauernde Zecken bieten sie durchaus einen gewissen Schutz.

## Essen und Trinken

Wie für Erwachsene ist auch für Kinder ausreichendes Trinken beim Wandern sehr wichtig: Wasser, Tee oder Saft sollten in keinem Rucksack fehlen. Mit Broten, Obst und vielleicht ein paar Gummibärchen oder Keksen kann man nicht nur den kleinen Hunger zwischendurch stillen, sondern auch quengelige Kinder ablenken.

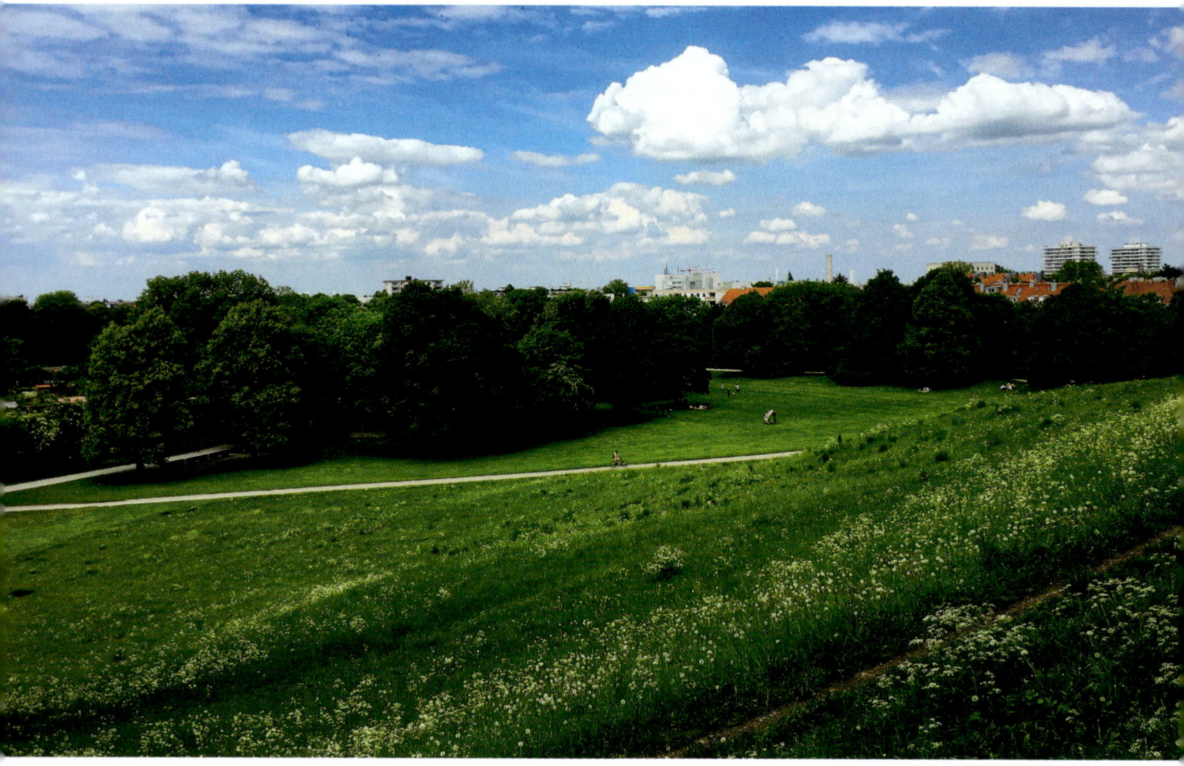

Fehlen nur noch eine Picknickdecke und etwas Proviant – fertig ist die Brotzeitpause.

## Spiele und Ablenkung

Die Natur liefert auf der Tour zahlreiche Spielideen. Es kann sich allerdings auszahlen, wenn man bereits beim Packen des Rucksacks an »Forscherutensilien« wie zum Beispiel einen Becher zum Wasserschöpfen, ein Fernglas oder ein Taschenmesser gedacht hat.

Wasser zieht Kinder magisch an und man kann Stunden, wenn nicht Tage damit überbrücken. Vom Baden in Fluss oder See über den eigenen Staudamm im Bach bis hin zu Ast- und Laubbooten unter Brücken sind hier der Fantasie kaum Grenzen gesetzt.

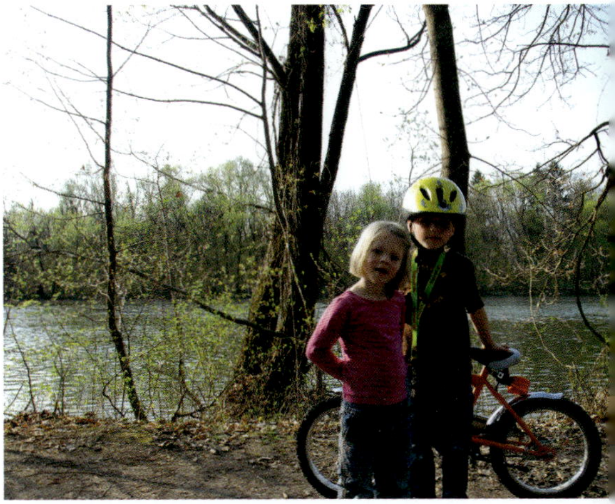

Die Großen sind mit dem Laufrad dabei.

Auch mit Steinen lassen sich prima Türme, Staudämme oder Bodenmarkierungen bauen. Als Andenken bietet es sich an, einen besonders schönen Stein mit nach Hause zu nehmen und dort mit einem kleinen Klebestreifen zu beschriften, so kann man auch nach vielen Jahren noch die Erinnerung an den Fundort auffrischen.

Laub eignet sich – besonders im Herbst – hervorragend zum Sammeln. Die herbstlich bunt leuchtenden Blätter, die auch im Rucksack nicht ins Gewicht fallen, sind gewaschen und geputzt an verregneten Wochenenden ideal zum Basteln.

Mit Ästen und kleinen Stämmen (nicht absägen!) kann man tolle Unterschlupfhöhlen zimmern, Naturmikado spielen oder in den größten Erdlöchern herumstochern. Ein provisorischer Wanderstock macht allen Kindern Spaß.

Fast immer hilft einem auch die Natur selbst, die Tour spannend zu gestalten: eine Klamm mit einem Wasserfall, der in die Tiefe stürzt, eine saftige Wiese mit zu bestimmenden Blumen oder gar ein Höhleneingang, der mit der Taschenlampe erforscht wird.

Die Kunst, Vögel am Gesang zu erkennen, beherrschen vermutlich nur die wenigsten – gesehene Tiere zu bestimmen und zu beobachten, ist dagegen eine spannende Ablenkung. Bei einigen der vorgestellten Touren befinden sich bei den Einkehr- oder Zielorten Tiergehege, teils nur zum Anschauen, teils aber auch zum Streicheln und Füttern. Die Begeisterung kennt da meist keine Grenzen.

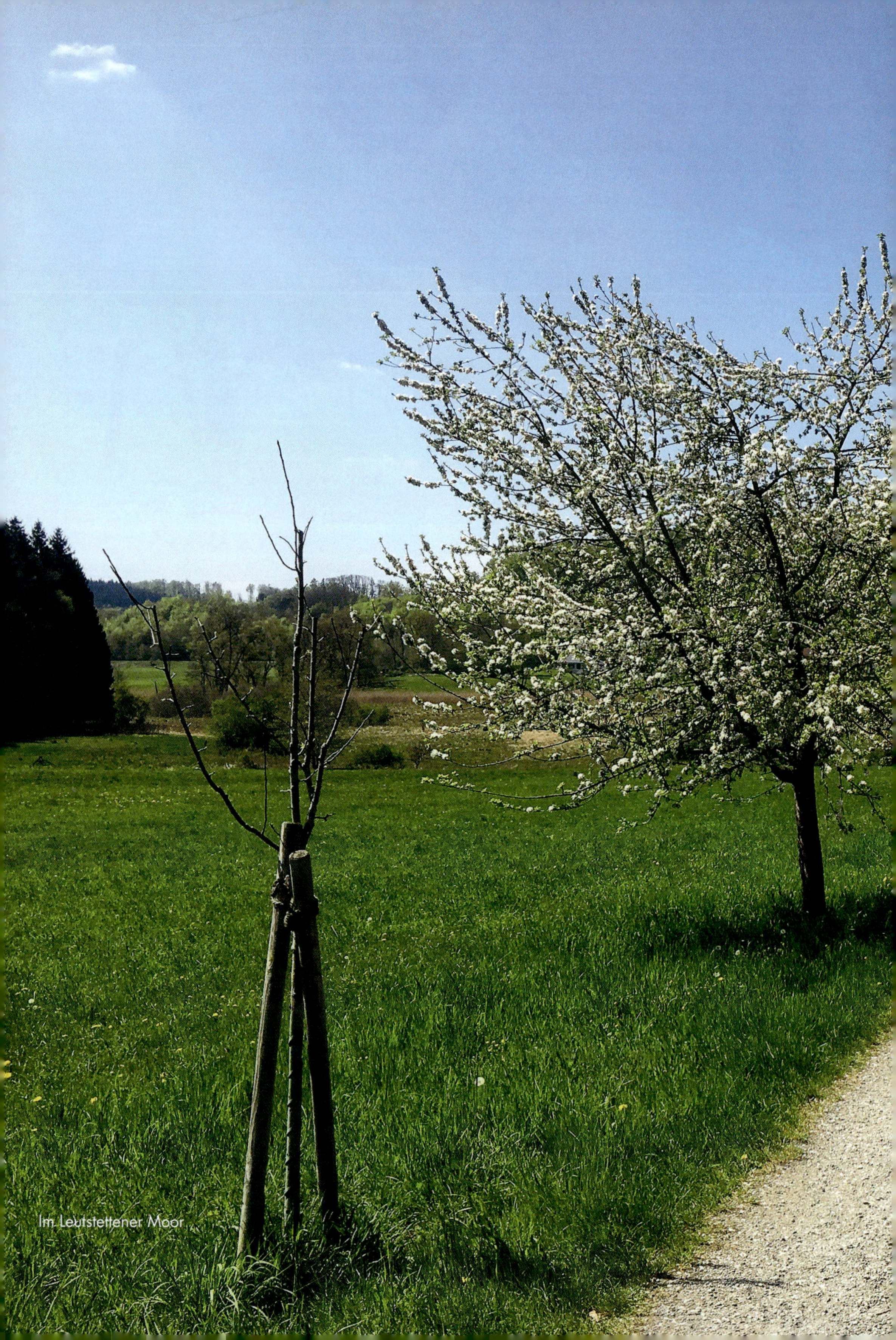

Im Leutstettener Moor

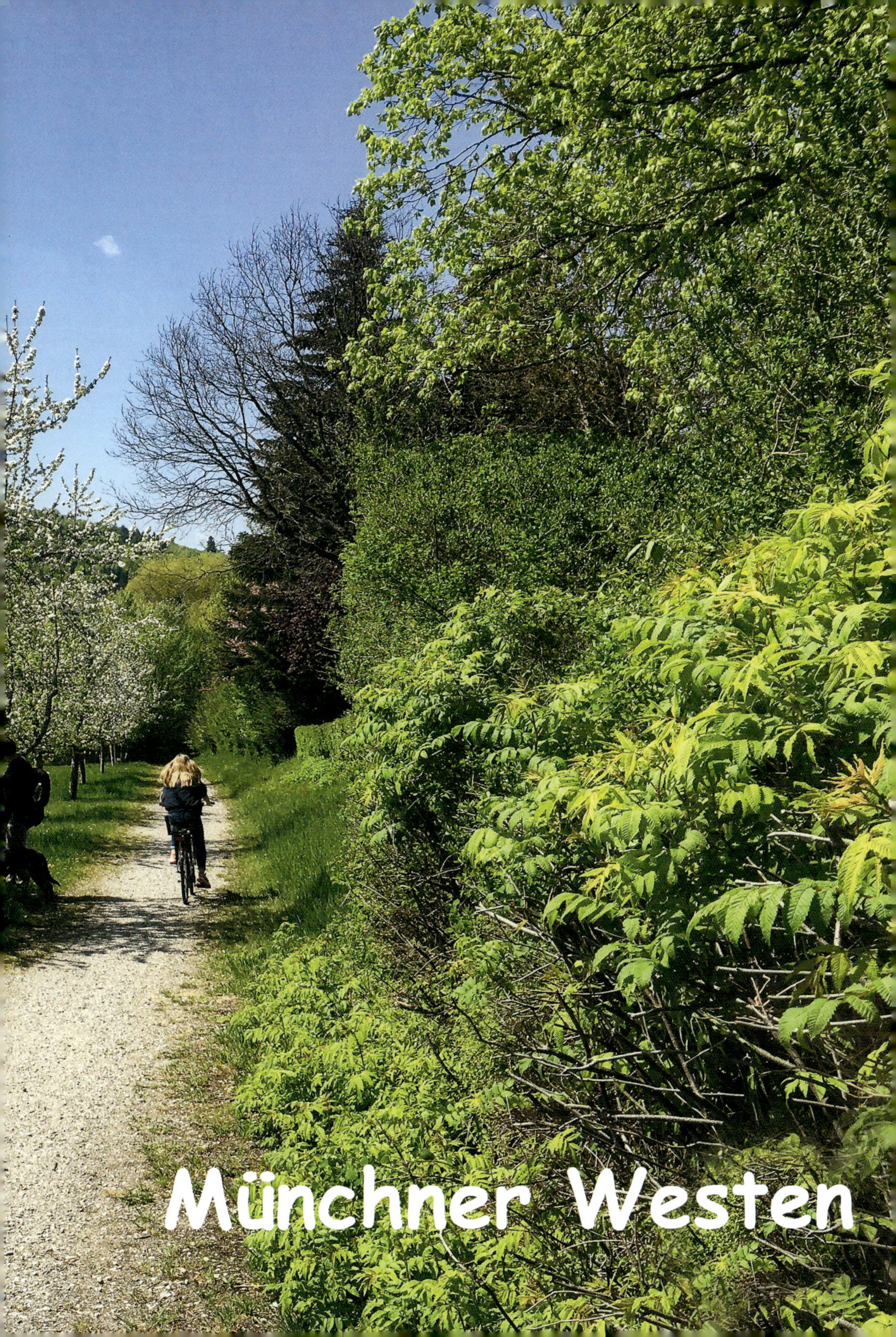

# Münchner Westen

# 1 Lechpark Pössinger Au

## Rehe, Wildschweine und ein Wasserspielplatz

mittel | 7 km | 35 Hm | 1.30 Std.

**Anfahrt**
Über die A 96 München–Lindau nach Landsberg/Lech und weiter Richtung Pössing. Dort zum ausgeschilderten Campingplatz. Am Eingang vorbei zum ausgeschilderten Parkplatz Teufelsküche.

**Höhe**
587 m

**Anforderungen**
Leichte Tour in schattiger Auenlandschaft auf breitem Schotterweg

**Geeignet für**
Rolli, Laufrad, Buggy

**Einkehr**
Teufelsküche, ganzjährig geöffnet, Montag Ruhetag, Tel. 08191/985 96 96, www.teufelskueche-landsberg.de

**Informationen**
Stadt Landsberg am Lech, Katharinenstr. 1, 86899 Landsberg am Lech, Tel. 08191/128-0, E-Mail: stadt_ll@landsberg.de

**Unmittelbar südlich der gut erhaltenen Altstadt von Landsberg am Lech grenzt das Naherholungsgebiet Pössinger Au an diese an. Zwischen Lech und dem bis zu 50 Meter aufragenden Lechsteilhang liegt die Auenlandschaft mit Rehen, Wildschweinen, Wasserspielplatz, Einkehr und vielem mehr.**

Wenn man am Parkplatz den Kinderwagen aus dem Auto schält, beschleicht einen fast das schlechte Gewissen, hat man sich doch $CO_2$-produzierend tief in den Auenwald vorgearbeitet. Am Parkplatz und auf der dem Parkplatz gegenüberliegenden Forststraßenseite findet man zur Einstimmung zwei Übersichtspläne und man kann versuchen, das Wegenetz ansatzweise in sein Kurzzeitgedächtnis aufzunehmen – oder es per Smartphone abfotografieren. Wenige Meter oberhalb der Parkplatzeinfahrt

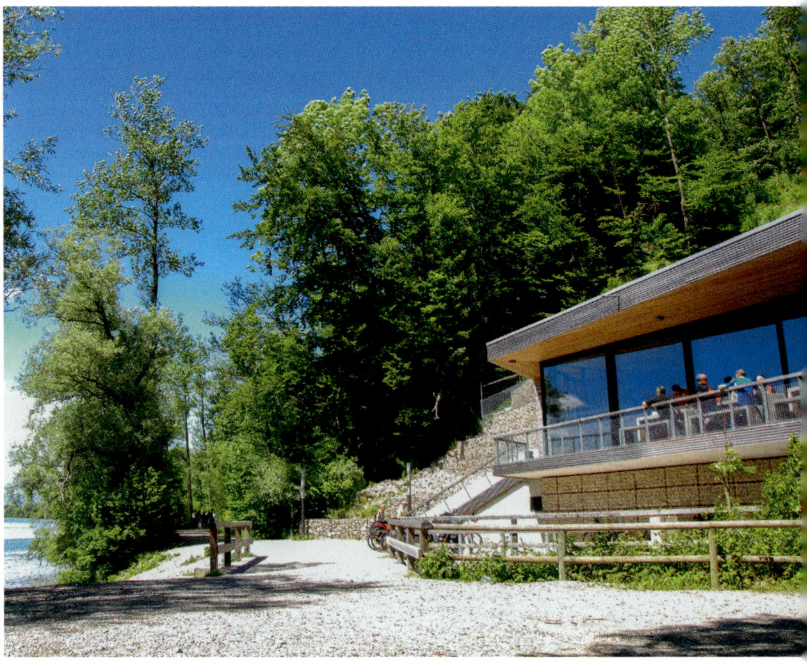

Rastmöglichkeit in der Teufelsküche

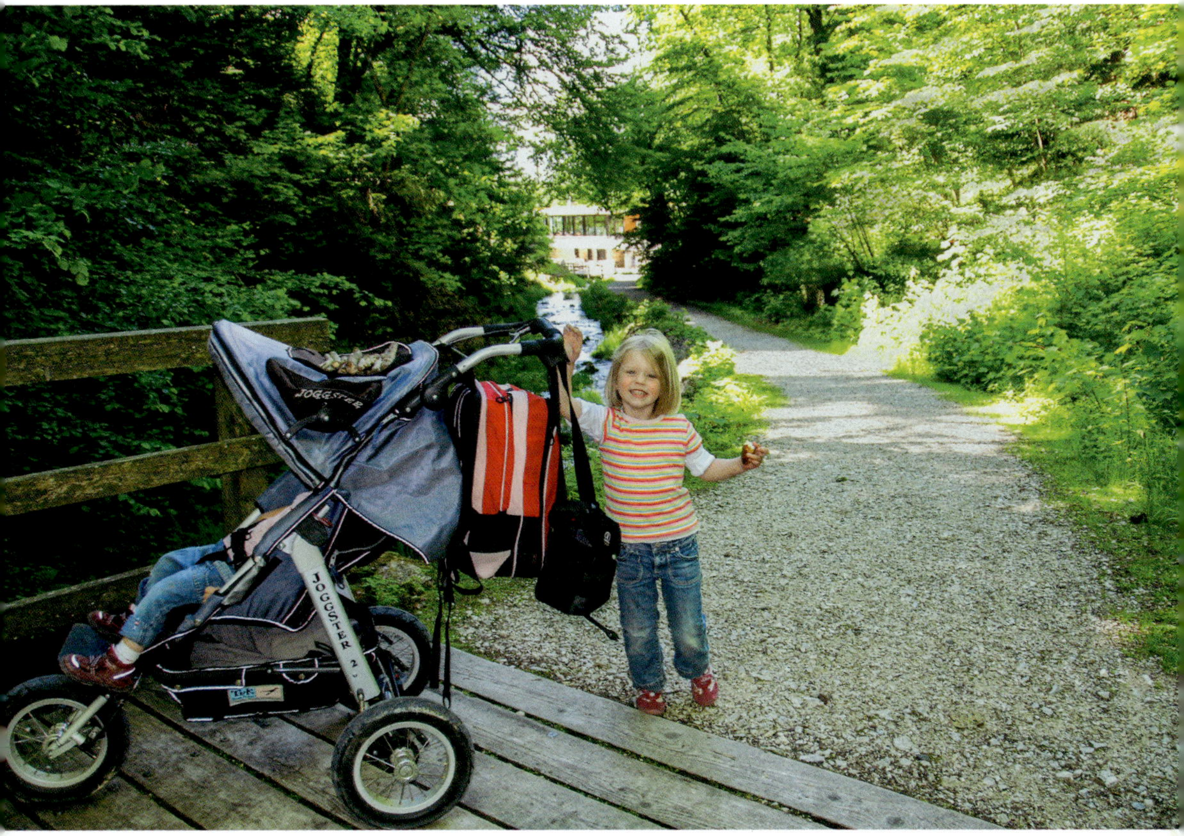

Nach der Einkehr schieben sogar die Kleinen die Kleinsten.

biegen wir zunächst mit Kinderwagen rechts in einen kleinen Weg ein. Nach wenigen Metern etwas steilen Abstiegs erreicht man eine breitere Schotterstraße, welcher wir weiter bergab folgen. Am nächsten Querweg geht es nach rechts. Hier treten wir auch schon gleich über einen Weiderost in das umzäunte Naherholungsgebiet ein. Der nun folgende leicht wellige Weg, der etwa auf halber Höhe der Hangkante nach Norden führt, ist angenehm schattig und bietet eine wunderschöne Einstimmung in den heutigen Tag. Nach etwa 15 Minuten biegen wir nach links ab und gehen, der »Romantischen Straße« folgend, bergab zum Wildschweingehege (ein etwa meterhoch umzäuntes Areal auf der rechten Seite). Wir spazieren weiter bergab am Zaun entlang und biegen an dessen Ende rechts in die Schotterstraße ein, um das Wildschweingehege weiter zu umrunden. Ist man hier im Mai/Juni

**Tipp**

Das Freibad »Inselbad« in der Lechstr. 1 wird nicht nur von einem seichten Bach durchflossen, sondern hat auch eine eigene Kiesbank am Ufer des Lechs.

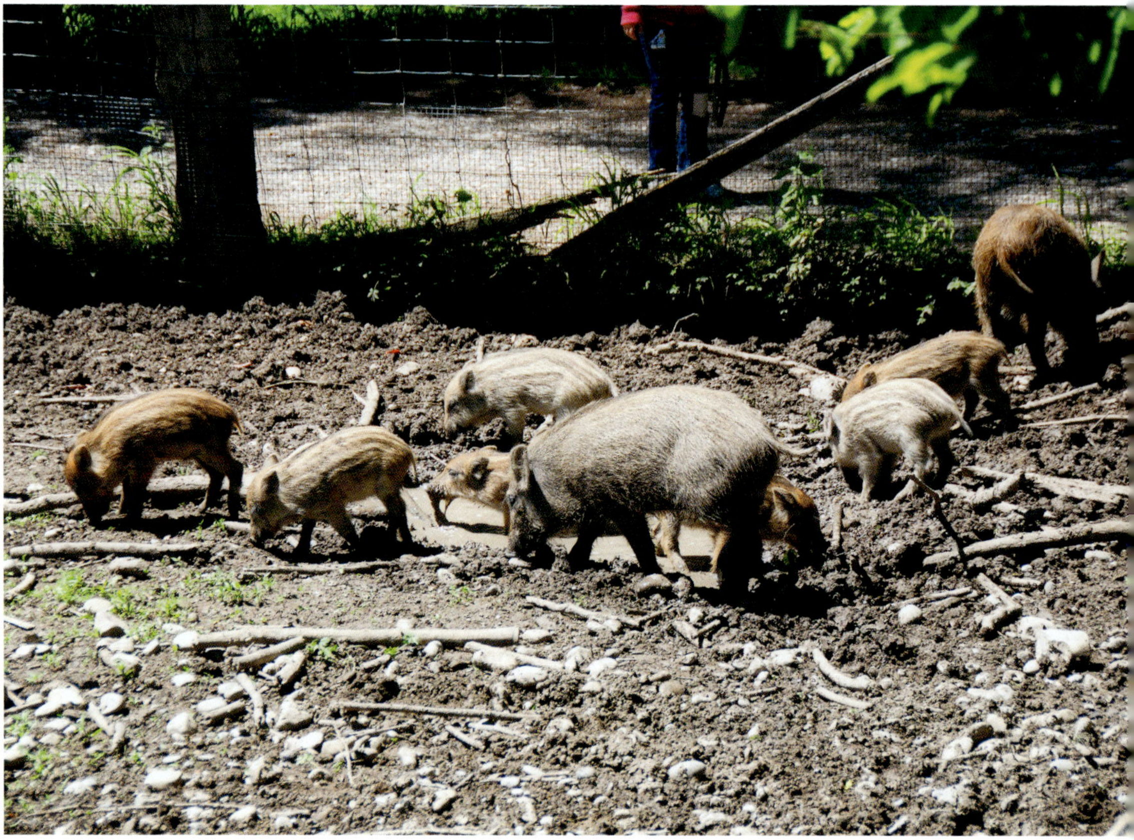

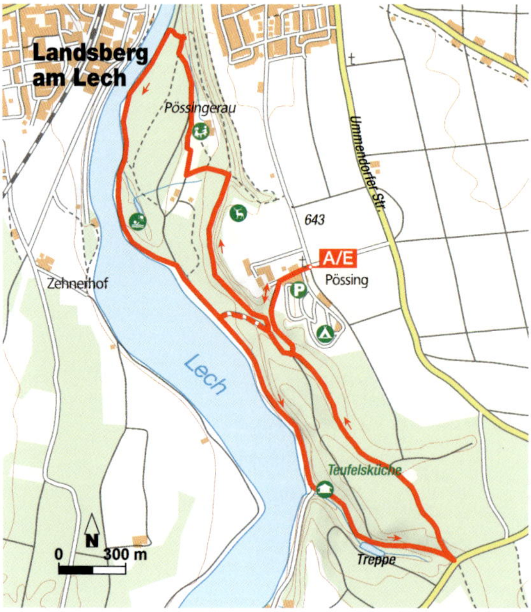


unterwegs, kann man die Frischlinge mit den Muttersauen beobachten. Sind auch größere Kinder dabei, kann man nach dem Wildschweingehege rechts einen Abstecher zum Wasserspielplatz machen, um eine Pause einzulegen. Anschließend geht es nach links etwa zehn Meter bergab auf den großen Hauptweg, welchem wir nach rechts, also nach Norden, folgen. Es geht vorbei am Kneippbecken und weiter an dem flachen, gut zugänglichen Bachbett entlang. Bevor man auf dem Weg nach einer Linkskurve das Gelände verlässt, hat man mittlerweile sicher auch schon das eine oder andere Wild gesehen. Nach dem Verlassen des Geländes biegen wir links auf den Lechuferweg ab. Nun geht es stets am Ufer entlang: Nachdem

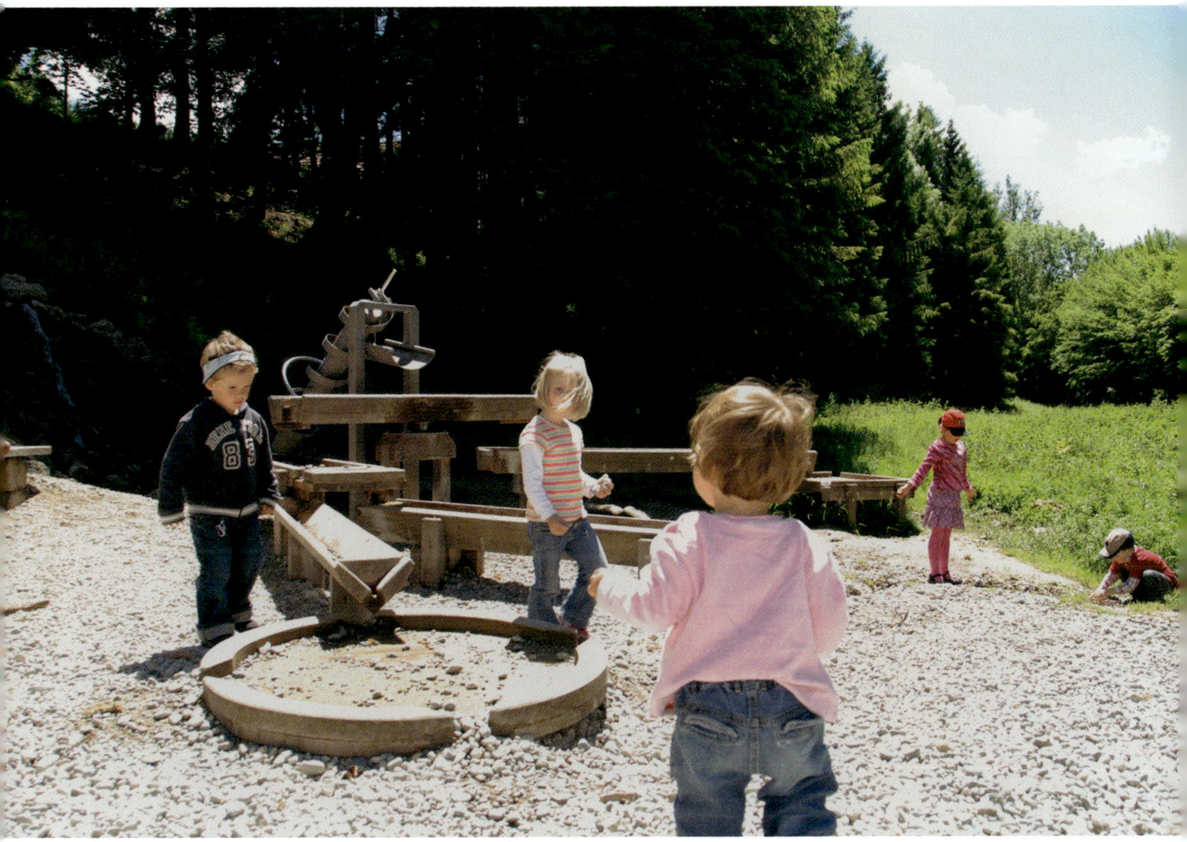

man die imposante Staustufe passiert hat, halten wir uns bei der nächsten Gabelung zunächst geradeaus weiter am Ufer entlang, bevor wir den mit »Campingplatz« beschilderten Abzweig erreichen, der links bergauf zurück zum Auto führen würde. Wir gehen noch etwa zehn Minuten weiter geradeaus am Ufer entlang und erreichen die Gaststätte Teufelsküche. Eine kleine Rast auf der Terrasse mit Blick auf den aufgestauten Lech ist hier zu verlockend, um diese Einkehrmöglichkeit zu ignorieren. Wer es sich nicht zutraut, den Kinderwagen über zweimal 20 Stufen zu tragen, geht ab hier zurück zum Abzweig »Campingplatz« und zum Parkplatz. Ansonsten wandern wir hier links am Bach entlang durch die Schlucht bergauf und erreichen so einen kleinen glasklaren, wunderbar türkisen Stausee. Hier spazieren wir links über die Staumauer und erreichen so wieder das Hochufer. Ab hier geht es links der Beschilderung »Naturlehrpfad« folgend nach Norden zurück. So erreichen wir eine breite Forststraße, welcher wir nach rechts zurück zum Parkplatz folgen.

Wasserspielplätze – die heimlichen Könige der Spielplätze

Linke Seite: Die quirligen Frischlinge sind immer süüüß.

# 2 Deuringer Heide

## Viel Natur, und die sogar zum Anfassen

leicht | 2,5 km | 10 Hm | 1.00 Std.

**Anfahrt**
Über die A 8 bis Ausfahrt Augsburg-West und weiter auf der B 2 nach Süden; rechts über die B 300 in die Ulmer Straße und die Kapellenstraße. Parken am Ende der Kapellenstraße.

**Höhe**
558 m

**Anforderungen**
Leichte Tour auf breiten Schotterstraßen

**Geeignet für**
Rolli, Laufrad, Buggy

**Einkehr**
Zahlreiche Möglichkeiten in Augsburg

**Informationen**
Naturparkverein, Fuggerstr. 10, 86830 Schwabmünchen, Tel. 0821/31022278, www.naturpark-augsburg.de

**Der eineinhalb Kilometer lange Natur- und Kultur-Erlebnispfad Deuringer Heide wurde 2009 vom Naturparkverein mit zehn Stationen errichtet. Eine gute Gelegenheit, um sich in Ruhe mit der Natur und allerlei Kleingetier zu beschäftigen.**

Ist der Kinderwagen am Ende der Kapellenstraße startklar und haben größere Geschwister eventuell auf dem Laufrad aufgesattelt, gehen wir in der Verlängerung der Kapellenstraße gerade weiter auf den breiten Schotterweg, der uns durch eine Linkskehre über die leicht abfallende Schotterstraße nach Süden führt. Schließlich folgen wir dem breiten Weg und erreichen dann – stets geradeaus gehend – die Informationstafel zum Erlebnispfad »Deuringer Heide«. Im weiteren Verlauf folgen wir dem Erlebnispfad, der uns recht sonnig in einer großen Runde über die Heidewiesen führt. Bei der Informationstafel heißt das, zunächst einen Linksschwenk zu machen. Über eine immer noch breite Schotterstraße erreichen wir die erste Station »Entwicklung der Landschaft«. Ein längerer Stopp lohnt sich an der darauffolgenden Station: Hier kann man mit den meist zahlreich anzutreffenden Fröschen einen Plausch führen. An der Station »Wasser, Tümpel als Lebensraum« leben rund um die Tümpel nicht nur Frösche, sondern auch Libellen und allerlei andere Wasser liebenden Gesellen.

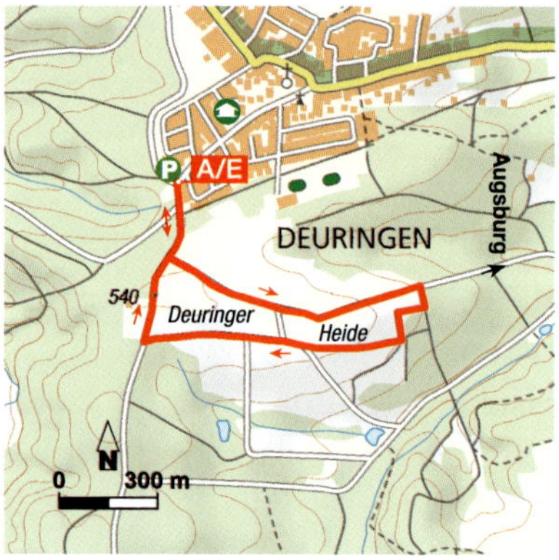


Weiter geht es über die Station »Hute – Eiche: Geschichtliches und Biologisches Wissen« zum »Naturspielplatz«. Wie der Name schon sagt, ist hier kein von Menschenhand bereitgestell-

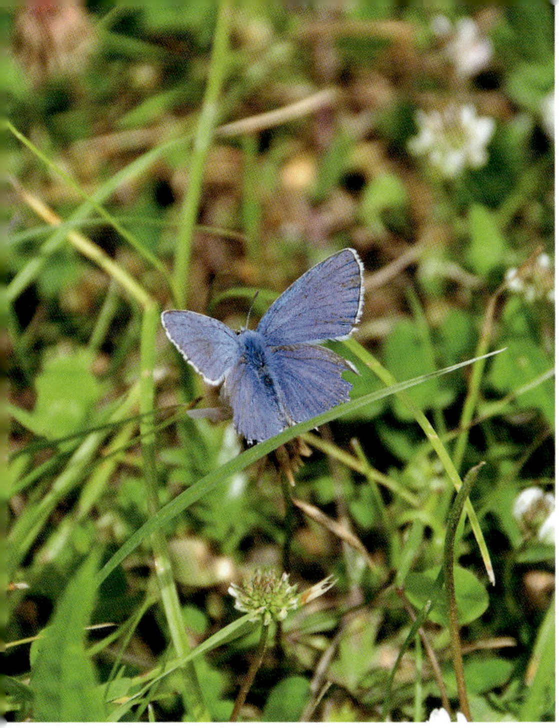

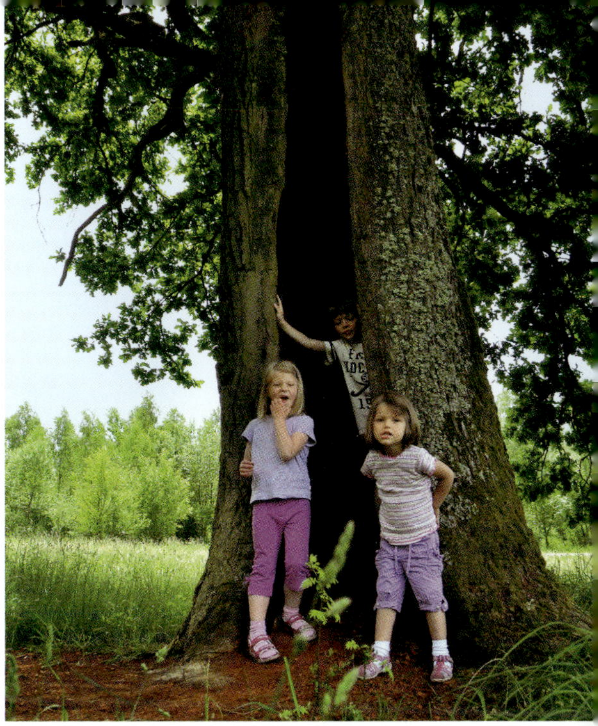

tes Spielgerät zu finden, sondern die Natur liefert – je nach Jahreszeit – die verschiedensten Materialien zum Spielen.
Bei der folgenden Station »Wirtschaftswald mit Holzartenrätsel« kann man sein Wissen um die Bewirtschaftung des Waldes und die heimischen Holzarten überprüfen. Anschließend schiebt man wieder ein paar Meter zurück zur künstlerischen »Naturinstallation von Hama Lohrmann« – einer Mischung aus Barfußviereck und Kunst. Etwas offroad geht es nun quer über die Heide zu der weiter südlich verlaufenden Schotterstraße, die uns wieder zurück nach Westen bringen wird. Es folgen die Stationen »Rohboden« und »Beweidung«. Hier veranschaulichen Silhouetten von Weidetieren die Beweidung.
Zu einer Ruhepause lädt die Station »Lauschplatz« ein. Durch Zuhören kann man Pflanzen und Tieren näherkommen. Angenehmerweise unterstützen dabei große Holzliegen etwas abseits des Weges. Sofern der Nachwuchs im Kinderwagen ebenfalls eine Ruhepause eingelegt hat, kann man dort die Gelegenheit nutzen, um der Natur ausgiebig zu lauschen.
Zuletzt erreicht man die zehnte Station, die »Schlusstafel«, mit einem Rätsel zu allen besuchten Stationen, um das aufgenommene Wissen abzuprüfen. Auf der breiteren Straße geht es nun nach rechts zurück zur Informationstafel und schließlich zum Ausgangspunkt.

Ein tolles Versteck

Links: Die Deuringer Heide ist ein Paradies für Schmetterlinge.

**Tipp**

Eine lauschige Unterkunft ist die Baumhausherberge Seeanger nahe Pöttmes.

# 3 Vogelpark Olching und Biergarten Amperlust

## Gezwitscher von 500 Vögeln aus ganz Europa

leicht | 5 km | 50 Hm | 1.15 Std.

**Anfahrt**
Mit der S-Bahn zum Bahnhof Olching. Alternativ mit dem Auto zum S-Bahnhof oder zum in Olching ausgeschilderten Volksfestplatz.

**Höhe**
503 m

**Anforderungen**
Leichte Tour ohne Anstieg auf breitem Schotterweg

**Geeignet für**
Rolli, Laufrad, Buggy

**Einkehr**
Amperlust, ganzjährig geöffnet, Dienstag Ruhetag, Tel. 08142/27 70

**Informationen**
Vogelpark Olching, Mai bis November, Samstag, Sonntag und feiertags von 10 Uhr bis 17 Uhr, Tel. 0160/98 02 41 50, www.vogelpark-olching.de

**Wir starten unsere Tour direkt am Bahnhof von Olching, einer Gemeinde nordwestlich von München, der man anhand von Gräberfunden alter bajuwarischer Ansiedlungen eine Historie bis etwa 600 v. Chr. nachweisen kann.**

Vor dem Bahnhof gehen wir rechts an der Bahnhofstraße entlang zur Ampel an der Hauptstraße und überqueren diese. Geradeaus weiter durch die Richard-Wagner-Straße erreichen wir schon bald den Mühlbach. Eine Brücke führt uns über diesen und zum gemütlichen Fußweg auf der anderen Uferseite, welchem wir nach links folgen. Nach etwa 15 Minuten stoßen wir auf die Neu-Estinger-Straße, überqueren diese und gehen rechts auf den Volksfestplatz. Diesen überqueren wir nun diagonal und steuern auf das große Schild »Vogelpark« zu. Der Fußweg hier führt uns über die Staustufe zum Tor des Vogelparks links des Weges, welchem wir später noch geradeaus weiter folgen wollen.

**Tipp**
14 km östlich von Olching befindet sich die Freizeitanlage Mammendorf mit einem sehr großen Freibad.

Zunächst biegen wir aber in das Gelände des Vogelparks Olching ein und betreten nach weiteren 20 Metern das eigentliche Vogelpark-Areal. Der Eingang weist nach rechts und schon vor der Kasse werden wir kreischend von zahlreichem Federvieh begrüßt. Der Vogelliebhaberverein Olching und Umgebung zeigt hier auf etwa 20 000 Quadratmetern in zahlreichen Volieren, Pavillons und Freigehegen etwa 500 Vögel aus allen Erdteilen.
Nach dem Besuch, für den man etwa 45 (weitere) Minuten – bei Benutzung von Schaukel, Rutsche und Wasserpumpe etwas mehr – einkalkulieren sollte, verlassen wir das Gelände des Vogelparks wieder und folgen dem Weg am Fluss entlang weiter

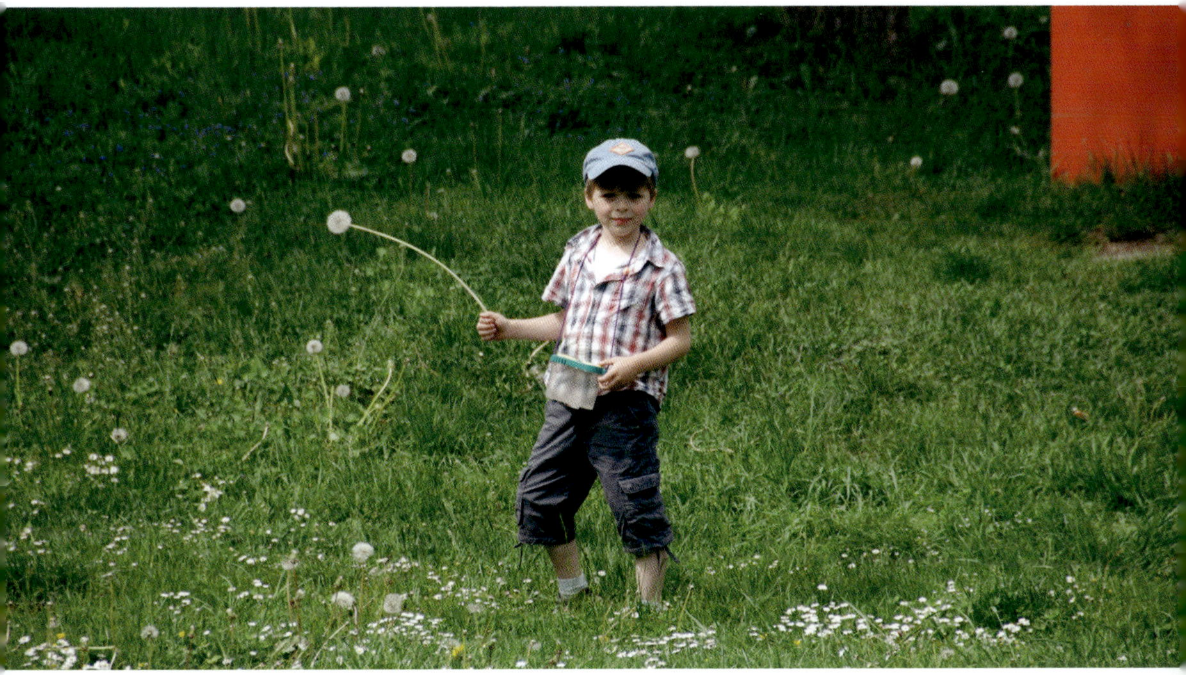

Pusteblumen – ein fast ganzjähriger Spaßbringer

nach links. Den Abzweig auf den Trimm-dich-Pfad nach den Sportplätzen lassen wir links liegen und gehen geradeaus weiter bis zur Fußgängerbrücke, die uns nach rechts über die Amper führt. Ist man nur mit Kinderwagen unterwegs, geht man gleich nach der Brücke links und erreicht so nach etwa einer Minute den Biergarten der Gaststätte Amperlust. Sind auch größere Kinder mit von der Partie, geht man geradeaus, um vor der Einkehr noch einen Stopp beim großen Spielplatz neben der Gaststätte Amperlust einzulegen.

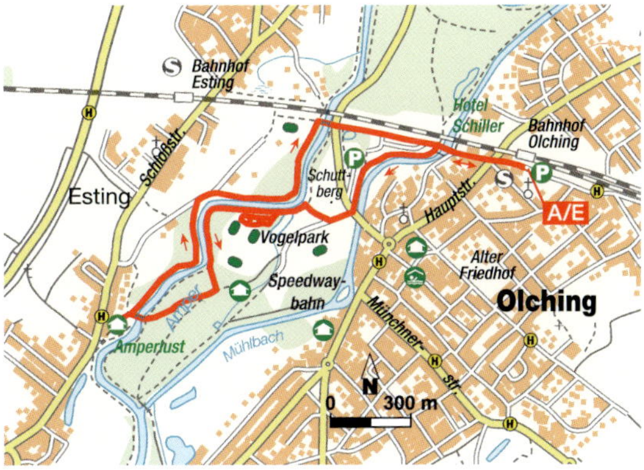


Nach der Einkehr geht es zurück zur Amperbrücke, welche wir nun jedoch nicht überqueren. Stattdessen bleiben wir auf unserer Uferseite und gehen bei der Brücke links stets der Amper auf dem Uferweg folgend weiter, bis wir wieder die S-Bahn-Gleise erreichen. Hier rechts über die Amper und geradeaus durch die Richard-Wagner-Straße an den Bahngleisen entlang. So erreichen wir die vom Beginn des Ausfluges bekannte Brücke und gehen geradeaus weiter zurück zum Bahnhof.

# 4 Amper und Amperliebe

## Spaziergang links und rechts der Amper

| mittel | 6,5 km | 5 Hm | 1.25 Std. |
|---|---|---|---|

**Anfahrt**
Über die B 304 und Karlsfeld nach Dachau. In Dachau links Richtung Mitterndorf und wieder links Richtung Gröbenried. Der Gröbenrieder Straße um die Rechtskurve folgen und nun geradeaus weiter auf dem Himmelreichweg, bis nach etwa 2 km rechts ein Wegweiser zur »Alten Liebe« weist. Parken bei der Gaststätte.

**Höhe**
480 m

**Anforderungen**
Leichte Tour auf dem breiten, geschotterten Uferweg an der Amper

**Geeignet für**
Rolli, Laufrad, Buggy

**Einkehr**
Alte Liebe, ganzjährig geöffnet, kein Ruhetag, Tel. 08131/66 71 31, alteliebe-dachau.de

**Informationen**
Tourist-Information der Stadt Dachau, Konrad-Adenauer-Str. 1, 85221 Dachau, Tel. 08131/752 86, E-Mail: infobuero@dachau.de

**Dachau, die zweitgrößte Stadt im Landkreis München, dessen Name sich vom keltischen »Dahauua«, was so viel wie lehmige Aue bedeutet, ableitet, hat unter anderem mit einem schönen Schloss einiges Sehenswertes zu bieten – unser Ziel für heute sollen aber die Auen sein.**

Die Einkehr in der »Alten Liebe« und den Spielplatz dort heben wir uns für das Ende der Tour auf. Am nördlichen Ende des Parkplatzes beim Eingang zum Biergarten führt ein kleines Weglein über einen Bach, an einem Feld entlang und schließlich zum Uferweg an der Amper. Hier geht es links zunächst immer direkt an der Amper entlang. Schon bald führt der Weg etwas weg vom Ufer, aber noch bevor wir uns mit dem Gedanken, einen normalen Waldweg gehen zu »müssen«, anzufreunden versuchen, geht rechts ein schmaler Weg ab, der auch gleich über ein kleines

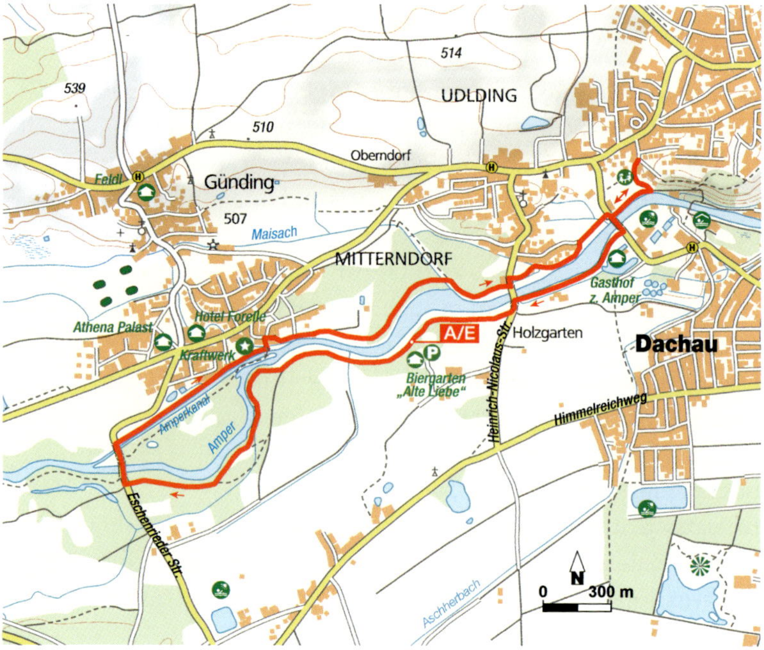

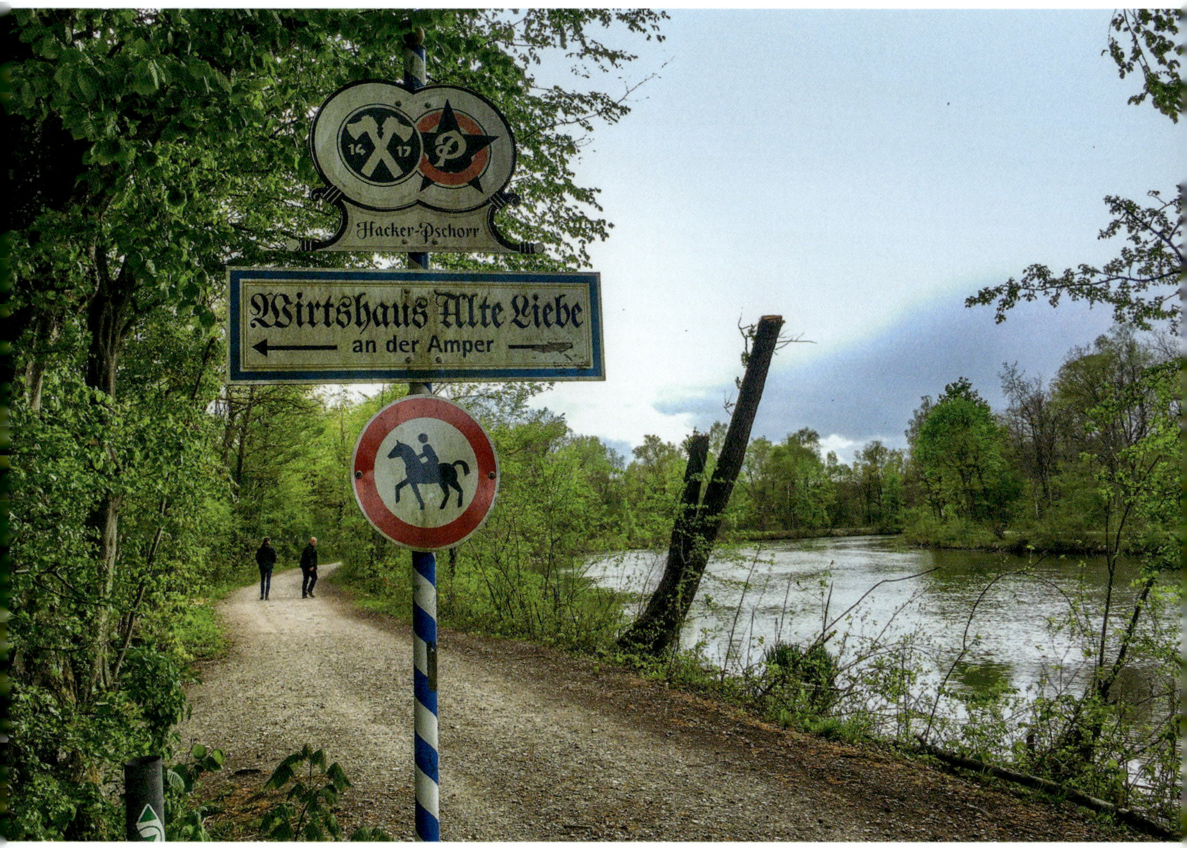


Der Start- und Endpunkt der Rundtour ist nicht zu verfehlen.

Brücklein über den Amper-Seitenarm führt. Ist einem dies zu holprig, die Brücke zu schmal oder sind die zehn Stufen bei der Mündung des kleinen Wegleins in den Hauptweg zu beschwerlich, geht man einfach auf dem normalen Schotterweg weiter. Nach dem Brücklein geht es sehr urig durch den Auenwald weiter. Der Weg führt abermals vom Ufer weg, wir halten uns wieder rechts und gehen auf dem kleinen Weg am Ufer weiter. Schließlich erreichen wir die erwähnten Stufen, über welche wir den Kinderwagen heben, und stehen nun wieder auf dem anfänglichen Schotterweg. Wir gehen rechts über die Brücke auf dem Teerweg und gleich über eine zweite Brücke. Unmittelbar nach dieser biegen wir rechts ein und gehen direkt am Kanal entlang auf das Stauwehr zu. Der Weg führt um dieses

**Tipp**

Mitte August findet das jährliche »Dachauer Volksfest« auf der Ludwig-Thoma-Wiese statt: Es ist weniger voll als das Münchner Oktoberfest und lockt mit einem unschlagbar günstigen Masspreis.

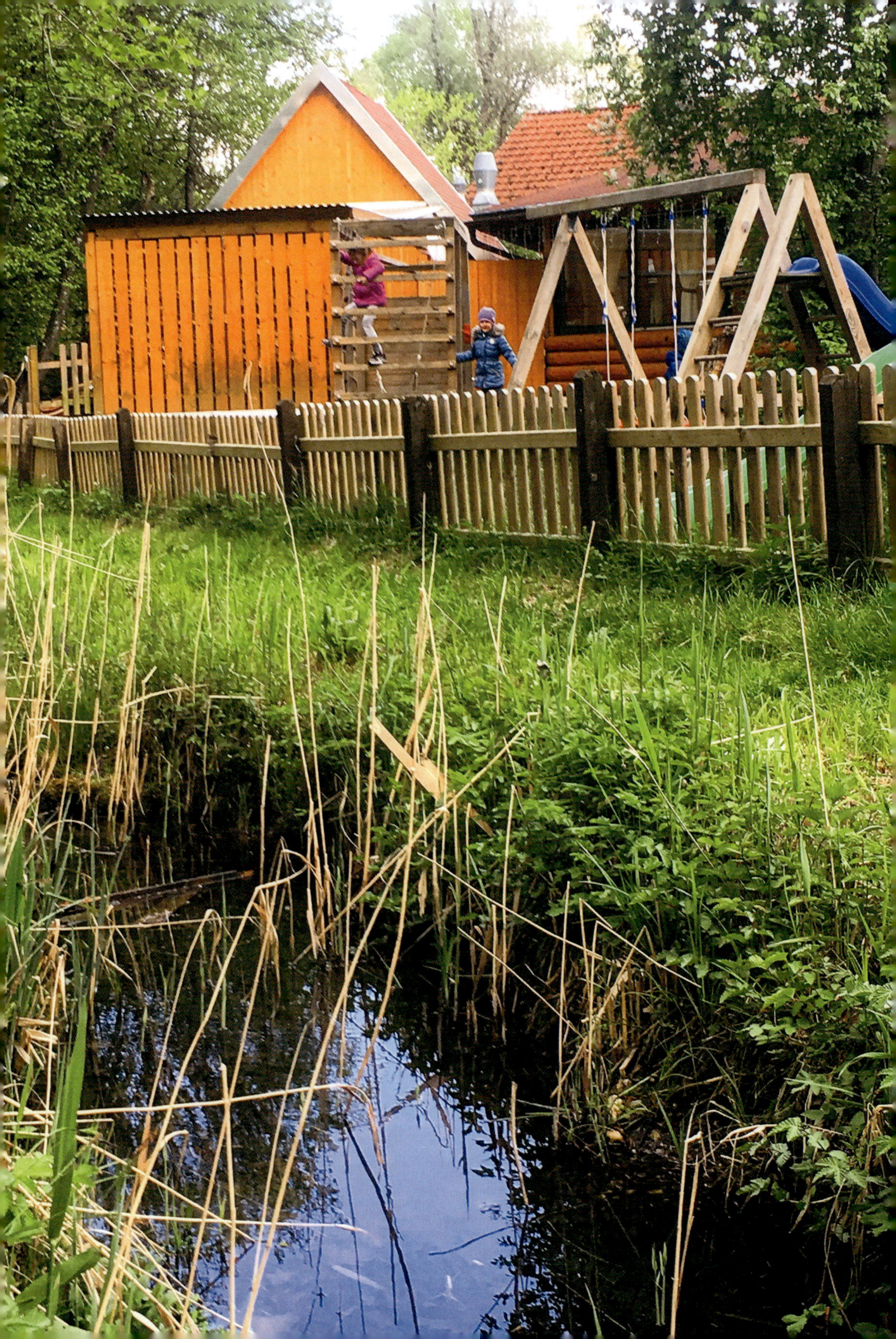

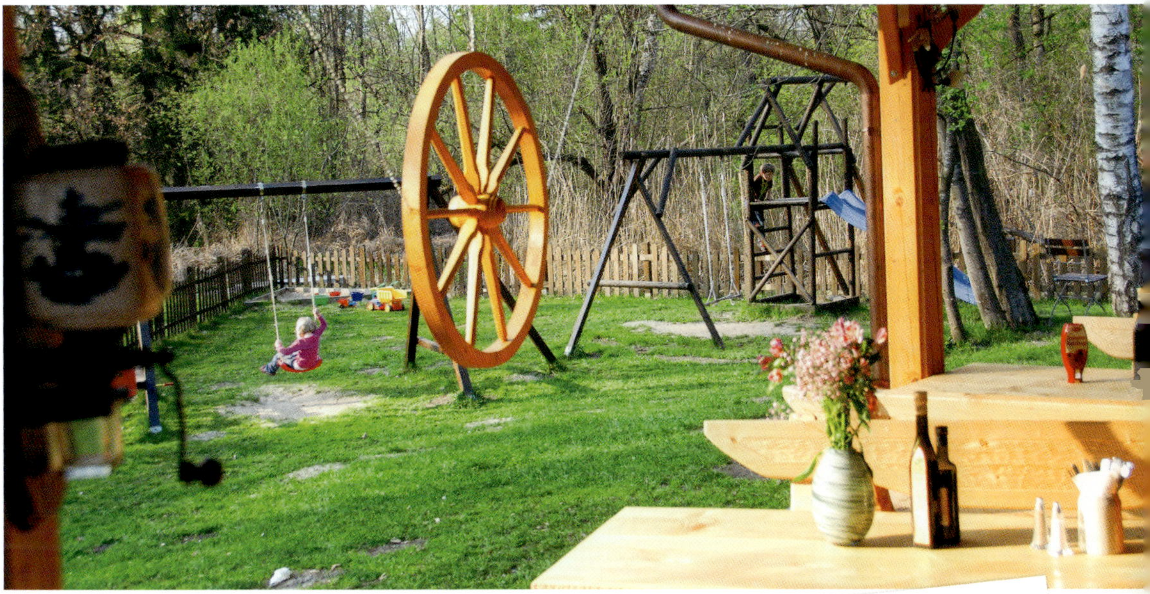

herum und abermals geht es direkt am Ufer weiter.

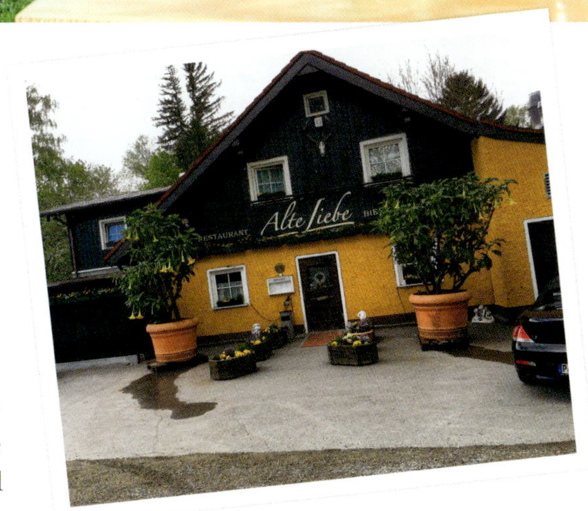


Das fast schon überraschende Ende des Weges führt über eine schmale Brücke – Achtung, nicht für Zwillingswagen geeignet! – und wieder rechts weiter. Auf dem breiten Schotterweg geht es nun stets der Amper folgend geradeaus und am Ende dieses Weges links auf die Brücke und erneut rechts weiter. Man überquert eine kleine, öffentlich befahrene Straße und bald darauf eine weitere, diesmal größere Straße, die jedoch über einen Zebrastreifen verfügt. Nun sind es nur noch wenige Meter, bis man links einen weitläufigen Spielplatz sieht. Die Länge der Rast richtet sich nun ganz nach der Spielfreude des Nachwuchses.

Im Anschluss geht es wieder zurück zur großen Straße und über den Zebrastreifen, dann jedoch links über diese Brücke, um so auf die andere Uferseite zu gelangen. Nach der Brücke biegen wir rechts auf den Uferweg ab und kommen so schon bald wieder zu der kleinen zu überquerenden Straße. Wir folgen dem Uferweg weiter geradeaus und erreichen bald das Schild, das uns den Weg nach links zurück zur »Alten Liebe« weist.

Die »Alte Liebe« bei Dachau

Ganz oben: Essen mit Blick auf die Kinder

Linke Seite: Spielplatz an der »Alten Liebe«

# 5 Birgittenweg Altomünster

## Rund um den Kalvarienberg

mittel | 6,1 km | 35 Hm | 1.05 Std.

**Anfahrt**
Über die A 8 München–Stuttgart bis Ausfahrt Odelzhausen oder Adelzhausen und weiter nach Altomünster. Im Ort am Bahnhof vorbei, links um die Gastwirtschaft Maierbräu herum und dann rechts zum Rathaus und über den Marktplatz. Geradeaus in die Nerbstraße und links in die Kellerbergstraße. Der Beschilderung zum Museum folgen und dort parken.

**Höhe**
540 m

**Anforderungen**
Leichte Rundtour auf breiten Schotter- und Teerstraßen

**Geeignet für**
Rolli, Laufrad, Buggy, Rodel

**Einkehr**
Gasthaus Weilachmühle, Mai bis September, Sonntag 11 bis 21 Uhr, Montag bis Mittwoch 17.30 bis 22 Uhr, Thalhausen, Tel. 08254/1711, www.weilach-muehle.de

**Informationen**
Informationsbüro der Marktgemeinde Altomünster, Marktplatz 7, 85250 Altomünster, Tel. 08254/999744, E-Mail: info-buero@altomuenster.de, www.altomuenster.de

**Altomünster, dessen Name sich vom Gründer des Ortes, dem heiligen Alto, sowie dem lateinischen Wort für Kloster (monasterium) ableitet, ist Ausgangsort für die Tour rund um den Kalvarienberg.**

Unmittelbar neben dem (Birgitten-)Kloster starten wir unsere Wanderung, indem wir den Parkplatz wieder über die Zufahrtsstraße verlassen und zurück zur Kellerbergstraße gehen. Wir folgen dieser nun weiter nach links und passieren auch gleich einen deutlich gelb markierten Holzpfosten, der uns im weiteren Verlauf der Tour stets Wegweiser sein wird. Man stößt auf die Leopold-Schwaiger-Straße, überquert diese und geht wenige Schritte nach links, um sofort wieder rechts in die Straße »Zum Kalvarienberg« einzubiegen. Nun stets geradeaus erreichen wir die ersten Felder am Ortsrand von Altomünster. Angenehm,

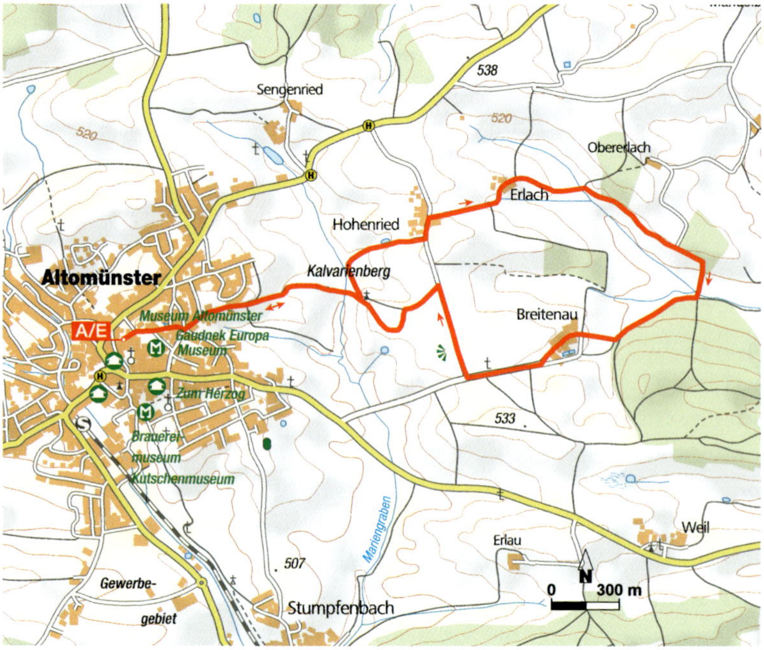

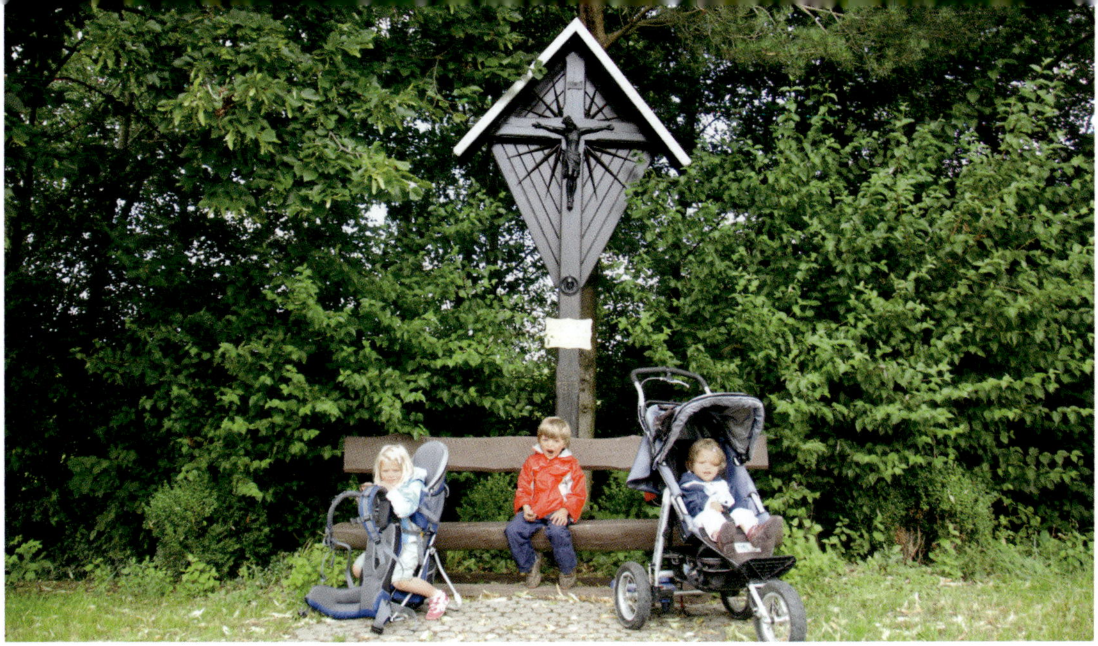

Im Rotationsprinzip wird das Transportmittel durchgetauscht.

weil leicht bergab und auf geteertem Grund, geht es nun auf den bewaldeten Kalvarienberg zu. Der Name »Kalvarienberg« bezeichnet eigentlich die Hinrichtungsstätte Jesu vor den Toren Jerusalems, heute jedoch meist lebensgroße Nachbildungen der Kreuzigungsgruppe auf kleinen Bergen, die meist auch über einen Kreuzweg verfügen. Bei einer Linkskehre erfahren wir bei der Tafel Nr. 2 mehr über den Birgittenrundweg und folgen nun dem Schotterweg nach links. Wegweiser auf dem bestens ausgeschilderten Rundweg sind die grünen Pfeile auf den gelb markierten Pfosten.

Zum Ende der Rundtour durchs Hinterland von Altomünster erreichen wir schließlich über einen holprigen, aber dennoch auch mit Kinderwagen zu bewältigenden Feldweg die Kapelle auf dem Kalvarienberg. Bereits vor dieser geht es rechts etwas steil bergab. Ist diese etwas schwieriger zu entdeckende Stelle überwunden, hat man nach wenigen Schritten auch schon die Infotafel erreicht und erfährt hier mehr über die Historie des Kalvarienberges und des Kreuzweges. Geradeaus weiter umfährt man die Stufen des Kreuzweges und erreicht deren unteres Ende nach einer etwas abenteuerlichen und schmalen Wegführung – im wahrsten Sinne des Wortes kreuz und quer durch den Kalvarienbergwald. Über das Feld geht es bergab zur oben erwähnten Tafel Nr. 2 und zurück zum Parkplatz.

## Tipp

Der Radweg »Schauriges um Altomünster« ist etwa 40 km lang und führt zu zwölf Orten, an denen man Sagen und schaurige Geschichten nachlesen kann.

# 6 Windachspeicher

## Badevergnügen dank Hochwasserschutz

| mittel | 8,5 km | 25 Hm | 1.50 Std. |
|---|---|---|---|

**Anfahrt**
Über die A 96 München–Lindau bis zur Ausfahrt Finning und weiter nach Finning. Ab hier stets der Beschilderung Windachspeicher bis zum Parkplatz folgen.

**Höhe**
632 m

**Anforderungen**
Rundtour auf breiten Schotter- und Teerstraßen

**Geeignet für**
Rolli, Laufrad, Buggy

**Einkehr**
Windachsee-Alm, Freitag bis Montag und an Feiertagen geöffnet, Tel. 08806/957400, www.windachseealm.com

**Informationen**
Tourismusverband Ammersee-Lech e. V., Hauptplatz 152, 86899 Landsberg am Lech, Tel. 08191/128247, E-Mail: info@ammerseelech.de, www.ammerseelech.de

**Der in den frühen 1960er-Jahren erbaute Windachspeicher bei Finning, der eigentlich für den Hochwasserschutz errichtet wurde, dient uns heute als zu umrundende Landmarke. Circa drei Millionen Kubikmeter Wasser warten darauf, in etwa 110 Minuten umrundet zu werden.**

Wir starten unsere Tour auf dem Parkplatz unterhalb der knapp 13 Meter hohen Dammkrone der Talsperre. Da wir mit dem Kinderwagen die Treppen am hinteren Ende des Parkplatzes nicht überwinden können oder es erst gar nicht versuchen wollen, gehen wir auf der zum Parkplatz führenden Anfahrtsstraße ein paar Meter leicht ansteigend zurück und dann nach den Häusern gleich scharf links auf den ebenen Weg, an den Häusern bzw. den Garageneinfahrten derselben vorbei, und nicht auf den steiler ansteigenden rechten der beiden hier abzweigenden Wege. So erreichen wir nach einer etwas mühsam zu um- oder unterfahrenden Schranke die Dammkrone und verschaffen uns erst mal einen Überblick über das zu umrundende Objekt. Die an heißen Tagen linker Hand sehr verlockende Bademöglichkeit ignorieren wir eisern – es soll heute ja um eine Wanderung bzw. einen ausgedehnten Spaziergang gehen.

**Tipp**

Das Strandbad am Windachspeicher kostet keinen Eintritt und liegt ganz in der Nähe des Parkplatzes.

Wir überschreiten den Damm und gehen beim kleinen Biergarten links über den zweiten Parkplatz (meist voll) und folgen der Anfahrtsstraße zu diesem. Es geht rechts um die Kurve und nach 50 Metern biegen wir rechts auf die Schotterstraße ab. Quer über das Feld führt uns der Weg zu einer einzelnen Scheune

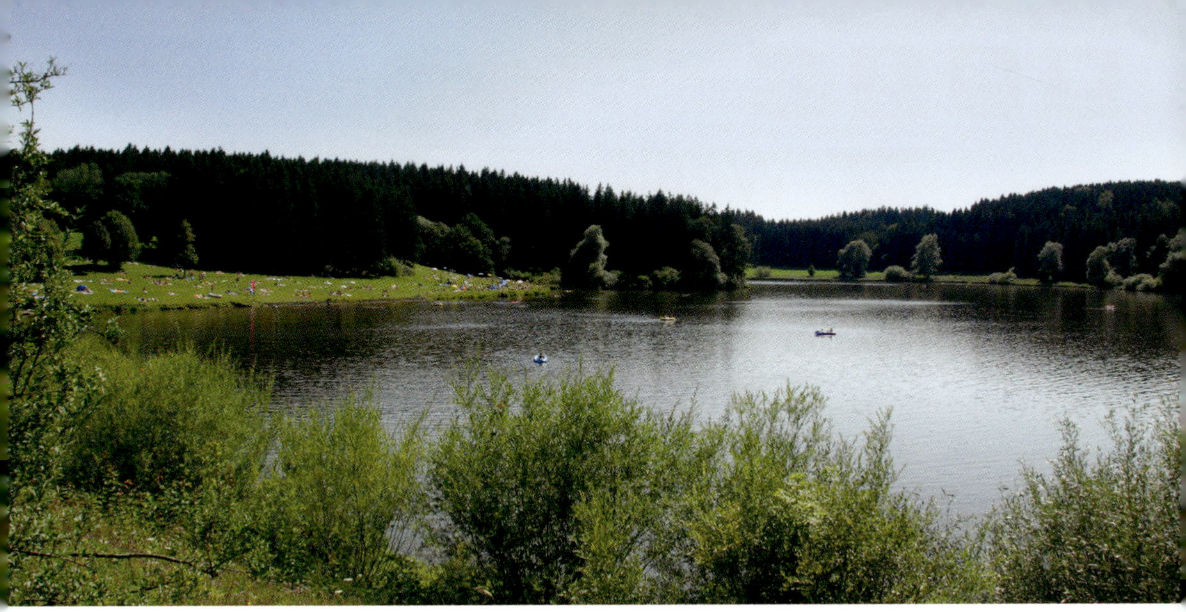

Der Windachspeicher mit der schönen Badewiese

und an dieser vorbei zum Waldrand. Hier gehen wir nach links über den kaum zu erkennenden Pfad am Feldrand und stoßen so nach einer Rechtskurve wieder auf eine breite Schotterstraße, welcher wir nach rechts folgen. Stets dem Hauptweg folgend, treten wir nur wenig später wieder aus dem Wald heraus und gehen auf dem Wiesenweg am Feldrand entlang geradeaus weiter nach Südwesten. Am Ende des Feldes geht der Pfad wieder in eine Teerstraße über. Sehr entspannt schieben wir nun auf dieser bis zur Einmündung in die größere, befahrene Straße. Dieser folgen wir für etwa 200 Meter nach rechts und zweigen dann wieder rechts auf die betonierte Straße (Am Mühlbach) nach Obermühlhausen ab. Wir schieben durch den Ort und gehen kurz vor dessen Ende bei der Kreuzung rechts auf den Feldweg, der uns in einer Links-rechts-links-Kombination wieder zu einer breiteren Schotterstraße führt. Dieser folgen wir nun in nördlicher Richtung nach rechts. Nach einer weiteren Links-rechts-links-Kombination gehen wir auf dem ersten, etwas kleineren Feldweg nach rechts. Nach einer Links- und einer Rechtskurve stoßen wir wieder auf einen etwas breiteren Schotterweg und gehen nach links, bis wir an einer T-Kreuzung eine Teerstraße erreichen. Dieser folgen wir nun nach rechts zurück zum Parkplatz.

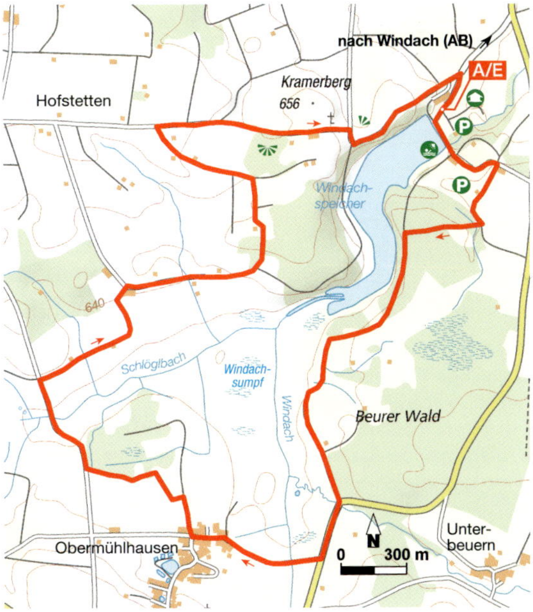

# 7 Weßlinger See

## Idyllischer Badesee mit S-Bahn-Anschluss

leicht | 3,7 km | 10 Hm | 1.40 Std.

**Anfahrt**
Über die A 96 München–Lindau bis zur Ausfahrt Weßling und weiter nach Weßling. Nach 3,5 km kurz vor dem Ortsende links in den Max-Dörner-Weg und nach 200 m links in den Steinebacher Weg. Gleich wieder rechts in die Straße Am Kreuzberg abbiegen und nach 200 m nach links in die Straße Am Karpfenwinkel. Hier nach weiteren 200 m rechts in den Parkbuchten parken.

**Höhe**
590 m

**Anforderungen**
Rundtour auf teilweise schmalen Wegen

**Geeignet für**
Rolli, Laufrad, Buggy

**Einkehr**
Café am See, Hauptstr. 59, 82234 Weßling, Tel. 08153/1663, Dienstag Ruhetag, www.cafe-aenishaenslin.de

**Informationen**
Gemeinde Weßling, Gautinger Str. 17, 82234 Weßling, Tel. 08153/4040, E-Mail: info@gemeinde-wessling.de, www.gemeinde-wessling.de

**Die Weßlinger Tour umrundet den mitten im Dorf gelegenen Weßlinger See, den kleinsten See des sogenannten Fünfseenlandes – die weiteren Seen sind Starnberger See, Ammersee, Wörthsee und Pilsensee – südwestlich von München.**

Wir gehen auf der Anfahrtsstraße weiter bis zum Ende der Parkbucht und dann rechts auf den Waldweg, der uns leicht bergauf und auch gleich aufgrund der Wurzeln recht holprig nach Süden führt. Nach etwa 50 Metern halten wir uns am höchsten Punkt – das sind nur wenige Meter – links und folgen dem Hauptweg für weitere 100 Meter, um die Ettenhofener Straße zu erreichen. Dieser Teerstraße folgen wir nach rechts. Schon bald geht die Teerstraße in eine breite Schotterstraße über und führt uns durch den Wald leicht wellig und angenehm schattig dahin. Bevor der Wald endet und die Straße sich zu einer Allee wandelt, gehen wir rechts auf den etwas schmaleren, aber immer noch breiten Schotterweg und erreichen so nach etwa 200 Metern ein Feld, welches wir mit dem Kinderwagen auf dem schmalen Pfad am Rand, später mittig, passieren. Der Pfad mündet in eine Teerstraße (»Breite Eiche«), welcher wir geradeaus weiter folgen. Wir stoßen auf den Dellinger Weg und schieben nach Norden – also nach rechts – weiter. Bei der nächsten Kreuzung gehen wir rechts (»Am Kreuzberg«) und erreichen so nach wenigen Schritten linker Hand einen schönen Spielplatz. Nach einer eventuellen Spielpause mit den größeren Kindern gehen wir links am Spielplatz entlang über den Parkplatz auf die Kirche zu und gleich nach

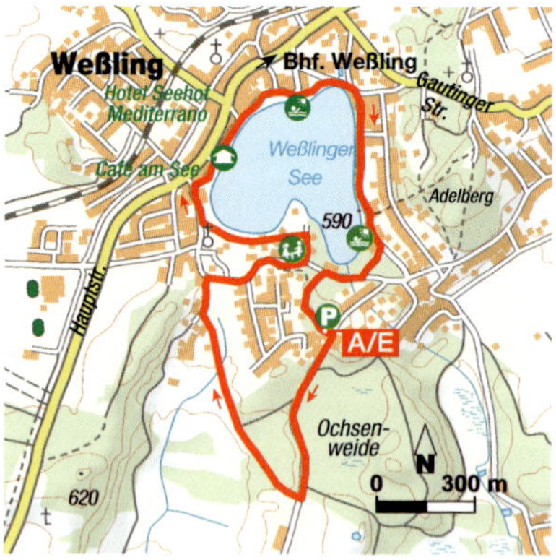

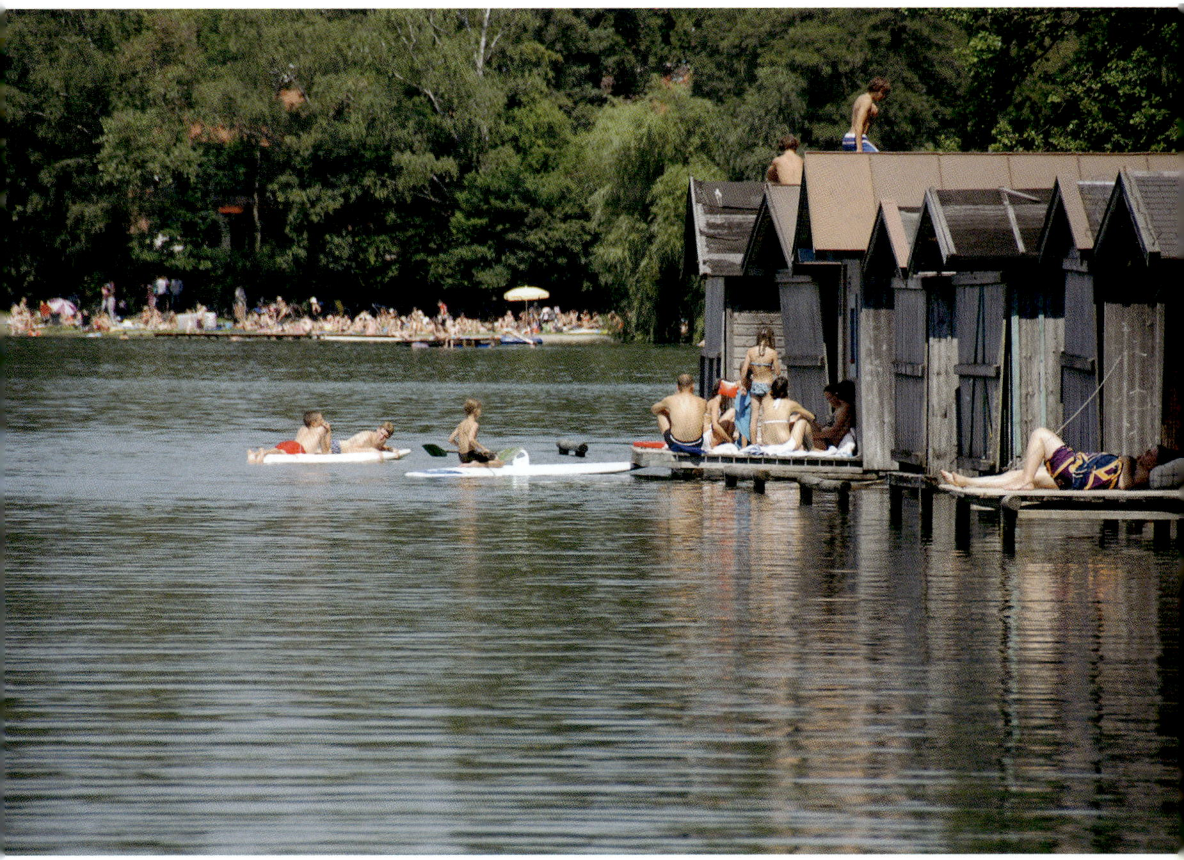

Sommerliche Idylle am Weßlinger See

dem Spielplatz rechts auf dem kleinen Weg hinunter zum Uferweg am Weßlinger See. Nach rechts würde uns der Uferweg zu – mit dem Kinderwagen unüberwindbaren – Stufen führen, weshalb wir hier nach links gehen. Dass auf der linken Route auch ein Biergarten liegt, ist ein erfreulicher Nebeneffekt. Wir folgen nun stets dem Uferweg, beschreiten die nördliche Uferpromenade und erreichen so schon bald den Biergarten des Cafés am See direkt am Seeufer.

Nach einer Verschnaufpause folgen wir dem Uferweg weiter – bald beim Hotel Seehof nach links ein paar Meter vom Ufer weg und dann gleich wieder rechts über den Fischerweg zum Strandbad. Ein Eis später geht es nun auf dem Pfad an den Liegewiesen entlang und anschließend durch ein kleines Wäldchen. Schon bald haben wir das südliche Ende des Sees erreicht. Der Weg mündet in eine Teerstraße … wo auch schon unser Auto wartet.

**Tipp**

Am Weßlinger See gibt es ein Strandbad, das keinen Eintritt kostet.

# 8 Leutstetten

## Reise in die Vergangenheit

| mittel | 7,7 km | 50 Hm | 2.00 Std. |
|---|---|---|---|

**Anfahrt**
Über die A 95 und A 952 nach Starnberg und kurz vor Starnberg die Autobahn bei der Ausfahrt Percha verlassen. Noch in der Ausfahrtskurve links in die Heimatshausener Straße und in dieser parken.

**Höhe**
588 m

**Anforderungen**
Keine besondere Schwierigkeit

**Geeignet für**
Rolli, Laufrad, Buggy

**Einkehr**
Schlossgaststätte Leutstetten, www.hs-gaststaetten.de, Tel. 08151/81 56, Oktober bis April, Montag und Dienstag Ruhetag

**Informationen**
Villa Rustica, Tel. 08151/7721 10, Führungen von Mai bis Oktober am ersten Sonntag im Monat um 15 Uhr, sonstige Führungen auf Anfrage

**Anfang 2002 wurde bei Leutstetten nördlich des Starnberger Sees eine alte römische Villa ausgegraben. Mit unseren Kindern wollen wir diesen im Grundriss noch erkennbaren Gutshof im Leutstettener Moos besuchen.**

Die Heimatshausener Straße geht in den Birkenweg über, in dessen Kurve geradeaus der Fuß- und Radweg nach Leutstetten beginnt. Es geht geradeaus und im Wäldchen über den ersten breiten Holzsteg, der uns trockenen Fußes das Moor überwinden lässt. Stets dem Hauptweg folgend, geht es schon bald über einen zweiten Holzsteg. Mit dem Kinderwagen folgen wir nun weiterhin der breiten Forststraße (ohne Wagen ginge es alternativ gerade über einen kleinen feuchten Pfad). Wir passieren an einer kleinen Wegkreuzung zwei Schautafeln und erreichen eine weitere Kreuzung, an der wir dem Radwegschild nach links folgen. Dann überqueren wir eine Brücke und spazieren links zur Villa Rustica, dem archäologischen Fundort eines römischen Gutshofes, der auf das Jahr 133 n. Chr. datiert wird.
Wir gehen zurück zum Weg und links weiter Richtung Leutstetten. Dabei folgen wir stets dem Hauptweg und erreichen so die ersten Häuser von Leutstetten. Links bergab erreichen wir eine Straße, der wir nach rechts in den Ort folgen. Auf der größeren Straße gehen wir links. Wir passieren das Schloss Leutstetten, welches samt Park leider nicht öffentlich zugänglich ist. Es gehört Luitpold Prinz von Bayern aus dem Haus Wittelsbach.
An der nächsten Kreuzung sehen wir links die Schlossgaststätte Leutstetten mit einem netten Biergarten, der zur Stärkung einlädt. Wollen wir noch nicht kehrtmachen, gehen wir rechts auf der Teerstraße bis zum Ortsende und dort links auf den ansteigenden Fußweg. Wir erreichen wieder die Teerstraße, der wir für ein paar Meter nach links folgen, um dann gleich wieder links auf den Feldweg abzubiegen. Es geht nun stets gerade weiter bis in das Wäldchen auf dem Karlsberg. Hier stand im Hochmittelalter eine der größten Burganlagen der Region. Der Sage nach

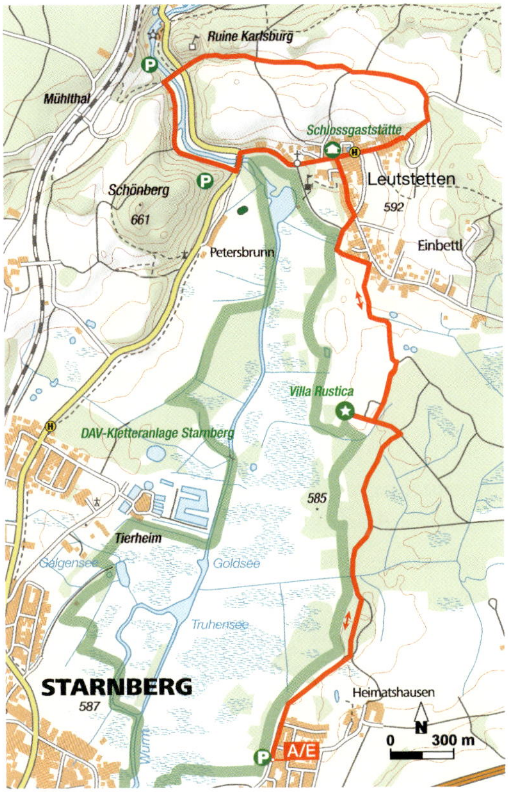


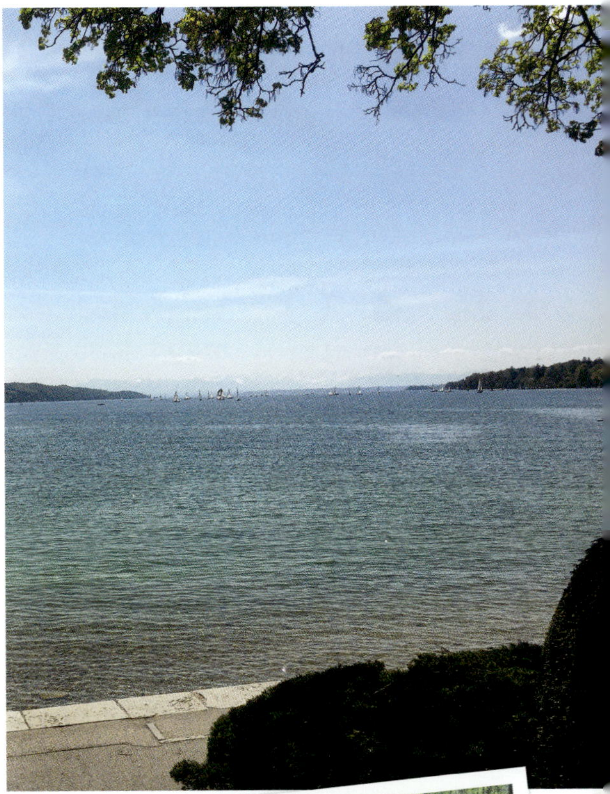

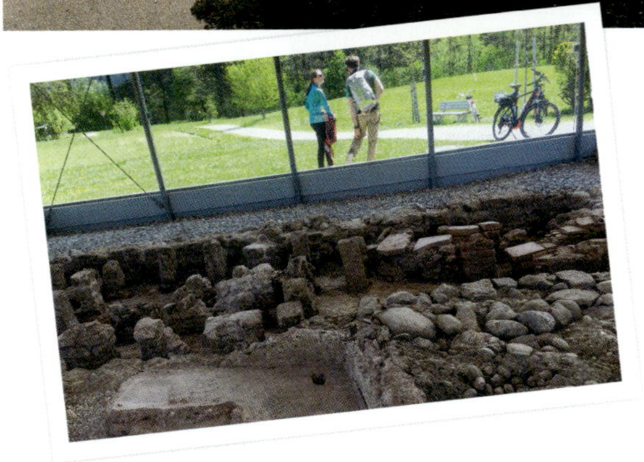

soll Karl der Große hier auf der Karlsburg geboren worden sein.

Dem Hauptweg bergab folgend erreichen wir die Straße Starnberg–München durch das Würmtal. Wir überqueren diese und gehen nach der Brücke links in den Fußweg. Dann passieren wir zwei unter Denkmalschutz stehende Gebäude: das Schusterhäusl (1826) und das Haus zum Kapeller, eine ehemalige Eremitage, die auf das Jahr 1736 zurückgeht. Etwas oberhalb befindet sich der ebenfalls unter Denkmalschutz stehende Bahnhofsbau (nach Plänen von Friedrich Bürklein) an der 1854 eröffneten Bahnlinie München–Starnberg. Die Station Mühltal wird seit 2004 jedoch nicht mehr bedient.

Der Weg stößt nun erneut an die Teerstraße, die wir überqueren, um kurz nach links über die Würm zu gelangen. Hier biegen wir rechts in die Altostraße ab, die uns zurück zur Schlossgaststätte führt. Auf dem bekannten Weg geht es nun zurück zum Auto.

Die Grundmauern der Villa Rustica mitten im Leutstettener Moor

Ganz oben: Ein Abstecher zum Starnberger See lohnt wegen dem Eis mit Aussicht.

# 9 Maisinger Schlucht

## Der kleine Canyon bei Starnberg

| mittel | 11,5 km | 50 Hm | 3.50 Std. |
|---|---|---|---|

**Anfahrt**
A 952 München–Starnberg bis Starnberg, hier zunächst Richtung Weilheim und noch in Starnberg rechts Richtung Söcking. Nach 600 m links in die Maisinger-Schlucht-Straße. Oder mit der S-Bahn bis Starnberg.

**Höhe**
670 m

**Anforderungen**
Leichte Tour auf guten Wegen

**Geeignet für**
Rolli, Buggy, Laufrad

**Einkehr**
Maisinger Seehof, von Beginn der Osterferien bis ca. Mitte Oktober Dienstag bis Sonntag ganztägig geöffnet, Tel. 08151/744242, www.maisingerseehof.de

**Informationen**
Tourist-Information Starnberger Fünfseenland, Hauptstr. 1, 82319 Starnberg, Tel. 08151/90600, E-Mail: info@sta5.de, www.sta5.de

**Der letzten Eiszeit ist das idyllische Tal zwischen Maisinger und dem ungleich größeren Starnberger See zu verdanken. Entlang des Maisinger Baches geht es von Starnberg durch die Maisinger Schlucht zum Maisinger See.**

Wir starten die Tour am Starnberger S-Bahnhof und gehen zunächst zum Uferweg, um den Blick über den See zu genießen. Nach rechts (Westen) und an den Bootshäusern vorbei geht es bis zur Unterführung mit der Beschilderung Museum. Wir unterschreiten die Gleise und spazieren nun stets geradeaus den Wegweisern »König-Ludwig-Weg« folgend bergauf bis zur Ampel an der B 2. Wir überqueren diese und gehen geradeaus weiter Richtung Söcking. Die Wegweiser des König-Ludwig-Weges leiten uns nach links in die Maisinger-Schlucht-Straße, an

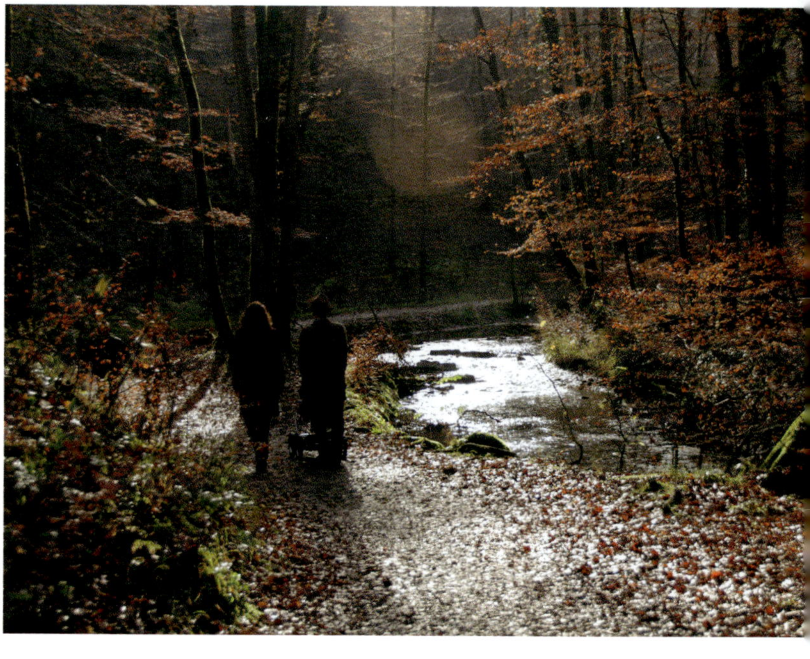

Der Vergleich mit dem Grand Canyon hinkt leider etwas.

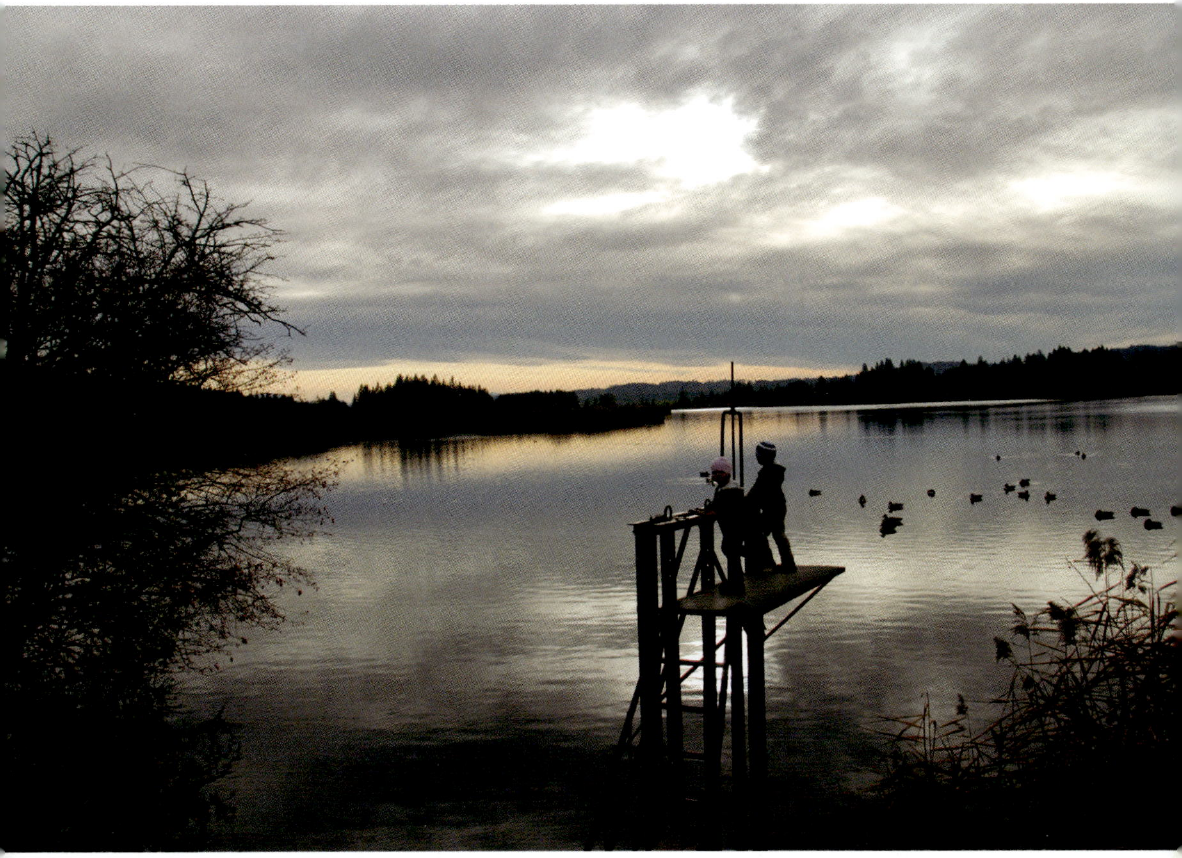

Abendstimmung am Maisinger See

deren Ende beim Starnberger Wasserwerk der nun verkehrsfreie Schotterweg nach Maising beginnt. Hier startet auch die Tour, wenn man mit dem Auto angereist ist.

Stets diesem Weg folgend stoßen wir schon bald auf die »Schlucht«. Immer unmittelbar am Maisinger Bach entlang mit zahlreichen feuchten Spielmöglichkeiten erreichen wir nach mehreren schmalen, aber dennoch kinderwagentauglichen Brücken die »Ortsstraße« in Maising, der wir nach rechts durch Maising hindurch folgen. Am höchsten Punkt lockt rechts der Straße das Gasthaus Georg Ludwig mit kleinem Biergarten. Gegenüber zweigt nach links der »Fußweg zum See« ab. Nach 500 Metern erreicht man wieder die Anfahrtsstraße zum Maisinger See, welcher wir nach links am Maisinger

**Tipp**

Obwohl schon allein die S-Bahn-Fahrt ein Highlight für den Nachwuchs sein kann, ist eine Schifffahrt die Krönung des Tages. Es muss ja nicht unbedingt die große Seenschifffahrt sein, ein kleines Floß oder Boot an der Schnur reicht mitunter schon aus.

Seehof vorbei folgen und so schließlich den nur an dieser Stelle zugänglichen See erreichen.

Die Autofahrer gehen nach der Rast auf demselben Weg wieder zurück. ÖPNV-Nutzer gehen auf dem Weg gegenüber des Gasthauses über den Maisinger Bach und wählen bei der Wegverzweigung den geradeaus führenden Weg mit der Markierung »grünes Dreieck«. Schon bald erreichen wir einen Feldweg und gehen rechts auf dem Maisinger Weg, der uns unter der viel befahrenen B 2 hindurch nach Pöcking führt. Wir folgen dem Ascholdinger Weg nach links zur Weilheimer Straße und gehen nach links. Durch die Hindenburgstraße geht es zum S-Bahnhof Possenhofen.

Und noch eine Alternative, um die Runde zu schließen: Schläft der Nachwuchs eventuell und sind die Eltern noch fit, kann man die Runde noch zurück bis Starnberg gehen. Von der Weilheimer Straße geht man rechts in die Bahnhofstraße. Schon bald haben wir den Niederpöckinger Weg erreicht und spazieren durch

Rechte Seite: Geocaching mit den Kleinsten in der Maisinger Schlucht

Einkehr am Maisinger See

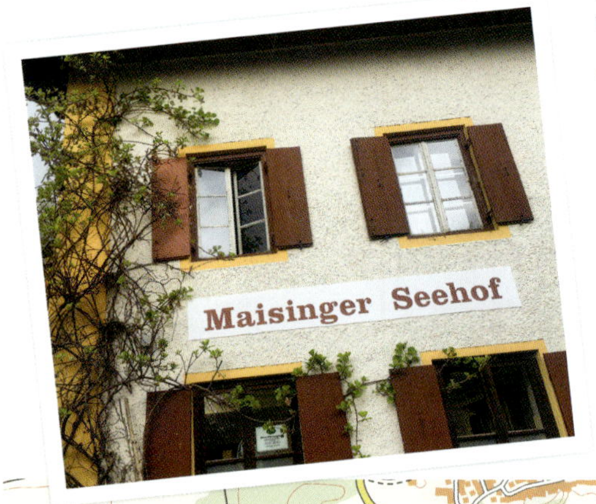


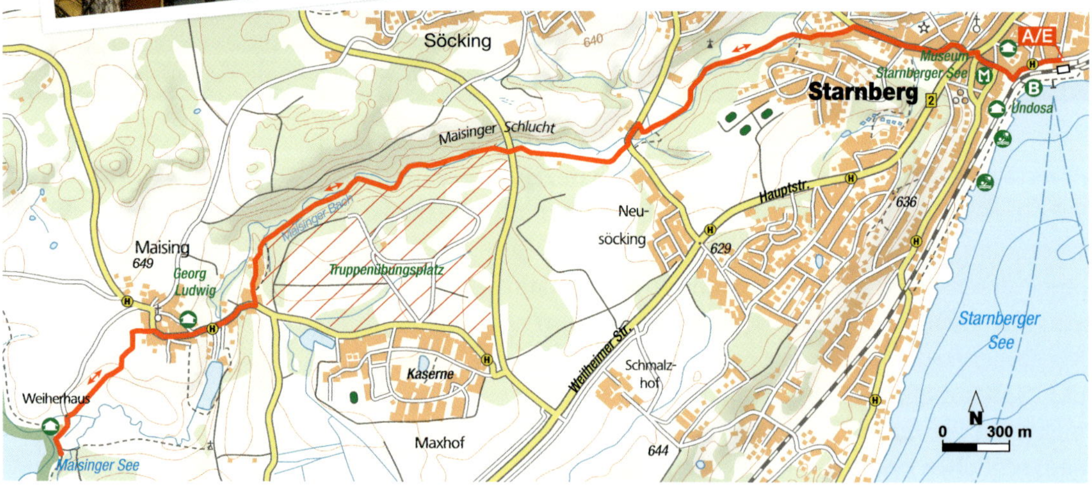


Wald bergab und über die Bahngleise. Bei der Weggabelung geht es links zum Moritz-Schwind-Weg und auf diesem links weiter zum Seeweg in Niederpöcking. Hier orientieren wir uns rechts bergab zur Possenhofener Straße und nach links bis zur Bahnunterführung, vor der wir rechts über den Unteren Seeweg zurück zum S-Bahnhof in Starnberg gehen.

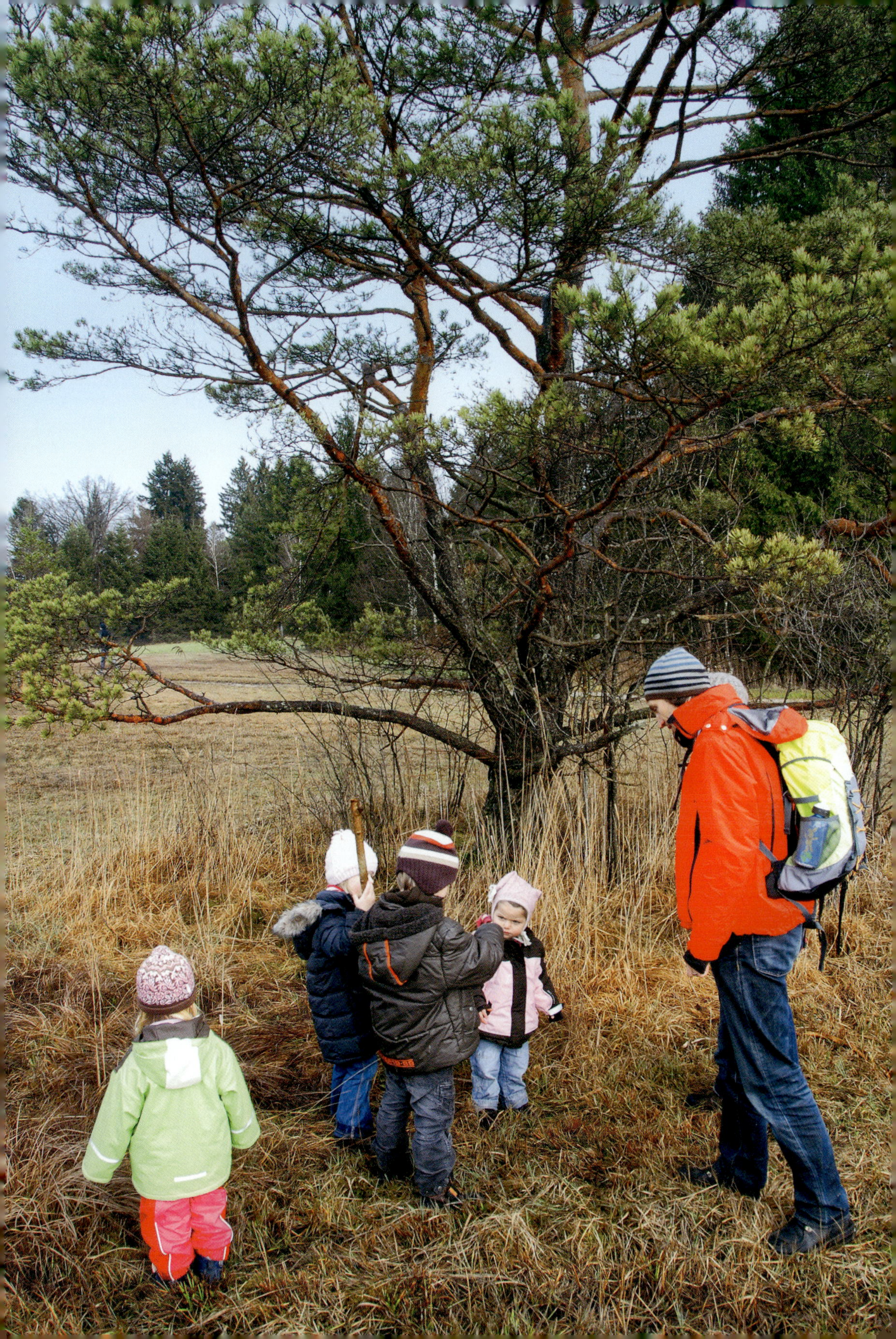

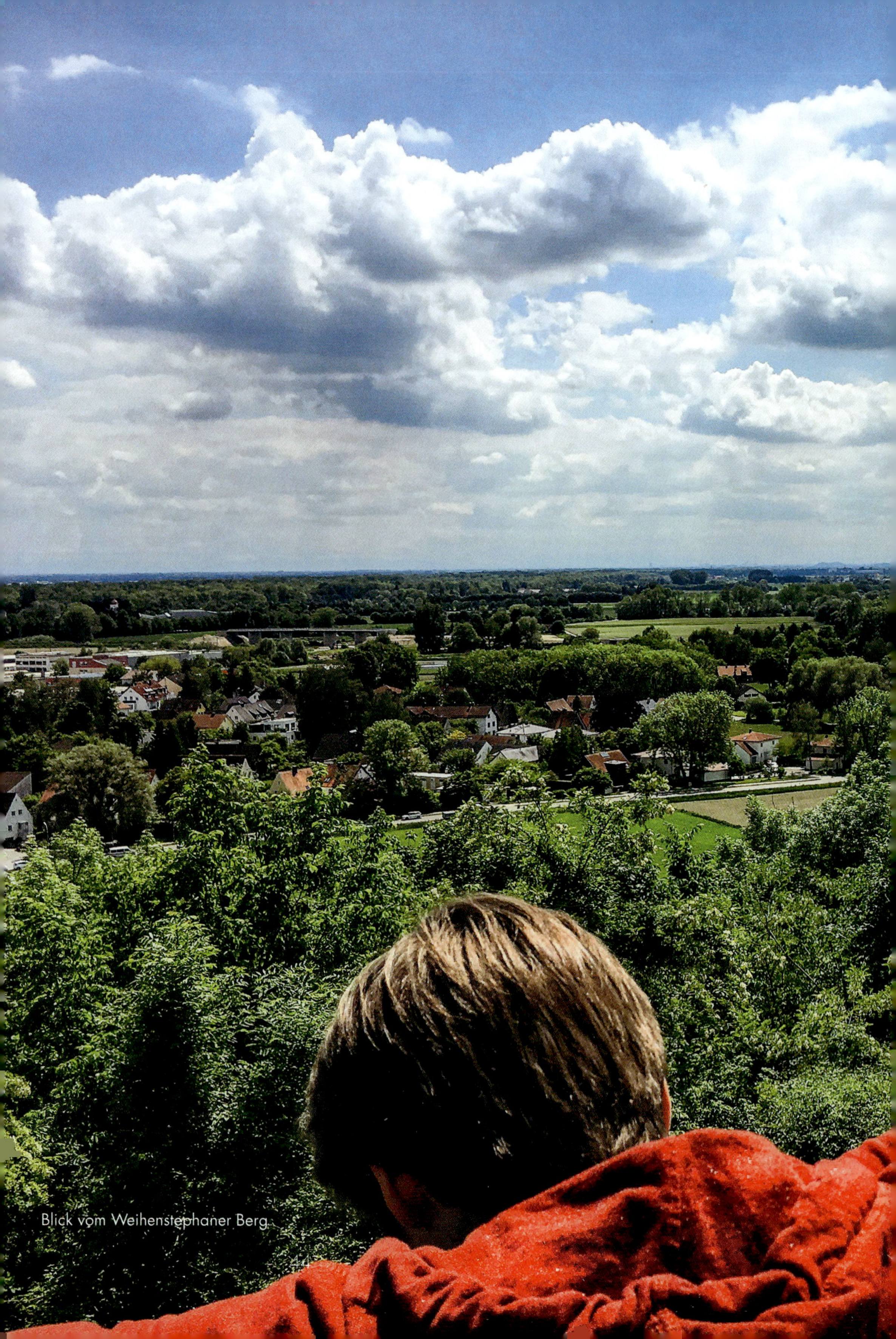

Blick vom Weihenstephaner Berg

# Münchner Norden

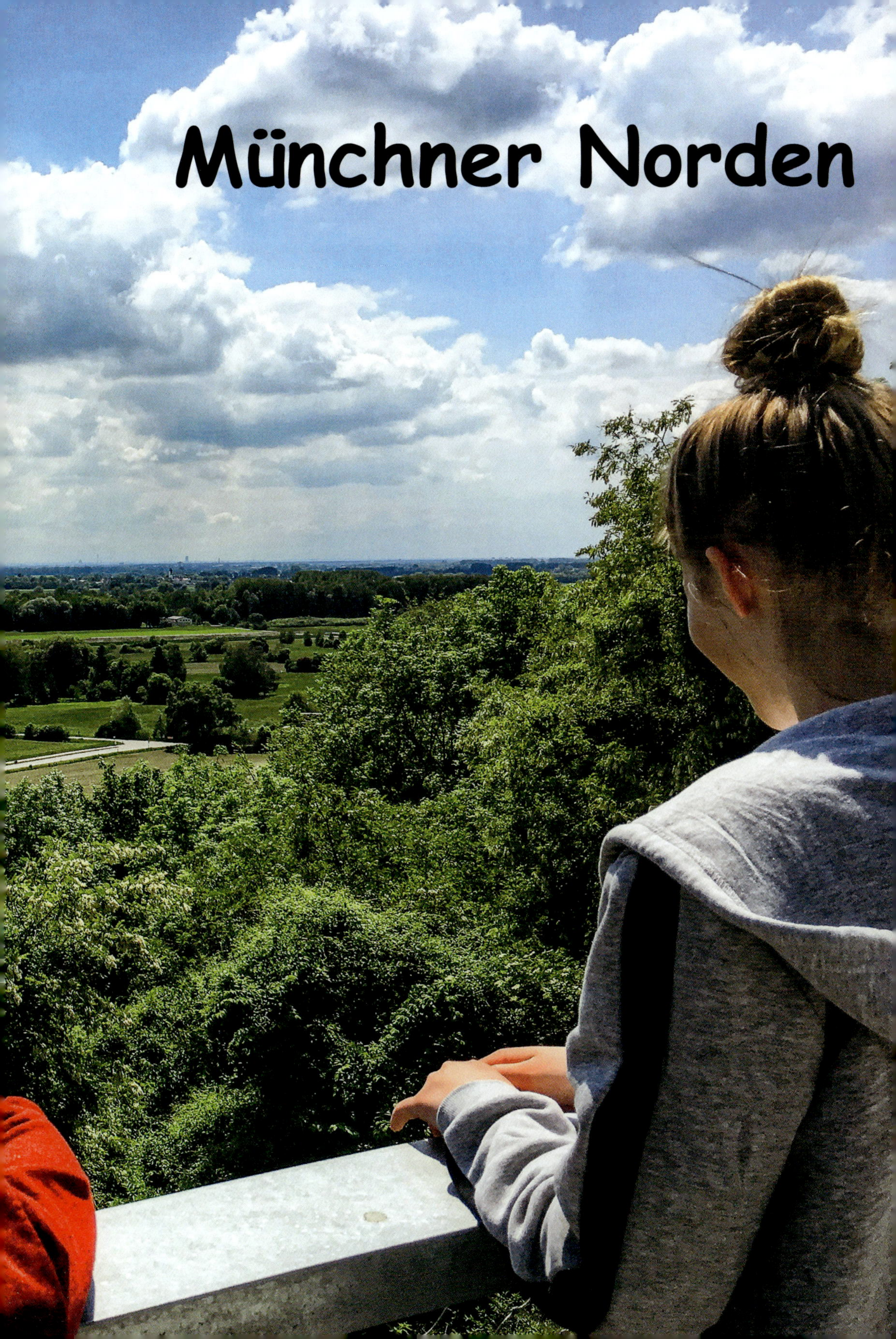

# 10 Hopfenrundweg Wolnzach

## Rundweg vorbei an Bienenhotel und Co.

leicht | 3,7 km | 40 Hm | 1.10 Std.

**Anfahrt**
Über die A 9 München–Nürnberg bis zum Dreieck Holledau. Weiter auf der A 93 Richtung Regensburg bis zur Ausfahrt Wolnzach. Rechts in die Preysingstraße (Schild »Wolnzach«) und nach 400 m links in die Auenstraße. Nach 600 m links in die Schlossstraße, die nach 100 m rechts abbiegt. Weiter auf der Wendenstraße aus Wolnzach hinaus und nach dem Ortsschild links zum Parkplatz des Hopfenrundweges.

**Höhe**
430 m

**Anforderungen**
Sonnige Rundtour auf Teer und Schotter

**Geeignet für**
Rolli, Buggy

**Einkehr**
Einkehrmöglichkeiten in Wolnzach

**Informationen**
Markt Wolnzach, Marktplatz 1, 85283 Wolnzach, Tel. 08442/650, E-Mail: info@wolnzach.de, www.wolnzach.de

**Die Stadt Wolnzach, am Fluss Wolnzach gelegen, ist die zentrale Stadt in der Hallertau, dem größten Hopfenanbaugebiet der Welt. Ein Drittel des Hopfen-Weltbedarfs wird hier in der Hallertau kultiviert. Der perfekte Ort also, um mehr über dieses Gewächs zu erfahren.**

Wir starten die Tour an dem kleinen Parkplatz nordwestlich von Wolnzach, der hier erfreulicherweise extra für Besucher des Hallertauer Hopfenrundweges eingerichtet wurde. Ein grober Übersichtsplan zeigt uns den Rundweg, den wir in der kommenden Stunde beschreiten werden, um in die Geheimnisse des Hopfenanbaus eingeweiht zu werden. Wir schieben den Kinderwagen der Anfahrtsstraße weiter folgend stadtauswärts an den ersten Hopfenfeldern entlang. Nach 200 Metern gabelt sich der Weg – hier folgen wir dem Schild »Lehrpfad« nach rechts. Auf der angenehm mit dem Kinderwagen zu befahrenden kleinen Teerstraße geht es nun mitten durch die Hopfenfelder der Hallertau. Links und rechts des Weges erfahren wir hier und im weiteren Verlauf auf zahlreichen Infotafeln und Pflanzennamensschildern viel Wissenswertes über den Hopfenanbau, dessen Verarbeitung und die weitere Flora und Fauna der Hallertau.

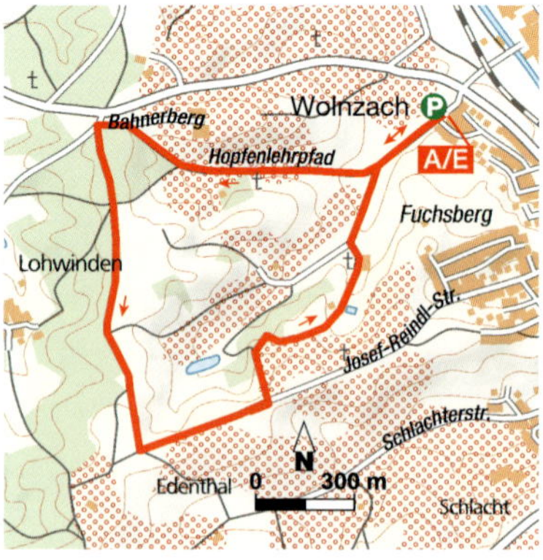


Schon bald macht der Weg einen leichten Rechtsknick und führt nun ansteigend zum höchsten Punkt der Tour. Hier geht es wenige Meter auf der etwas breiteren Teerstraße nach links, dann gleich abermals nach links auf den Schotterweg und direkt in den Wald hinein. Schon bald verlassen wir jedoch den Wald wieder und schieben nun stets am Waldrand entlang. Schließlich macht

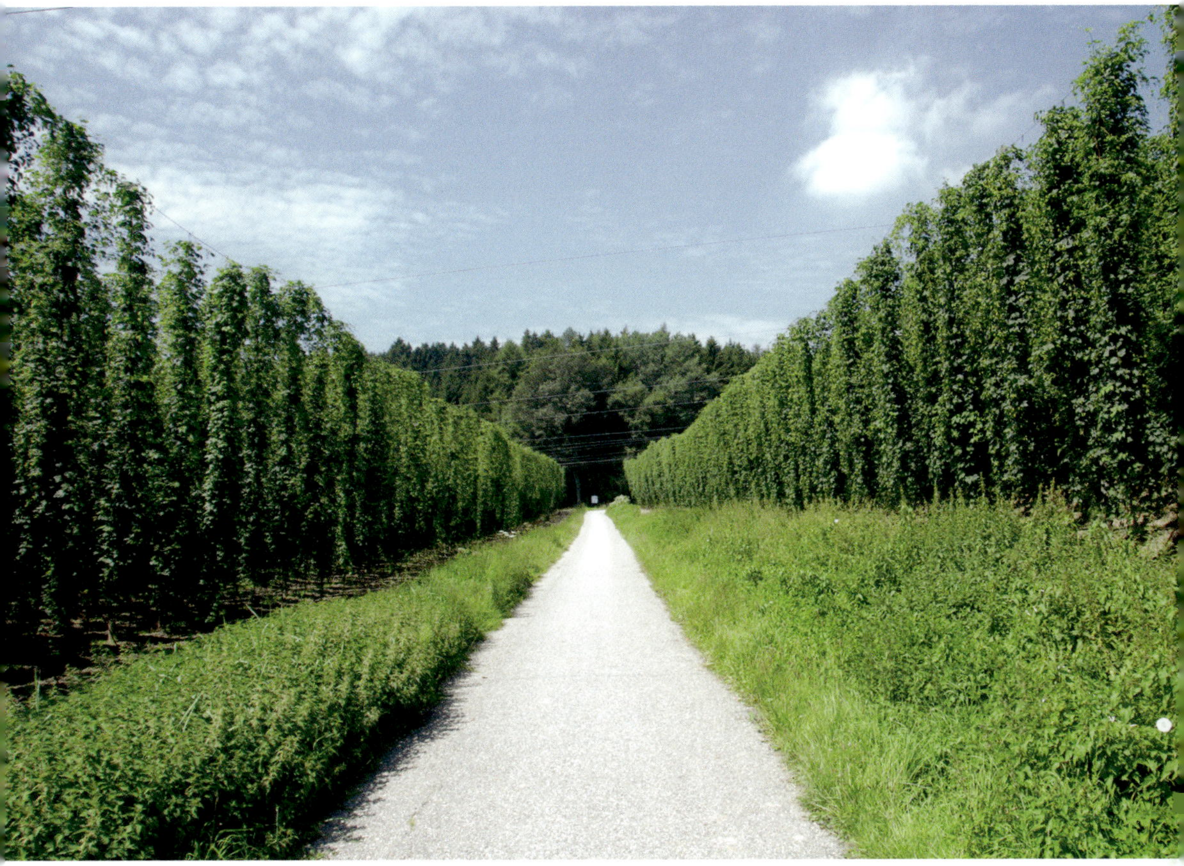

Hopfen, so weit das Auge reicht

der Weg eine scharfe Linkskurve und führt uns wieder leicht bergab. Es geht an der Station Bienenhotel vorbei und bald darauf kommt die einzige etwas schwierige Stelle des gut ausgeschilderten Weges: Der Weg folgt nach den Hecken nicht geradeaus der Schotterstraße weiter, sondern führt links im rechten Winkel über einen Wiesenweg am Feldrand weg von der Straße. Nun geht es etwas steil und holprig bergab, um von den bereits erklommenen Höhenmetern wieder herabzusteigen. Stets geradeaus dem Weg folgend gehen wir bis zur am unteren Ende querenden Teerstraße, um an dieser dann rechts abzubiegen. Bald passieren wir einen von summenden Bienen zielstrebig und fleißig angeflogenen Bienenstock. Wir folgen dem Lehrpfad weiter, der uns nun auf den letzten Metern leicht nach links wieder zurück zum Parkplatz führt.

**Tipp**

Besuchen Sie auch das Hopfenmuseum Wolnzach mit Bierseminaren (letztere allerdings nicht für Kinder).

# 11 Schloss Schleißheim

## Lange oder kurze Tour je nach Schlafzyklus

leicht | 3/7 km | 0 Hm | 0.45/1.40 Std.

**Anfahrt**
Über den Autobahnring A 99 auf die A 92 München–Nürnberg, Ausfahrt Oberschleißheim/Dachau und weiter auf der B 471 Richtung Oberschleißheim. Rechts in die Effnerstraße und bis zum Parkplatz am Ende der Straße bei der Flugwerft des Deutschen Museums.

**Höhe**
510 m

**Anforderungen**
Leichte Spazierwege im Park

**Geeignet für**
Rolli, Laufrad, Buggy, Schlittschuhe

**Einkehr**
Biergarten Bergl, Betriebsferien im August, Mittwoch und Donnerstag Ruhetag, Tel. 089/315 01 05; Schlosswirtschaft Oberschleißheim, Dienstag bis Sonntag geöffnet, Tel. 089/315 15 55, www.schlosswirtschaft-oberschleissheim.com

**Informationen**
Schloss- und Gartenverwaltung Schleißheim, Tel. 089/315 87 20, www.schloesser-schleissheim.de

**In dem weitläufigen Areal Schloss Schleißheim nördlich von München findet man neben dem Alten Schloss Schleißheim das Neue Schloss Schleißheim sowie Schloss Lustheim, die von den bayerischen Herrschern als Sommerresidenzen genutzt wurden. Ferner besteht mit der Flugwerft eine interessante Dependance des Deutschen Museums für flugbegeisterte Eltern und neugierige Kinder.**

Wir starten am Parkplatz unweit des Eingangs der Flugwerft und erreichen diese, indem wir wenige Meter auf der Anfahrtsstraße zurückgehen. Ein Besuch des Museums auf einem der ältesten Flugplätze Deutschlands lohnt auf jeden Fall – für größere Kinder gibt es vieles zu entdecken und an einem Flugstand mit einem Modellflugzeug können Start- und Landeerfahrungen gesammelt werden. Weiter nach Norden der Anfahrtsstraße folgend geht es zurück Richtung Hofeinfahrt des Wilhelmshofes. Wir biegen jedoch vor dieser nach rechts ab und passieren den gemütlichen Biergarten, der hier im Alten Schloss Schleißheim zu einer Rast einlädt. Den Verlockungen widerstehend gehen wir weiter geradeaus, umrunden so den südlichen Flügel des Neuen Schlosses Schleißheim und erreichen den prächtigen Schlosspark. In diesem lässt es sich nun beliebig, eventuell sogar bis zum Schloss Lustheim, herumstreifen. Im Winter kann man toll auf den gefrorenen Kanälen Schlittschuh laufen oder Eisstock schießen.

**Tipp**
Mit größeren Kindern sollte man unbedingt die Flugwerft Schleißheim besuchen.

Alternative für eine große Tour ist ein Abstecher zum Biergarten Bergl: Geht man am Neuen Schloss Schleißheim entlang

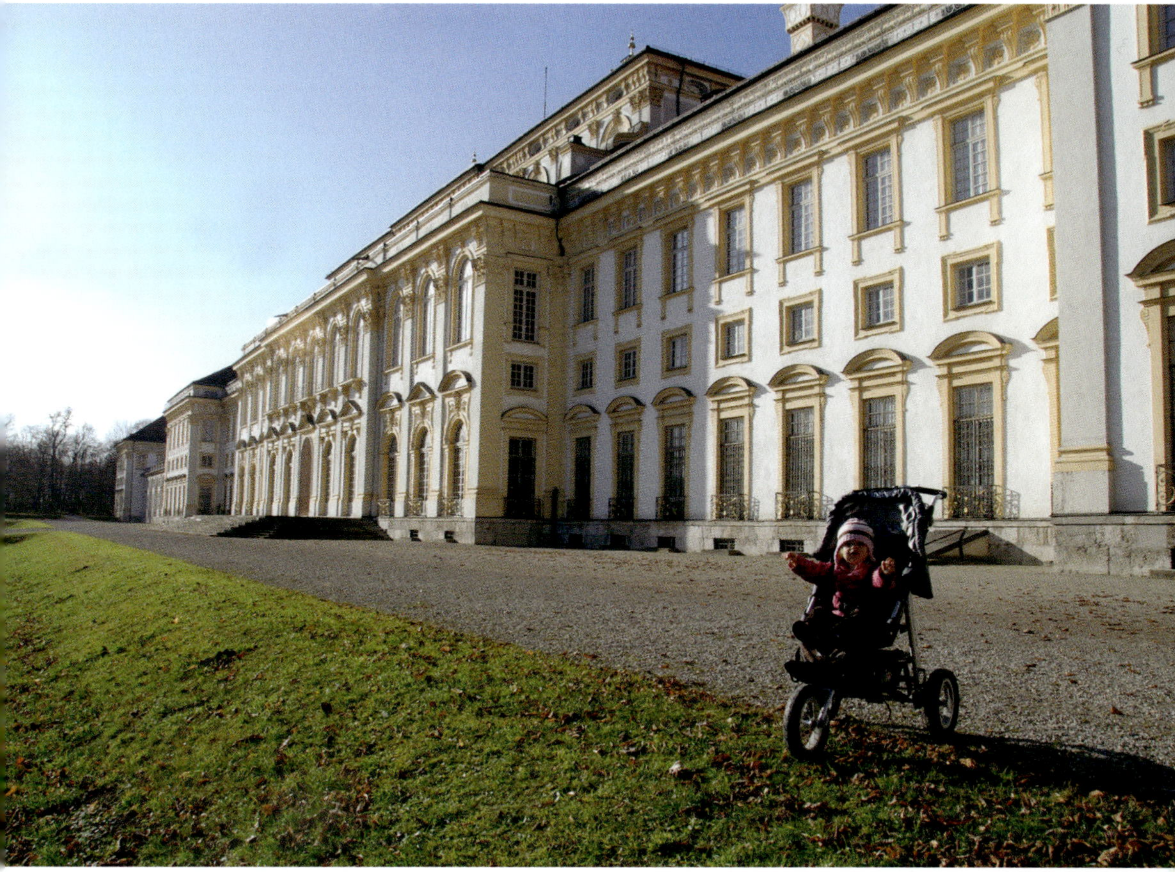

Die Schlossanlage Schleißheim

nach Norden und dort über die Brücke, erreicht man die Freisinger Straße. Wir überqueren diese und folgen ihr nach rechts, bis diese einen leichten Rechtsknick macht. Hier biegen wir nach links in die Theodor-Körner-Straße und gleich rechts in die Jahnstraße ab. Dieser folgen wir bis zu den letzten Häusern und gehen dann geradeaus weiter in den Wald. Stets dieser Straße folgend, erreichen wir so nach etwa 500 Metern den Biergarten Bergl: ein ruhiger Biergarten mitten im Wald mit Pferdekoppel und Bach, der für heute unser Tourenziel sein soll.

Nach der Einkehr geht es auf gleichem Weg wieder zurück zum Schloss Schleißheim und zum Parkplatz.

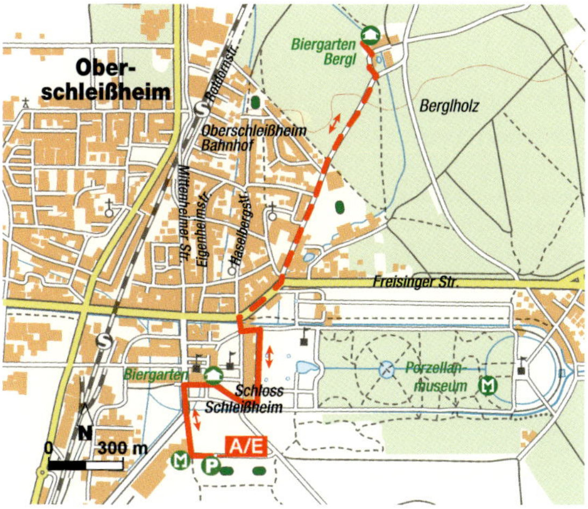

# 12 Weihenstephan

## Bergbesteigung mit Biergarten

mittel | 3,9 km | 35 Hm | 1.25 Std.

**Anfahrt**
Von München oder der Ausfahrt Freising-Mitte der A 92 über die Münchner Straße von Süden her nach Freising kommend links in die Saarstraße und dann die zweite links in die Gartenstraße. Dieser Straße stets folgen, bis rechts hinter einem großen, freien Feld der Weihenstephaner Berg zu sehen ist.

**Höhe**
475 m

**Anforderungen**
Leichte Tour auf Asphalt und Schotter

**Geeignet für**
Rolli, Laufrad, Buggy

**Einkehr**
Bräustüberl Weihenstephan, ganzjährig geöffnet, kein Ruhetag, Tel. 08161/13004, E-Mail: info@braeustueberl-weihenstephan.de

**Informationen**
Stadt Freising, Rindermarkt 20, 85354 Freising, touristinfo@freising.de, Tel. 08161/544411

**Ein Spaziergang mit Erhebung! Der nördlichste Berg im Münchner Umland, der Weihenstephaner Berg in Freising, ist mehrfach ein lohnendes Ziel. Nicht nur die älteste Brauerei der Welt, sondern auch eine Eisdiele, zwei Bäche, Schaugärten und einiges mehr garantieren einen abwechslungsreichen Tag.**

Der breite Schotterweg nach dem ersten Drittel des Feldes führt uns quer über dieses und zu einem Seitenarm der Moosach. An diesem Bächlein gehen wir links weiter gemütlich in der Ebene dahin. Schon bald mündet der Weg an eine Teerstraße (»Feldfahrt«), welcher wir nach rechts über die Brücke folgen. Kurz darauf geht es über eine zweite Brücke, die uns sicher über die Moosach führt. Der kleine Weg, der hier nach rechts abzweigt, ist zwar verlockend, führt uns aber nicht auf den Berg, sondern nur an ihm entlang, sodass wir hier der Teerstraße (»Mühlenweg«) nach links weiter folgen. Es geht nun leicht bergauf und auf Teer mag es sich vielleicht nicht so schön wandern, aber mit Kinderwagen erleichtert er uns das Schieben ungemein.

**Tipp**
Der nahe gelegene Flughafen München begeistert die größeren Geschwister bei einer Rundfahrt.

An einer Kuppe, kurz bevor links ein kleiner Fußweg abzweigt, gehen wir rechts auf den schmalen Teerweg, der zwischen Leitplanke und Gartenzaun zwar etwas steiler, aber verkehrsbefreit zum »Weihenstephaner Steig« führt. Diesem folgen wir nach rechts und erreichen so auf dem Plateau das Gelände der Fachhochschule und Brauerei. Wir halten uns rechts und erreichen so schon kurz darauf die Schaugärten der Fachhochschule. Rund um den Hofgarten hinter dem Stephansdom genießen wir den

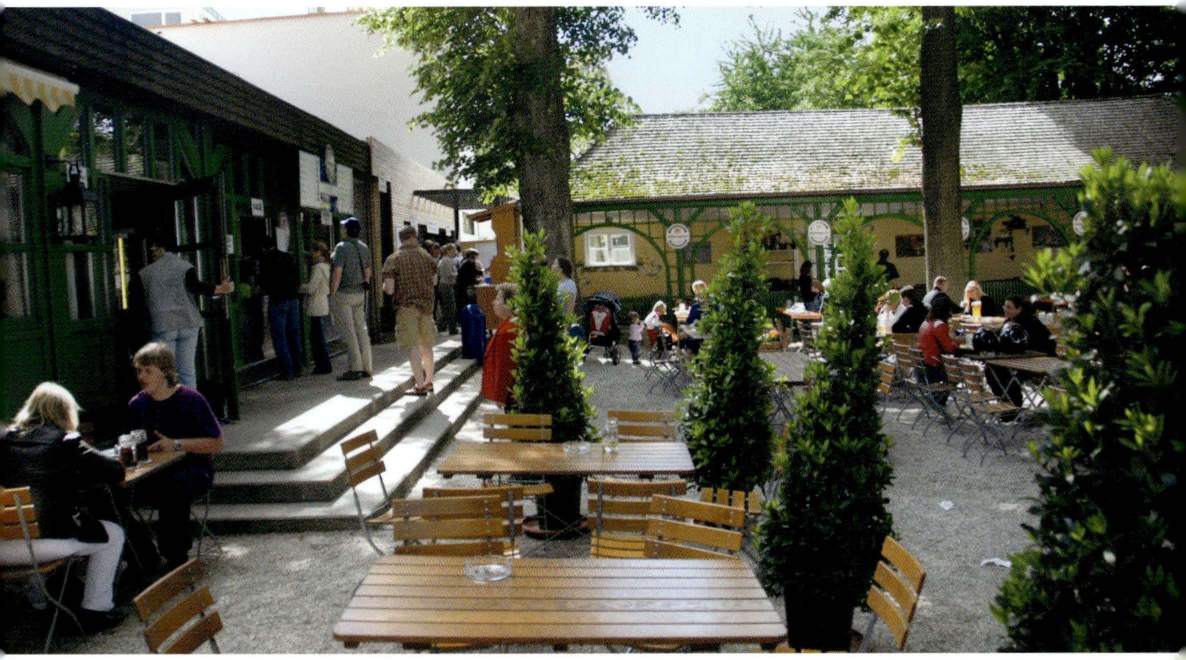

Der Biergarten auf dem Weihenstephaner Berg

Ausblick von der westlichen und südlichen Aussichtsterrasse – bei guten Bedingungen sogar bis zu den Alpen. Der Hofgarten, ehemals Klostergarten der hier ansässigen Benediktiner, war ursprünglich ein Nutzgarten, präsentiert sich heute jedoch als Ziergarten. Anschließend folgen wir der Beschilderung zum Weihenstephaner Bräustüberl und genießen eine angenehm schattige Rast. Ein kleiner Spielplatz sowie ein Wickeltisch stehen für die Kleinen und Kleinsten bereit.

Nach der Einkehr setzen wir unsere Tour über den Weihenstephaner Berg von Ost nach West weiter fort und gehen nun angenehm leicht bergab auf dem Weihenstephaner Fußweg, bis wir am Fuß des Berges direkt bei der Eisdiele den Veitsmüllerweg erreichen. Hier halten wir uns scharf rechts entweder auf der Teerstraße am Bach entlang oder auf dem ein wenig höher verlaufenden Fußweg. Bei der nach links abzweigenden Straße (»Fürstendamm«) legen wir, falls größere Kinder dabei sind, noch eine Rast beim Spielplatz ein, bevor es dann weiter dem Veitsmüllerweg folgend schon bald über die Moosach geht und wir wieder das Feld erreichen, an dem wir zu unserer Tour gestartet sind.

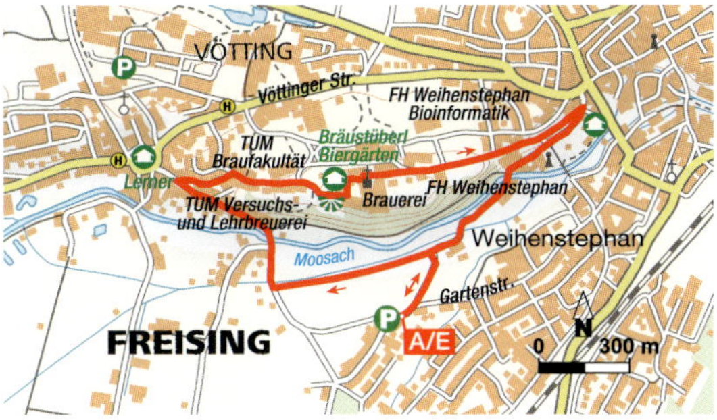

# 13 Unterföhringer Isarrunde

## Baden, Biergarten und Brücken

| leicht | 8,2 km | 5 Hm | 1.35 Std. |
|---|---|---|---|

**Anfahrt**
Über den Mittleren Ring B 2R in München bis zum Effnerplatz und dort nach Norden in die Effnerstraße St 2088. Nach etwa 1 km nach links in die Wahnfriedallee und nach 200 m rechts in die Oberföhringer Straße. Nach gut 1 km links Richtung St. Emmeramsmühle abbiegen und in Biergartennähe parken.

**Höhe**
508 m

**Anforderungen**
Leichter Spaziergang auf Schotterwegen

**Geeignet für**
Rolli, Laufrad, Buggy

**Einkehr**
St. Emmeramsmühle, ganzjährig geöffnet, kein Ruhetag, Tel. 089/95 39 71, www.emmeramsmuehle.de; Seegarten Unterföhring, März bis Oktober geöffnet, Tel. 089/95 00 16 06, kontakt@seegarten.net

**Informationen**
Gemeinde Unterföhring, Münchner Str. 70, 85774 Unterföhring, Tel. 089/95 08 10, E-Mail: info@unterfoehring.de

**Die Isarrunde zwischen St. Emmeramsmühle und Poschinger Weiher führt eben, also ohne für Touren mit dem Kinderwagen lästige Anstiege, durch die nur bei Hochwasser noch wilden Isarauen.**

Der Biergarten St. Emmeramsmühle, der seinen Namen der denkmalgeschützten Mühle aus dem Jahre 1866 verdankt, entstand über die Jahre aus dem Bierausschankrecht, das der hier seit dem 14. Jahrhundert ansässigen Mühle zugestanden wurde. Gleich neben dem Biergarten ist ein kleines Gehege mit Ziegen,

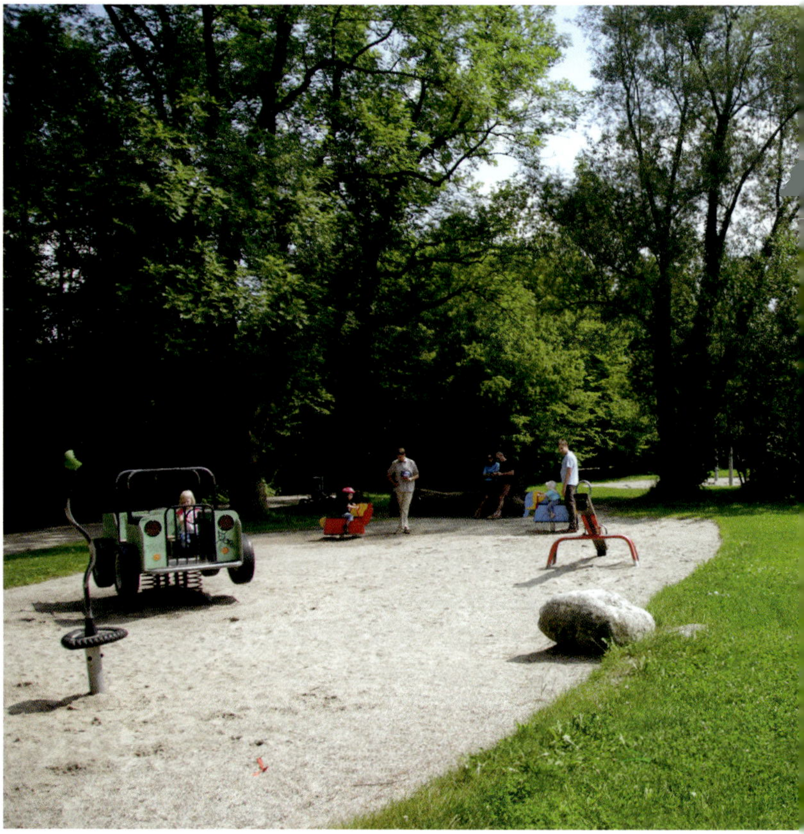

Enten und Hühnern sowie ein kleiner Spielplatz. Den Biergarten heben wir uns als Belohnung für den Abschluss der Tour auf und gehen geradeaus zwischen Biergarten und Tiergehege wenige Meter ansteigend auf den Damm des Mittleren Isarkanals und überqueren diesen. Auf der anderen Seite rechts bergab und geradeaus weiter passieren wir schon nach wenigen Metern einen kleinen, aber netten Spielplatz neben einem kleinen Weiher. Sind die Augen des geschobenen Kindes alters- und gegebenenfalls müdigkeitsbedingt schon bzw. noch in der Lage, den Spielplatz als solchen zu identifizieren, wird man hier um einen ersten Spielstopp nicht herumkommen.

**Tipp**

Keinesfalls sollten Sie die Badesachen für den Sprung in den Poschinger Weiher vergessen!

Danach geht es geradeaus weiter zum Denkmal des St. Emmeram und über die Fachwerkbrücke, die ebenfalls nach diesem Heiligen benannt ist. Blickt man isaraufwärts nach Süden, sieht man das zur Stromerzeugung genutzte Oberföhringer Stauwehr, an dessen Stelle bis 1896 noch eine Drahtseilfähre das Überwinden der Isar ermöglichte. Hat man die Isar bequem auf dem heutzutage üblichen Weg überwunden, steht man am Nordostzipfel des Englischen Gartens (Hirschau) und könnte geradeaus in etwa 500 Metern dem Biergarten Aumeister einen Besuch abstatten. Wir gehen aber nach rechts isarabwärts und unterqueren schon bald zwei Straßenbrücken und eine Bahnbrücke. Nun geht es stets geradeaus nordwärts, bis man einen kleinen Kanal erreicht, der hier in die Isar mündet. Eine Brücke wenige Meter weiter links erlaubt die Überquerung trockenen Fußes und wir können den Kinderwagen weiter nach Norden schieben. Schon bald erreichen wir wieder

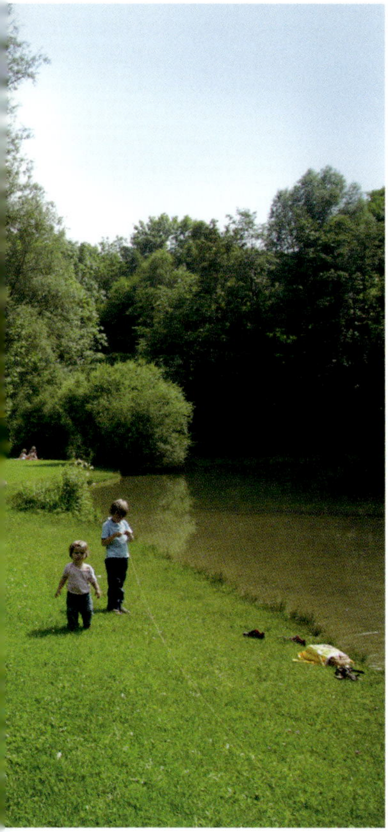

Spielplatz mit Weiher unweit des Biergartens St. Emmeramsmühle

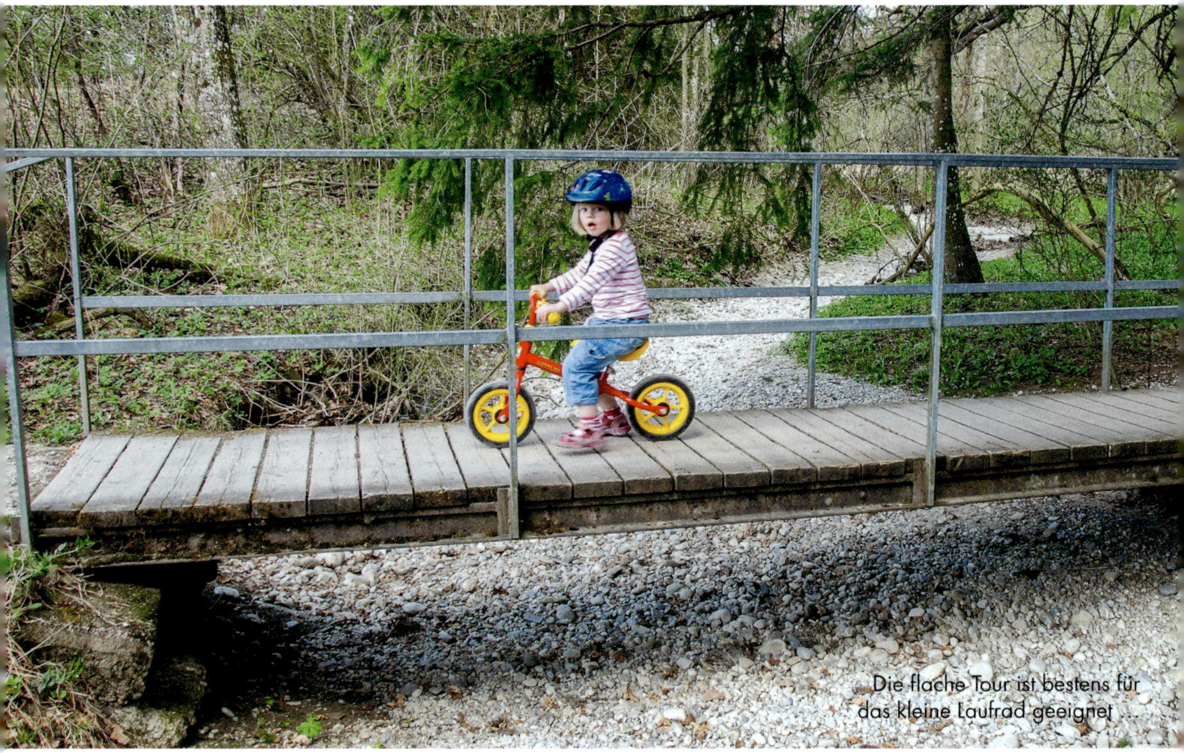

Die flache Tour ist bestens für das kleine Laufrad geeignet …

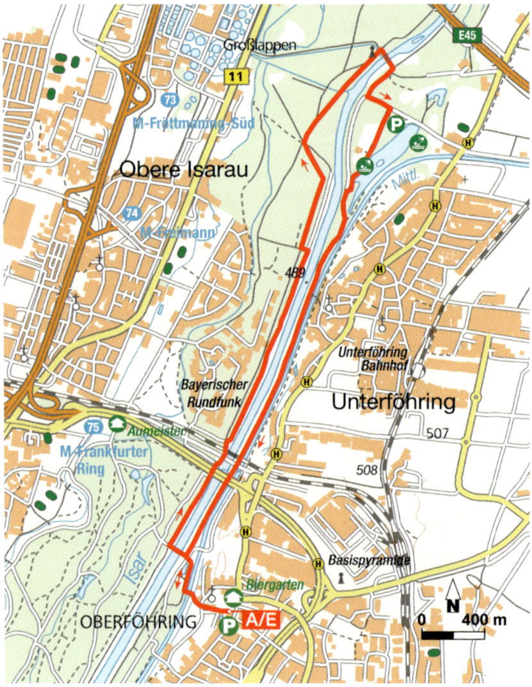


eine Brücke, die uns nun nach rechts über die Isar führt. Am östlichen Ufer gehen wir nach rechts flussaufwärts, bis wir schon bald von einem Wegweiser nach links zum Poschinger Weiher bzw. der Gaststätte Seegarten geleitet werden. Wir gehen hier links und nach der Schranke auf dem Parkplatz des Poschinger Weihers, der nach offizieller Lesart schon längst als Unterföhringer Weiher geführt werden sollte, nach rechts zum Gasthaus. Kurz vor diesem passieren wir einen weiteren Spielplatz. Am Gasthaus vorbei erreichen wir am Ende der Wiesen nach rechts wieder den Uferweg der Isar. Diesem folgen wir nun stets geradeaus, unterqueren so auf dem Rückweg wieder die drei Brücken und erreichen dann wieder das Denkmal, bei dem wir links zurück zum Auto gehen.

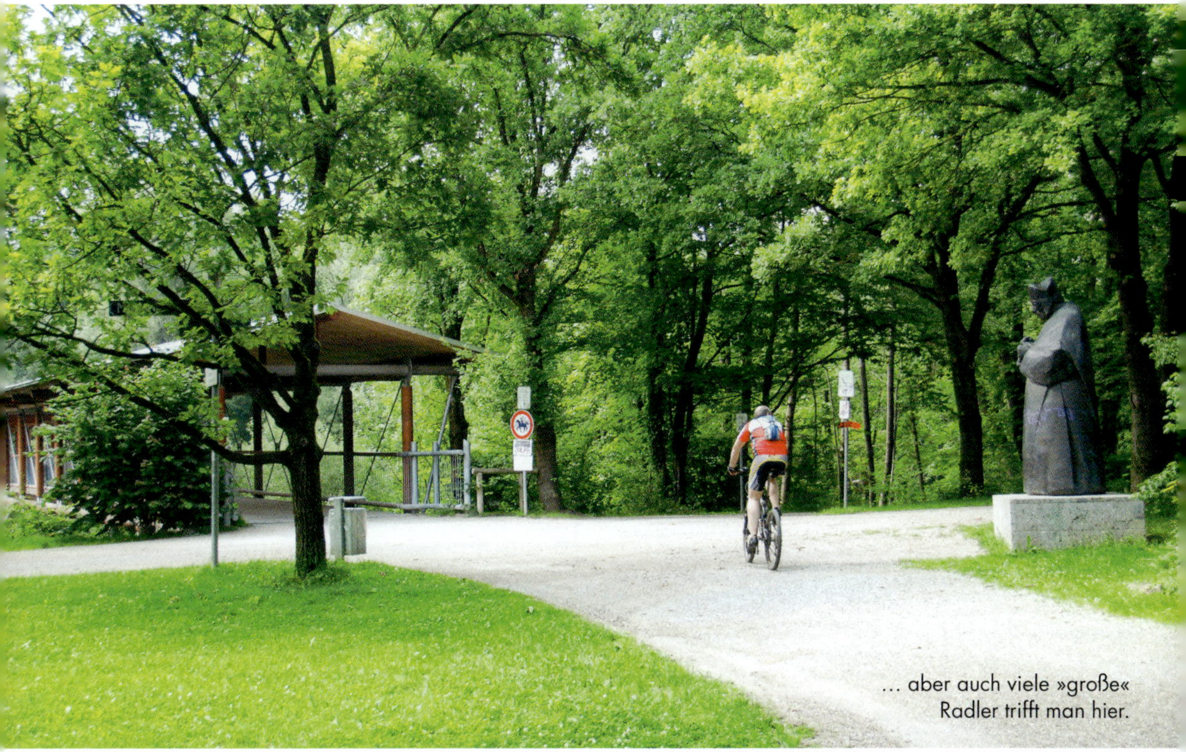

… aber auch viele »große« Radler trifft man hier.

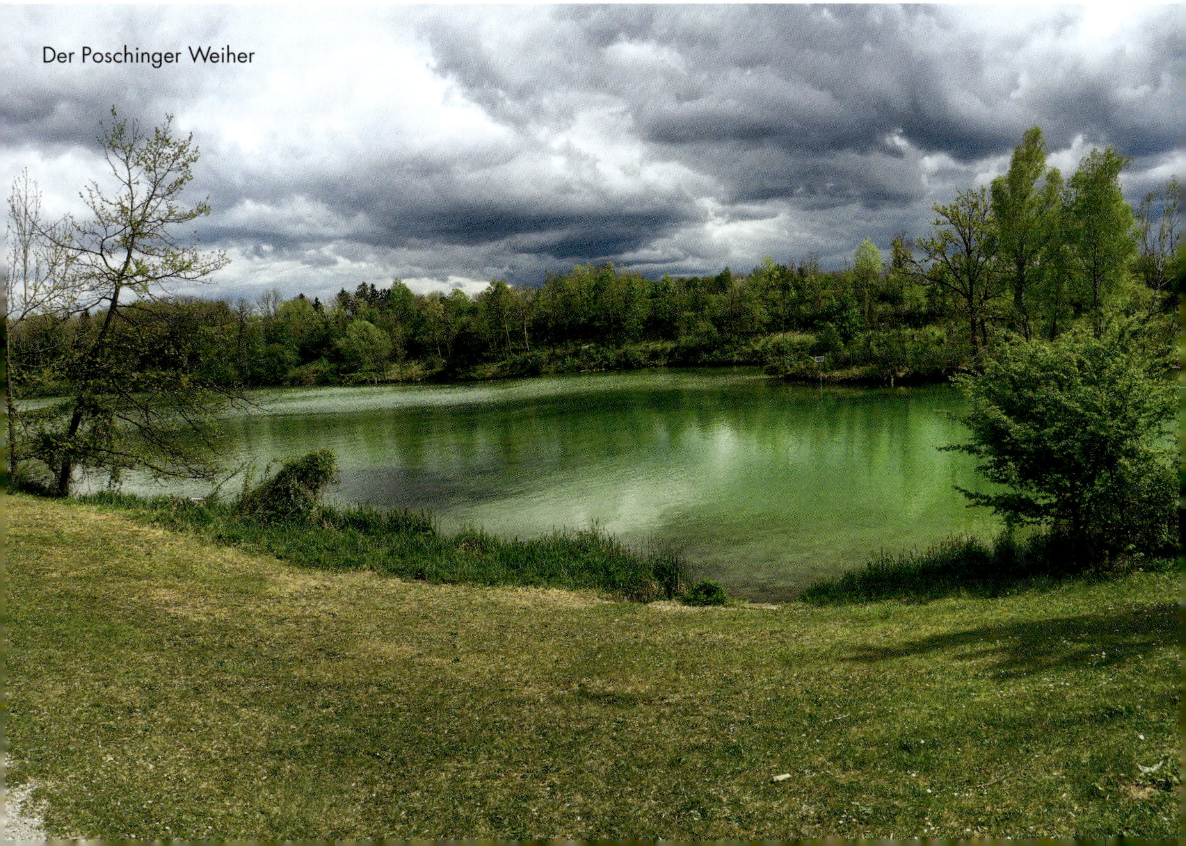

Der Poschinger Weiher

# 14 Beim ehemaligen Fischerhans

## Nur der Biergarten fehlt

leicht | 5,6 km | 10 Hm | 1.30 Std.

**Anfahrt**
Über die A 92 München–Regensburg bis zur Ausfahrt Moosburg-Nord und nach rechts auf der B 11 Richtung Landshut. Nach 600 m beim Kreisverkehr nach links (»Möbel Biller«) und nun der Ausschilderung nach Schapolterau folgen. Vor und nach dem einstigen Biergarten Fischerhans stehen Parkplätze zur Verfügung.

**Höhe**
470 m

**Anforderungen**
Leichte Rundtour links und rechts des Kanals

**Geeignet für**
Rolli, Laufrad, Buggy

**Informationen**
Gemeinde Eching, Untere Hauptstr. 3, 85386 Eching, Tel. 089/3190000, E-Mail: info@eching.de, www.eching.de

Rechte Seite: Infotafeln zur Vogelbeobachtung am Moosburger Stausee

**Leider gibt es den Biergarten Fischerhans nicht mehr – fortan muss man für diese Tour ohne Einkehr auskommen. Der Verlust ist wohl für die Eltern schwerer zu ertragen als für die Kinder, die ohnehin auch mit ein paar Wienern und einer Breze auskommen. Die zahlreichen Wasservögel am Ausgleichsweiher dürfen zwar nicht gefüttert werden, aber bei einer Rast lassen sich diese gut beobachten. Fernglas nicht vergessen!**

Wir starten am Parkplatz beim ehemaligen Biergarten Fischerhans und überqueren nach ein paar Metern den Kanal auf einer Fußgängerbrücke. Die Tour hat kaum Höhenmeter, ist aber an heißen Sommertagen wenig schattig, weshalb man einen Sonnenschutz für den Kinderwagen (und die Halbglatze des Vaters) unbedingt dabeihaben sollte. Auf der anderen Seite des Kanals stoppt uns eine wahrhaft zweifelhaft angebrachte Schranke. Das umfahren ist nur mit »normal schmalem« Kinderwagen möglich. Hat man dieses Hindernis überwunden bzw. umfahren, geht es links auf dem Kanalweg nach Westen. Dieser erste Abschnitt der Tour ist aufgrund des Graswuchses etwas ruppig zu fahren, aber schließlich soll der Nachwuchs ja auch schnell einschlafen. Nach einem Kilometer unterqueren wir die Autobahn und erreichen nach weiteren etwa 500 Metern ein großes Kraftwerk der Stadtwerke München. Ab hier wird der Weg nun zur breiten Schotterstraße. Dieser sonnigen Straße folgen wir für weitere 700 Meter und erreichen eine kleine Teerstraße. Hier gehen wir links über die Kanalbrücke und gleich nach dem Kanal rechts zur Infotafel. Bei dieser erhalten wir ein paar mehr Information zu den hier normalerweise anzutreffenden Wasservögeln. Ein Tisch mit Bänken lädt zur Rast ein.

Nach der Pause wandern wir auf dieser Seite des Kanals unmittelbar unterhalb des Dammes zurück zum Kraftwerk. Hier geht es nun nach rechts weg vom Kanal zu einer kleinen Straßenkreuzung. Wir schieben den Kinderwagen geradeaus bis

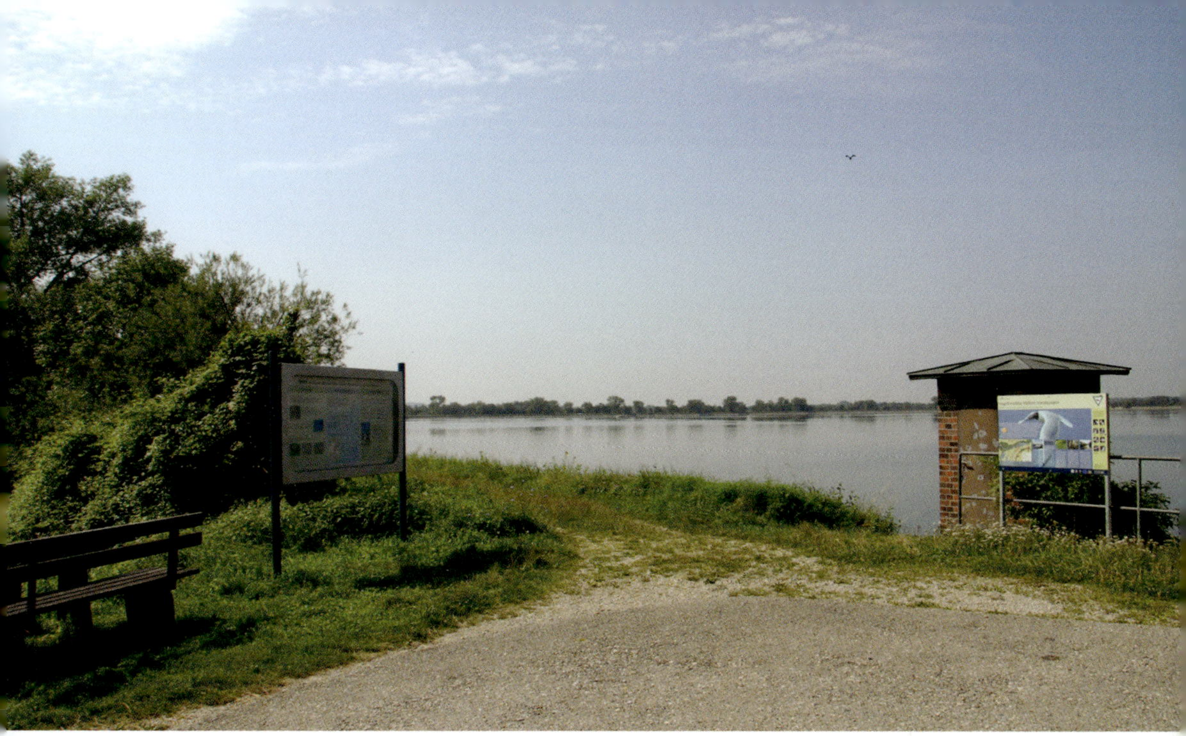

zur Autobahn und dann links an dieser entlang, bis die Straße wieder beim Kanal die Autobahn unterquert. Hier gehen wir links zum Uferweg und müssen nun wieder einen etwas weniger ausgetretenen Pfad überwinden, der jedoch beim nächsten Wäldchen schon wieder besser fahrbar wird. Nun geht es noch an der Verbreiterung des Kanals, bei der man im Frühjahr zahlreiche Entenfamilien beim Schwimmkurs beobachten kann, entlang und schon hat man wieder den Ausgangspunkt erreicht.

**Tipp**

Eine Bademöglichkeit besteht im Aquapark bei der Ausfahrt Moosburg-Süd.

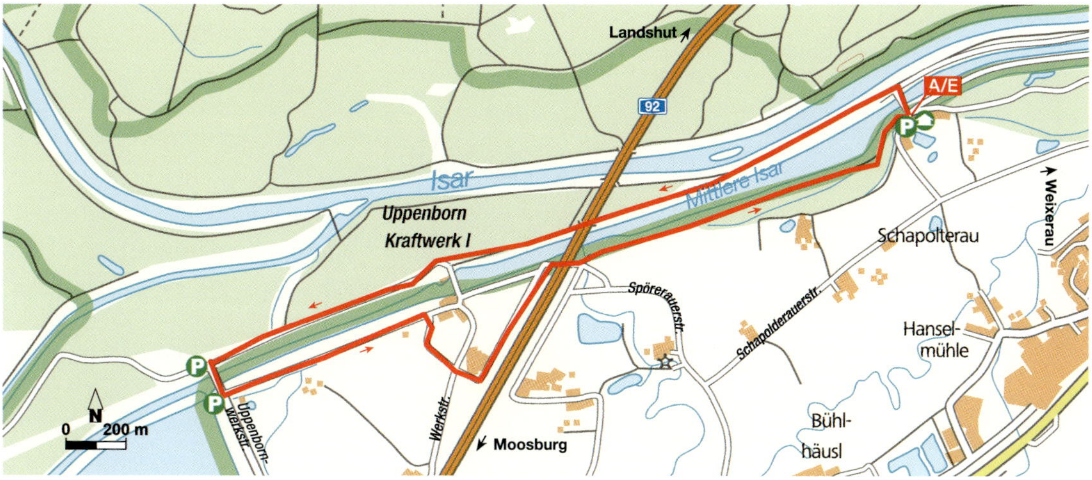

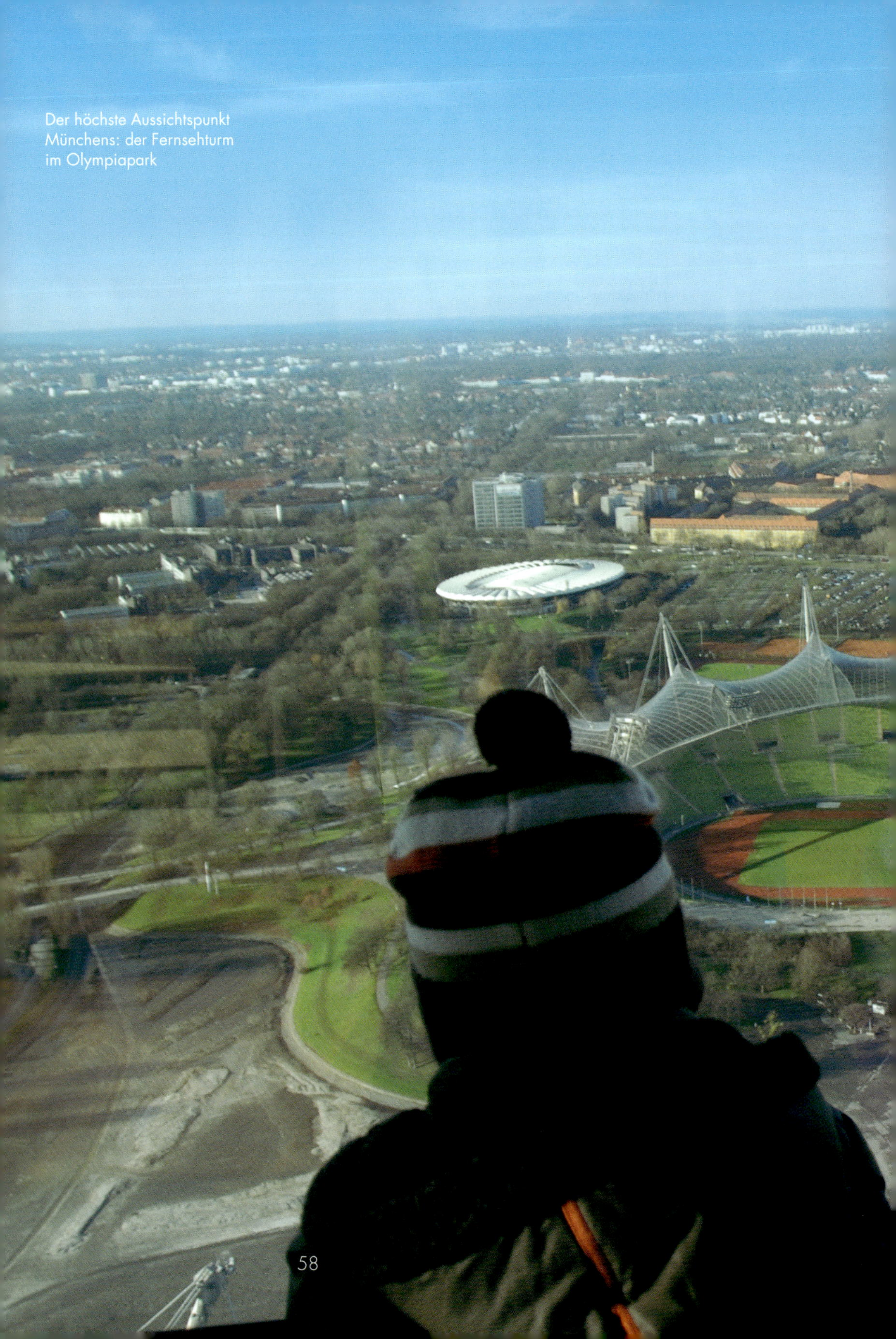

Der höchste Aussichtspunkt Münchens: der Fernsehturm im Olympiapark

# Stadtgebiet München

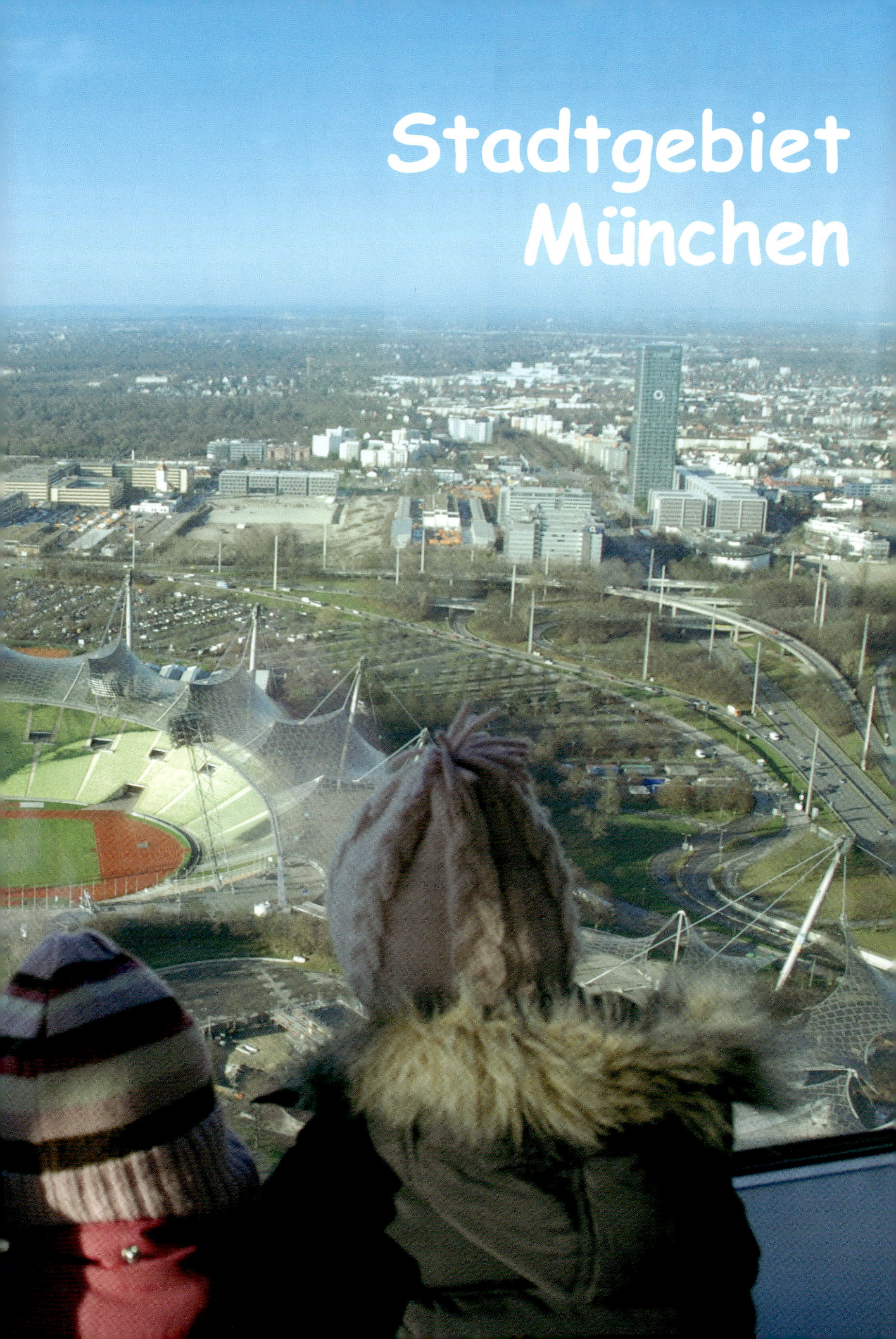

# 15 Aufstieg im Luitpoldpark

## Ein Berg mitten in München

leicht | 2,4 km | 37 Hm | 0.45 Std.

**Anfahrt**
Auf dem Münchner Mittleren Ring bis zum Olympiapark. Beim BMW-Museum nach Süden in die Lerchenauer Straße. Diese mündet in die Schleißheimer Straße. Hier rechts bis zur nächsten großen Kreuzung und dort links in die Karl-Theodor-Straße. Wieder bis zur nächsten großen Kreuzung und links in die Belgradstraße abbiegen. Nach 500 m auf Höhe des U-Bahnhofes Scheidplatz parken. Oder gleich mit der U-Bahn bis Scheidplatz.

**Höhe**
560 m

**Anforderungen**
Leichte Spazierwege im Park

**Geeignet für**
Rolli, Laufrad, Buggy, Rodel

**Einkehr**
Ciao Francesco im Bamberger Haus, kein Ruhetag, www.zum-ferdinand.de, Tel. 089/32212 82 10

**Informationen**
München Tourismus, Tel. 089/23 39 65 00, tourismus@muenchen.de

**Der Luitpoldpark im Münchner Stadtteil Schwabing wurde 1911 zu Ehren des 90. Geburtstages des bayerischen Prinzregenten Luitpold angelegt. Mitten in der Stadt findet man hier nicht nur einen kleinen Berg, der aus dem Schutt des im Zweiten Weltkrieg stark zerstörten Münchens aufgeschüttet wurde, sondern neben einem kleinen Spielplatz auch noch ein Freibad.**

Wir beginnen unsere kleine Tour am Münchner U-Bahnhof Scheidplatz – der Ausgangspunkt ist also bestens ÖPNV-geeignet. Blickt man vom Busbahnhof, der sich über dem U-Bahnhof befindet, nach Westen, sieht man schon den etwa 37 Meter hohen »Gipfel« unserer heutigen »Wanderung«: den Luitpoldhügel, im Volksmund auch Luitpoldberg genannt. Wir spazieren nach links zum südlichen Ende des Bahnhofes und dort rechts auf der Voelderndorffstraße in den Luitpoldpark hinein. Nach knapp 200 Metern verzweigt sich der Weg und wir gehen rechts auf den bergauf führenden Weg, der uns schon bald zu den zwei Gipfeln des Luitpoldhügels bringt. Von der Aussichtsterrasse im Süden kann man an schönen Tagen den Fernblick bis hin zu den Alpen genießen.

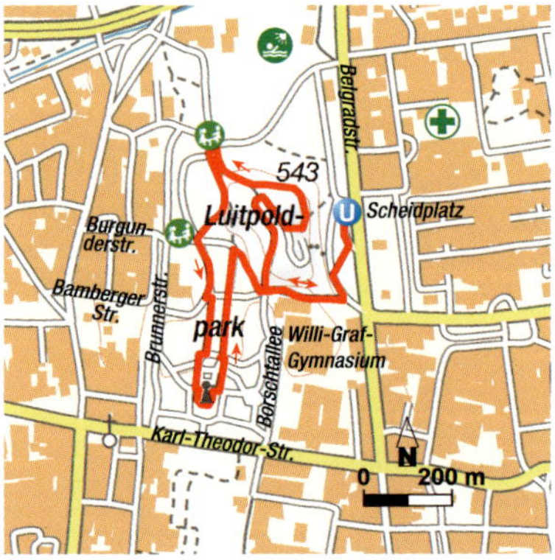


Am nördlichen Ende steht ein kleines Gipfelkreuz mit der Inschrift »Betet und gedenket all der unter den Bergen von Trümmern Verstorbenen!«, das an die Opfer des Zweiten Weltkrieges erinnert. Im Winter wird der Berg von den Münchner Kindern auch als Rodelberg genutzt – so mancher hat hier sogar das Skifahren erlernt. Auf dem etwas schmaleren Weg nördlich des Gipfelkreuzes gehen wir wieder bergab und erreichen am Fuß

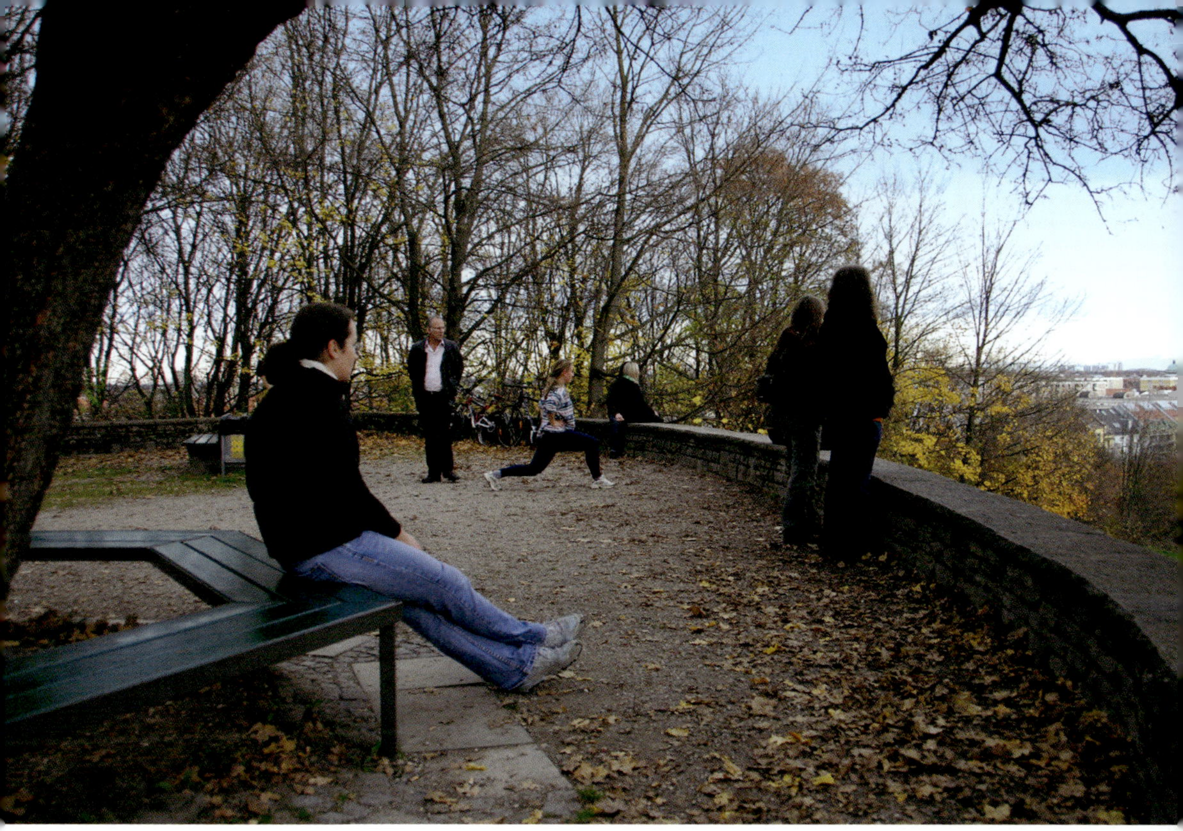

des Hügels einen kleinen Spielplatz, der größere Kinder zu einer ersten Spielpause einlädt. Eine kleine Runde durch den nördlichen Teil des Parks könnte uns um und durch die Kleingartenanlage bis zum Freibad Georgenschwaige führen, welches an heißen Sommertagen eine willkommene Abkühlung garantiert. Im Übergang zum südlichen Teil des Parks wartet ein weiterer Spielplatz mit einem netten kleinen Heckenlabyrinth auf den Nachwuchs. Hier findet man auch den Pumucklbrunnen, der den gleichnamigen Kobold von Ellis Kaut zeigt. Direkt im Süden dieses Spielplatzes am westlichen Rand des Parks befindet sich das Bamberger Haus, ein kleines Parkschlösschen mit einer Wirtschaft mit herrlichem Biergarten im neobarocken Stil.

Im Südteil des Parks kann man noch einen Obelisken und den ansehnlichen Haupteingang des Parks an der Karl-Theodor-Straße erkunden. Eine detaillierte Beschreibung des Rückwegs zum Auto oder der U-Bahn ist bei der Tour durch den etwa 33 Hektar großen bzw. kleinen Park nicht mehr nötig, es geht rechts und dann auf dem Hinweg zurück zum Scheidplatz.

Neben dem Olympiaberg ist der Luitpoldhügel der einzige Berg innerhalb des Mittleren Rings in München.

**Tipp**

Im Winter den Schlitten nicht vergessen, im Sommer die Badehose für das nahe Freibad Georgenschwaige.

# 16 Perlacher Mugl

## Zum höchsten Punkt im Perlacher Forst

| mittel | 6,6 km | 20 Hm | 1.35 Std. |
|---|---|---|---|

**Anfahrt**
Beim Autobahnende München-Harlaching (A 995) nicht geradeaus in den Mc-Graw-Graben, sondern rechts halten. An der Ampel links in die Naupliastraße. 350 m nach dem Mangfallplatz links in die Oberbiberger Straße. An deren Ende am Waldrand parken.

**Höhe**
587 m

**Anforderungen**
Breite Schotterstraßen

**Geeignet für**
Rolli, Laufrad, Buggy

**Einkehr**
Gutshof Menterschwaige, ganzjährig geöffnet, kein Ruhetag, E-Mail: menterschwaige@schottenhamel.de, www.menterschwaige.de

**Informationen**
München Tourismus, Tel. 089/23 39 65 00, tourismus@muenchen.de

**An der Stelle einer früheren Hirschbrunftwiese wurde im Zweiten Weltkrieg eine Bunkeranlage errichtet, die nach dem Ende des Krieges aufgrund der massiven Bauweise nicht abgetragen werden konnte. Das Aushubmaterial aus dem Mc-Graw-Graben wurde über dem Bunker aufgeschüttet und so entstand ein kleiner Hügel mitten im Perlacher Forst.**

Wir starten unsere Tour am Ende der Oberbiberger Straße bei den Tennisplätzen. Hier beginnt der ebenfalls Oberbiberger Straße genannte Weg im Wald, der asphaltiert schnurgeradeaus durch den Perlacher Forst führt. Würde man hier etwa fünf Kilometer weit gehen, würde man die Bahngleise bei einem Kiosk (Nussbaum-Ranch) unterschreiten und nach einem weiteren Kilometer den beliebten Biergarten Kugler-Alm erreichen. Da wir

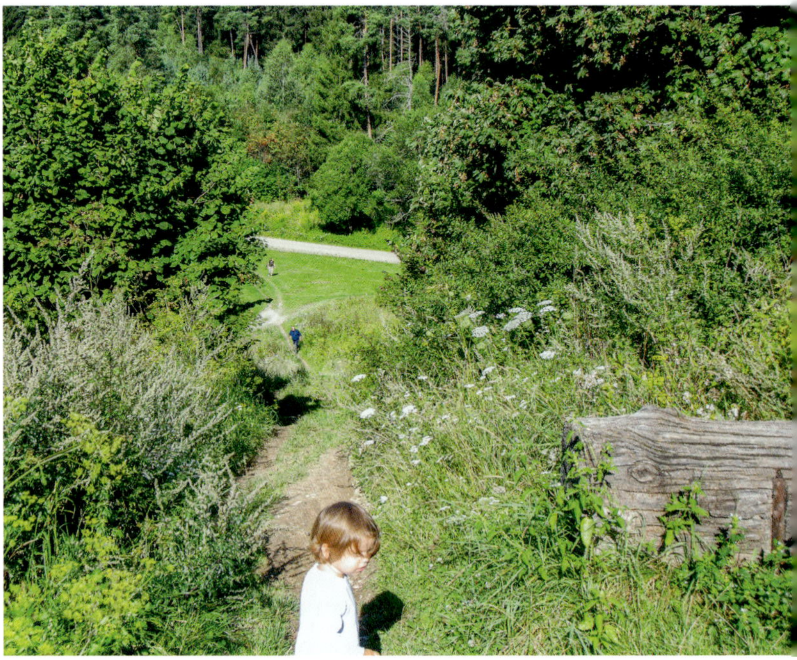

Aufstieg auf den Perlacher Mugl

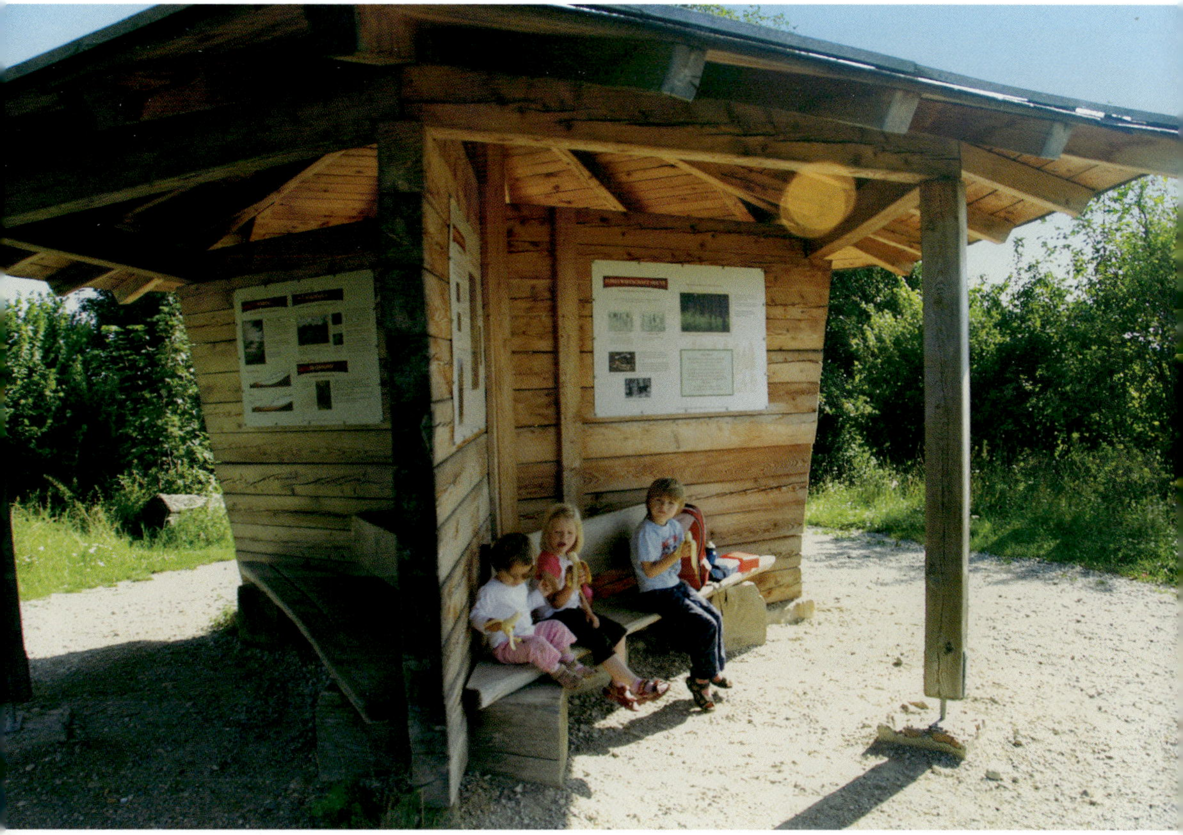

Das Gipfelhaus auf dem Perlacher Mugl

uns so eine lange Tour mit Kinderwagen nicht antun wollen, soll der Perlacher Mugl unser Ziel sein. Die Teerstraße, die an schönen Wochenenden aufgrund des hohen »Verkehrsaufkommens« (Radler, Skater, Spaziergänger) eine Art Highway durch den Wald darstellt, beginnt beim Forsthaus und passiert zunächst den kleinen Brunnen gleich nach dem Waldrand.

Noch vor dem Brunnen könnte man auf einen Trimm-dich-Pfad nach links abbiegen, aber das Kinderwagenschieben soll für heute genug Training sein. Gegenüber des Brunnens und nach dem Grundstück der Forstverwaltung gehen wir rechts auf den Schotterweg »Sulz Geräumt«. Hier schieben wir den Kinderwagen nun stets geradeaus weiter und überqueren so mehrere Schotterwege, die den Perlacher Forst in einem strengen Raster in gleichmäßige Quadrate teilen. Nach dem »Harlachinger Geräumt«

**Tipp**

Nach dem Spaziergang kann man noch in einem der schönsten Münchner Biergärten, der Menterschwaige, einkehren oder an die Isar gleich unterhalb des Biergartens gehen.

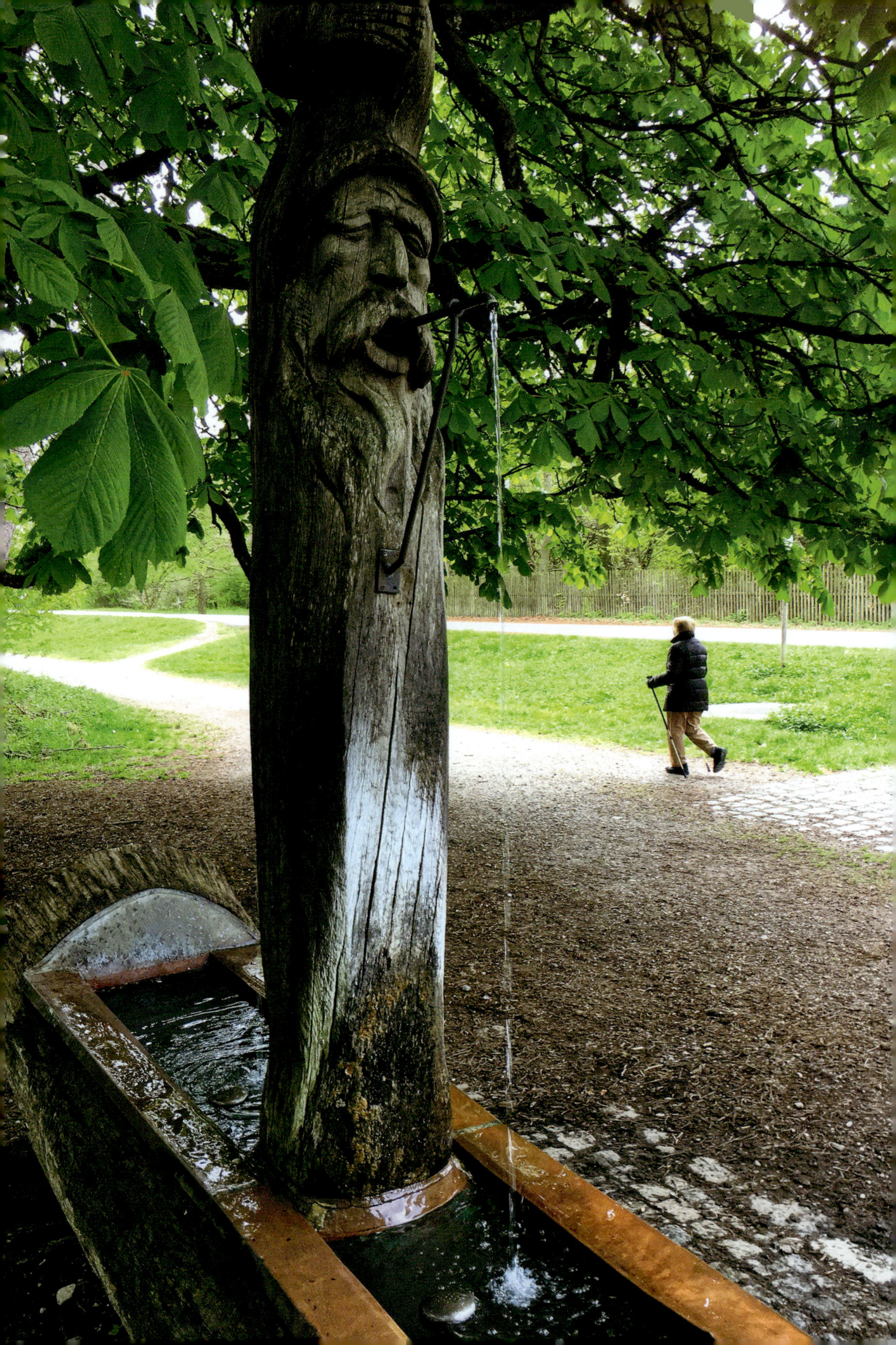

geht es über den »Winkelweg Geräumt« zum »Mitter Geräumt«. Hubschrauberbegeisterte Väter können hier einen kurzen Abstecher nach rechts machen und dem nach 350 Metern beim Krankenhaus Harlaching stationierten ADAC-Hubschrauber beim Starten und Landen zusehen. Ansonsten biegen wir hier links in den »Mitter Geräumt« ein und folgen diesem nun stets geradeaus weiter. Es handelt sich bei diesem Weg eigentlich um die Einflugschneise des Hubschraubers, der Weg wird jedoch nach der großen Wiese, sobald wir den »Geiselgasteig Geräumt« überschritten haben, zu einem angenehmen kleinen Weglein – weiterhin bestens fahrbahr. 70 Meter vor der großen Wiese kann man rechts ca. 60 Meter einem kaum sichtbaren Pfad in den Wald zu einem kleinen Laichtümpel mit Ruhebank folgen. Man überquert den »Richt Geräumt« und stößt so an die Teerstraße, welche man geradeaus überquert. Über eine letzte querende Straße, »Perlach Geräumt«, geht es geradeaus weiter und man hat den Perlacher Mugl erreicht. Da es sich genau genommen um zwei Mugl, also Hügel, handelt, gehen wir vor diesen nach rechts und schieben den Kinderwagen auf dem Weg zwischen den zwei Hügeln auf den rechten größeren der beiden. Oben angekommen, kann man bei schönem Wetter den Blick bis zu den Bergen genießen, im Pavillon eine Rast einlegen oder sich auf den Infotafeln des Forstamts über die regionale Wald- und Forstgeschichte informieren. Anschließend verlassen wir den Gipfel wieder auf demselben Weg und gehen unten weiter nach links. Nachdem wir den größeren der beiden Hügel nun passiert haben, geht es auf dem »Isar Geräumt« nach rechts. So erreichen wir wieder die Teerstraße, welcher wir nun nach rechts zurück bis zum Waldrand und dem Parkplatz folgen.

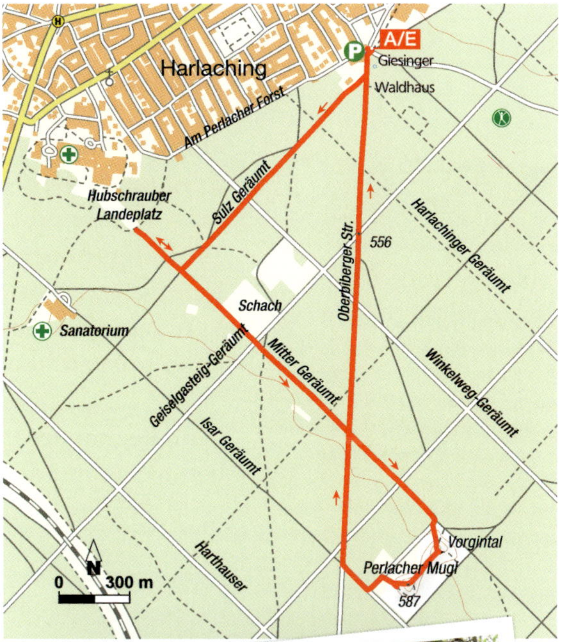


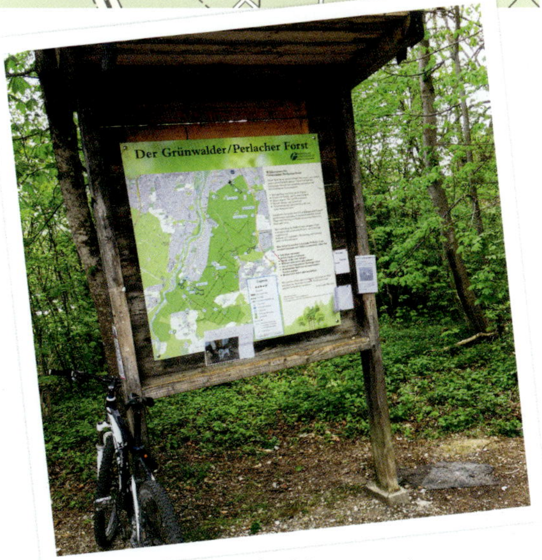


Infotafel am Start der Tour

Linke Seite: Erfrischung am Ende der Tour beim Giesinger Waldhaus

# 17 Fröttmaning

## Unten Müll, oben ein Wahrzeichen Münchens

leicht | 5,2 km | 65 Hm | 0.45 Std.

**Anfahrt**
Über den Mittleren Ring B 2R in München bis zur Ausfahrt B 11 Landshut. An der Ampel nach Norden auf die B 11 Richtung Landshut. Nach 5 km links in den Lottlisa-Behling-Weg einbiegen, nach 600 m rechts auf den Parkplatz – und hier parken.

**Höhe**
560 m

**Anforderungen**
Leichter Spaziergang auf breiten Teer- und Schotterstraßen

**Geeignet für**
Rolli, Laufrad, Buggy, Rodel

**Informationen**
München Tourismus,
Tel. 089/23 39 65 00,
tourismus@muenchen.de

**»Fröttmaninger Berg« nennt sich Münchens höchster Berg eigentlich, aber es schadet nicht, das Kind beim Namen zu nennen. Wie viel Müll hier zwischen 1954 und 1987 angehäuft wurde, ist beeindruckend (12 Millionen Kubikmeter) und schockierend – aber immerhin verdanken wir ihm einen schönen Ausflugsberg und so manchen hier zu beobachtenden wilden Feldhasen.**

Beim Beginn der Parkbucht starten wir an der Schranke und gehen weiter auf der Teerstraße der Beschilderung zur Arena folgend. Bei der Autobahn angekommen, gehen wir rechts um eine

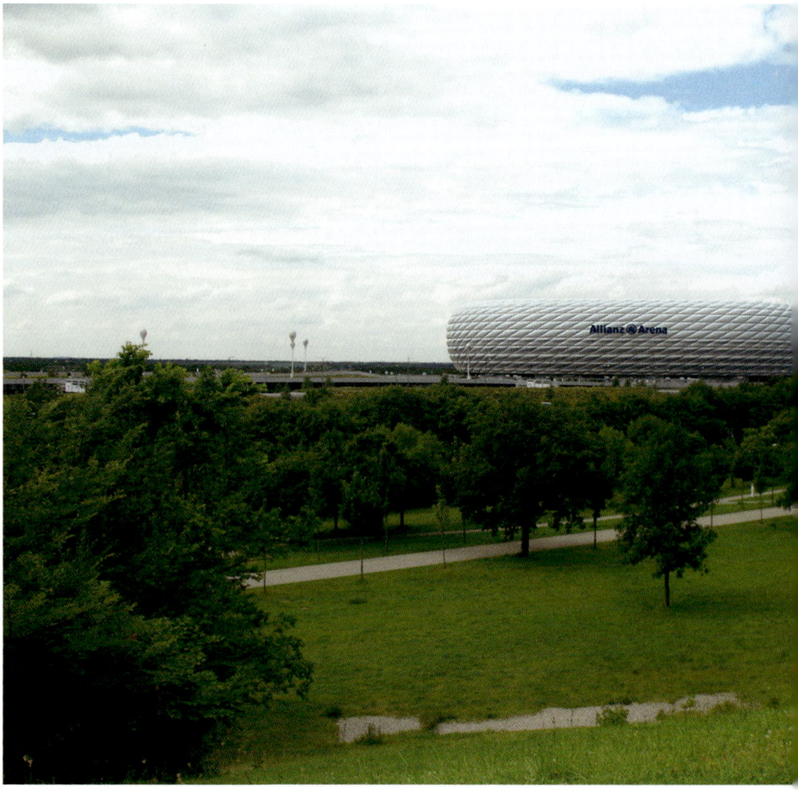

weitere Schranke und weiter auf der breiten Teerstraße Richtung Allianz Arena und Kirche Heilig Kreuz. Wir passieren eine Skateranlage und spazieren nicht links über die Autobahnbrücke zum Fußballstadion, sondern leicht rechts haltend geradeaus weiter. Nach wenigen Metern stoßen wir auf eine Informationstafel des Baureferats, welche uns den Abstecher nach links zur ältesten Kirche Münchens schmackhaft macht. Heilig Kreuz wurde bereits im Jahr 815 urkundlich erwähnt und ist heute das einzige Überbleibsel des Dorfes Fröttmaning, das nach dem Zweiten Weltkrieg der Mülldeponie weichen musste. Etwas unromantisch wird sie heute vom Verkehr des Autobahnkreuzes umspült. Geht man bei der Tafel nach rechts, stößt man auf das Kunstwerk »Versunkenes Dorf« des Münsteraners Timm Ullrichs, welches mit einer Betonreplik der Heilig-Kreuz-Kirche, von den Erdmassen des Müllbergs umschlossen, an das Schicksal des aufgegebenen Dorfes Fröttmaning erinnern soll.

**Tipp**

Mit kleinen Fußballfans kann man die FC Bayern Erlebniswelt in der Allianz Arena besuchen.

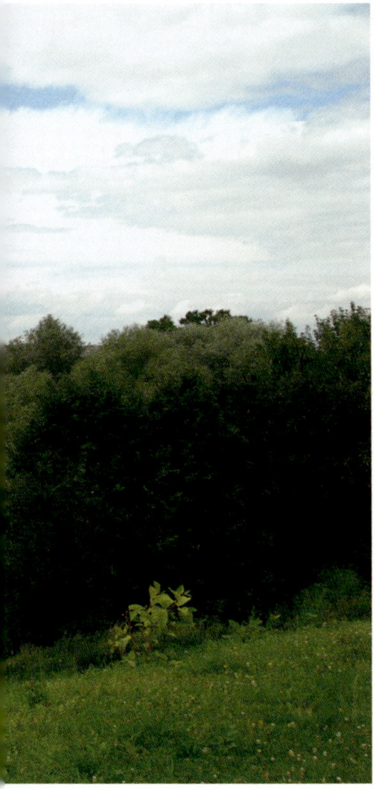

Platz für Tausende in der Allianz Arena unweit der ältesten und ruhigsten Kirche Münchens

Hier gehen wir links und folgen nun stets dieser mit dem Kinderwagen gut zu befahrenden Teerstraße. Zunächst noch flach, doch dann schon bald leicht ansteigend geht es in einem großen Bogen am nördlichen Ende des Müllbergs weiter nach Osten. Hat man 180 Grad geschafft und erklimmt nun in südlicher Richtung immer weitere Höhenmeter, zweigt links ein kleinerer Fußweg ab, den wir jedoch nicht weiter beachten. Schon bald darauf biegt links eine breite Schotterstraße ab. Hier folgen wir rechts der Teerstraße und dieser nach weiteren zehn Metern geradeaus bergauf. Dieser Straße folgend erreichen wir nach etwa zehn Minuten den Gipfel des Berges, auf dem der 66 Meter

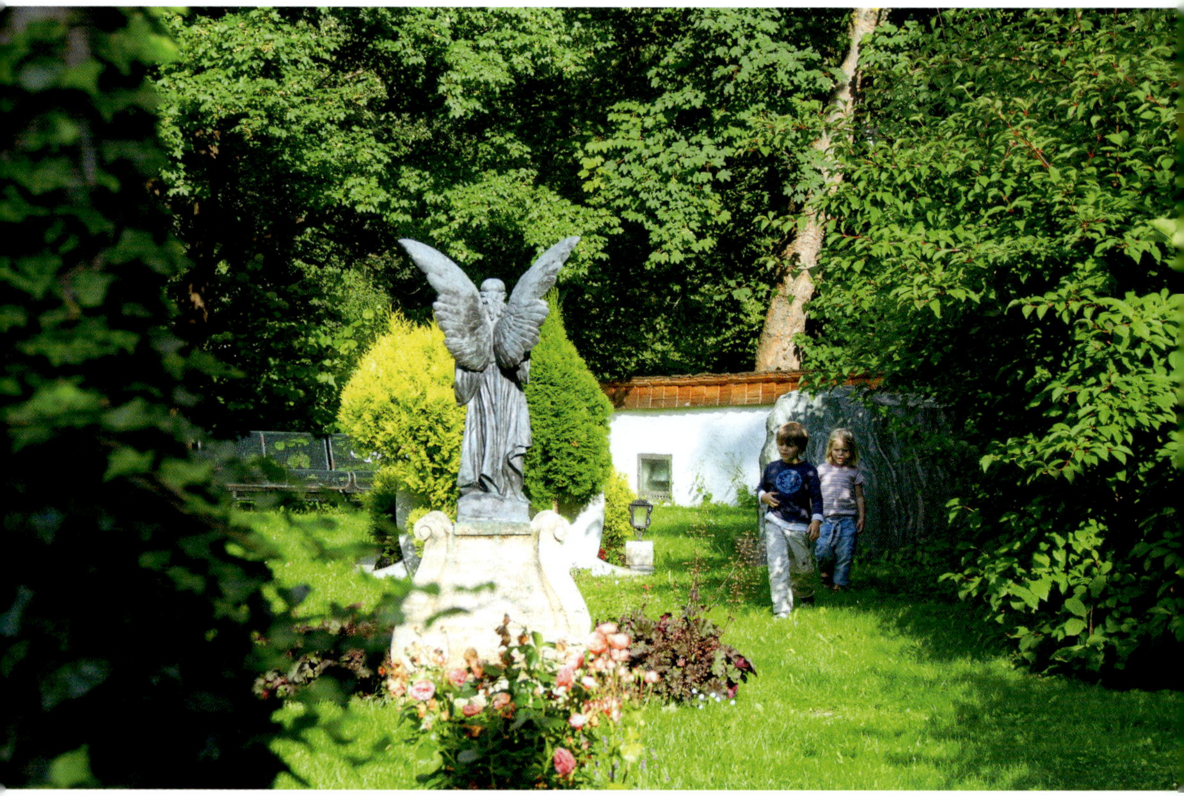

Bei der neuen Heilig-Kreuz-Kirche

Rechte Seite: Die Betonreplik der Kirche, die an das aufgegebene Dorf Fröttmaning erinnert

hohe Turm mit dem zum Wahrzeichen neben der Allianz Arena gewordenen Windrad (66 m Durchmesser) steht. Spannend wäre es sicher, das Windrad zu besteigen, aber auch ohne dieses Vergnügen hat man einen wunderbaren Rundblick von hier oben. Im Anschluss gehen wir auf der Straße wieder zurück bis zu der Stelle, wo rechts ein kleiner Fußweg (nicht die breite Wiesenstraße in der Kehre) gegenüber einer Deponiegastür abzweigt; hier gehen wir rechts und erreichen so nach einer Kehre eine tiefer gelegene Teerstraße. Auf größere Kinder wartet hier eine Tarzanschaukel. Wir gehen wenige Meter nach links und dann auf dem breiten Weg, der hier nach rechts abzweigt und zunächst leicht ansteigt. In einer Rechtskurve können wir nach links auf den Fußweg abzweigen, um direkt zum Parkplatz abzusteigen, oder wir folgen diesem Weg zurück bis zum »Versunkenen Dorf«.

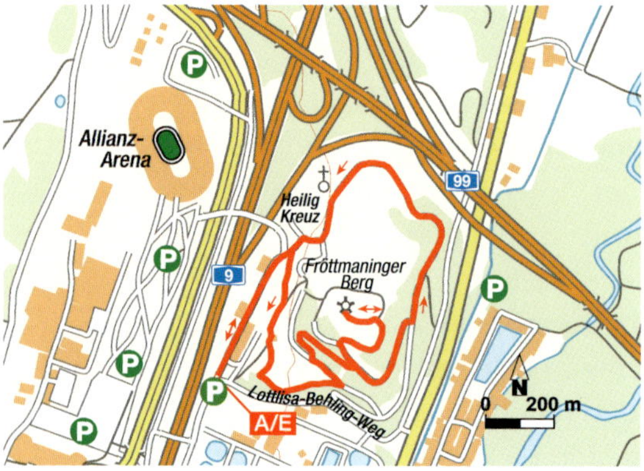

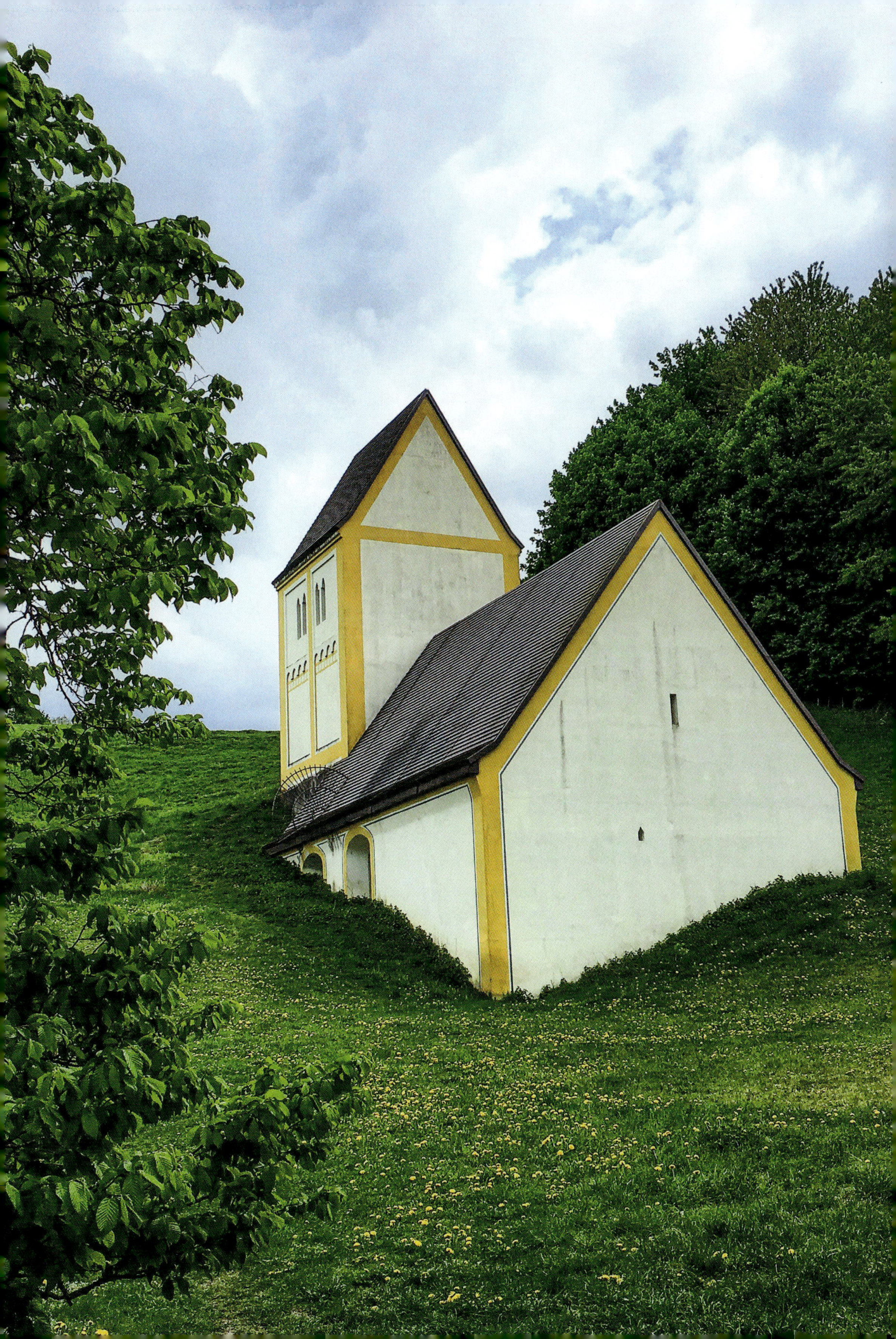

# 18 Landschaftspark Riem

## Münchens jüngster Park: das BUGA-Gelände

| leicht | 5,7 km | 0 Hm | 0.50 Std. |
|---|---|---|---|

**Anfahrt**
Über die A 94 München–Passau bis zur Ausfahrt Messe/Riem. Weiter Richtung Messegelände. Findet man oberirdisch bei den Hauptstraßen keinen Parkplatz, braucht man es im Neubaugebiet Riem erst gar nicht zu versuchen. Die Tiefgarage unter dem Einkaufszentrum Riem Arcaden ist dann die (zweit-)beste Wahl nach der U-Bahn.

**Höhe**
510 m

**Anforderungen**
Leichte Spazierwege im Park

**Geeignet für**
Rolli, Laufrad, Buggy, Schlittschuhe, Rodel

**Einkehr**
Einkehrmöglichkeit in den Gastronomiebetrieben des Einkaufszentrums Riem Arcaden

**Informationen**
München Tourismus,
Tel. 089/23 39 65 00,
tourismus@muenchen.de

**Ein etwa 210 Hektar großer Park, auch bekannt als Riemer Park, ist das Überbleibsel der Bundesgartenschau 2005. Im Stadtteil Messestadt Riem entstand auf dem Gelände des alten Münchner Flughafens in etwa achtjähriger Bauzeit ein Park mit Badesee, Wäldern, Rodelhügel und einigen Spielplätzen.**

Ausgehend von der U-Bahn Messestadt West bzw. dem Einkaufszentrum Riem Arcaden passiert man durch den westlichen oder östlichen Durchgang das Einkaufszentrum und folgt nun dem Weg nach Süden. Zunächst schiebt man an dem Wald – man könnte ihn Stadtwald nennen – vorbei und dann entlang einer großen Wiese. Nun gilt es, die wenig befahrene Stockholmstraße zu überqueren, bevor man nach weiteren etwa 100 Metern den am nördlichen Rand des Parks gelegenen Fußgänger-Highway (ein breiter Boulevard, der zwischen Siedlung und Park verläuft) erreicht. Wir stoßen weiter geradeaus in den Park vor und biegen erst nach etwa 150 Metern nach links ab. Dass der Park von Geraden geprägt ist, wird einem spätestens hier mehr als deutlich. Bald passieren wir zur Linken einen Spielplatz, den die Großen natürlich sofort ausprobieren müssen. Nach der Schiebepause geht es geradeaus weiter und so erreicht man ohne große Mühe den BUGA-See.

**Tipp**
Mit größeren modelleisenbahnbegeisterten Kindern das Miniland in Heimstetten (www.miniland.de) besuchen!

Dieser ist ein Badesee, was man sich an kühlen Tagen von Westen her kommend, wo man zuerst auf die Schilfflächen und eventuell Enten- oder Schwanfamilien trifft, nicht so recht vorstellen kann. Über die Brücke erreichen wir die andere Uferseite

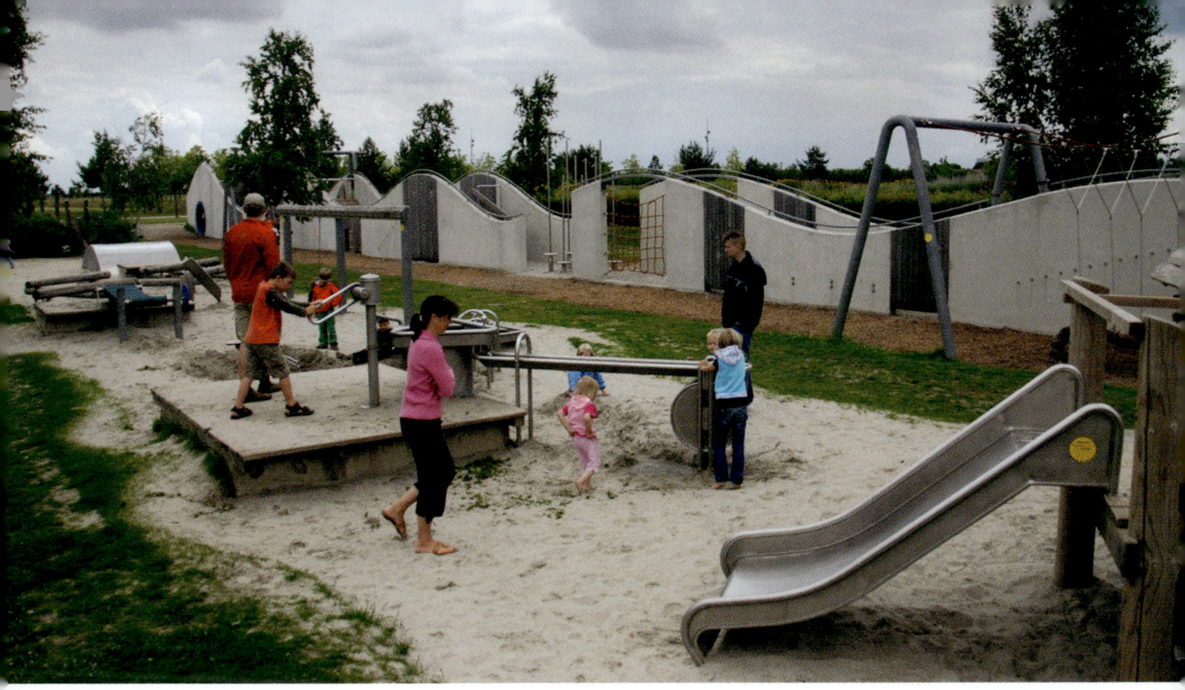

Ein wirklich beeindruckender Spielplatz im Riemer Park

des Sees und gehen weiter Richtung Osten (nach links), um den See zu umrunden. Am östlichen Kiesstrand angekommen, geht es nach Norden (nach links). Wir steuern nun direkt auf den Rodelhügel zu und erklimmen diesen, um zumindest ein wenig gewandert zu sein. Nachdem wir den Hügel wieder verlassen haben, halten wir uns Richtung Westen, steuern auf die Häuser zu und erreichen so wieder den bereits beschriebenen Boulevard südlich der Häuser. Linker Hand sieht und hört man schon bald einen Spielplatz in wenigen Metern Entfernung. Sind größere Kinder dabei, muss eine weitere Pause eingelegt werden. Der sehr schöne Spielplatz, der u. a. mit einem Wasserbereich aufwarten kann, weicht von der Ausstattung so vollkommen von bisher bekannten innerstädtischen Spielplätzen ab, dass es für Klein, aber auch Groß eine Freude ist, hier zu verweilen. Zurück zum Boulevard und weiter nach Westen passiert man schon bald einen mit zahlreichen blauen Netzen und einer Art Piratenausguck ausgestatteten weiteren Spielplatz, der jedoch erst für Kinder ab etwa vier Jahren geeignet ist. Im Anschluss geht es weiter auf dem Boulevard zurück zu dem Punkt, an dem wir zu Beginn den Park betreten haben. Hier biegen wir rechts ab und kommen so zurück zum Auto oder der U-Bahn.

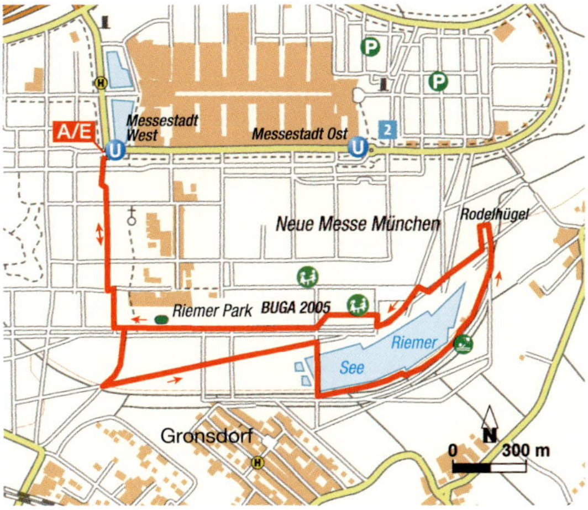

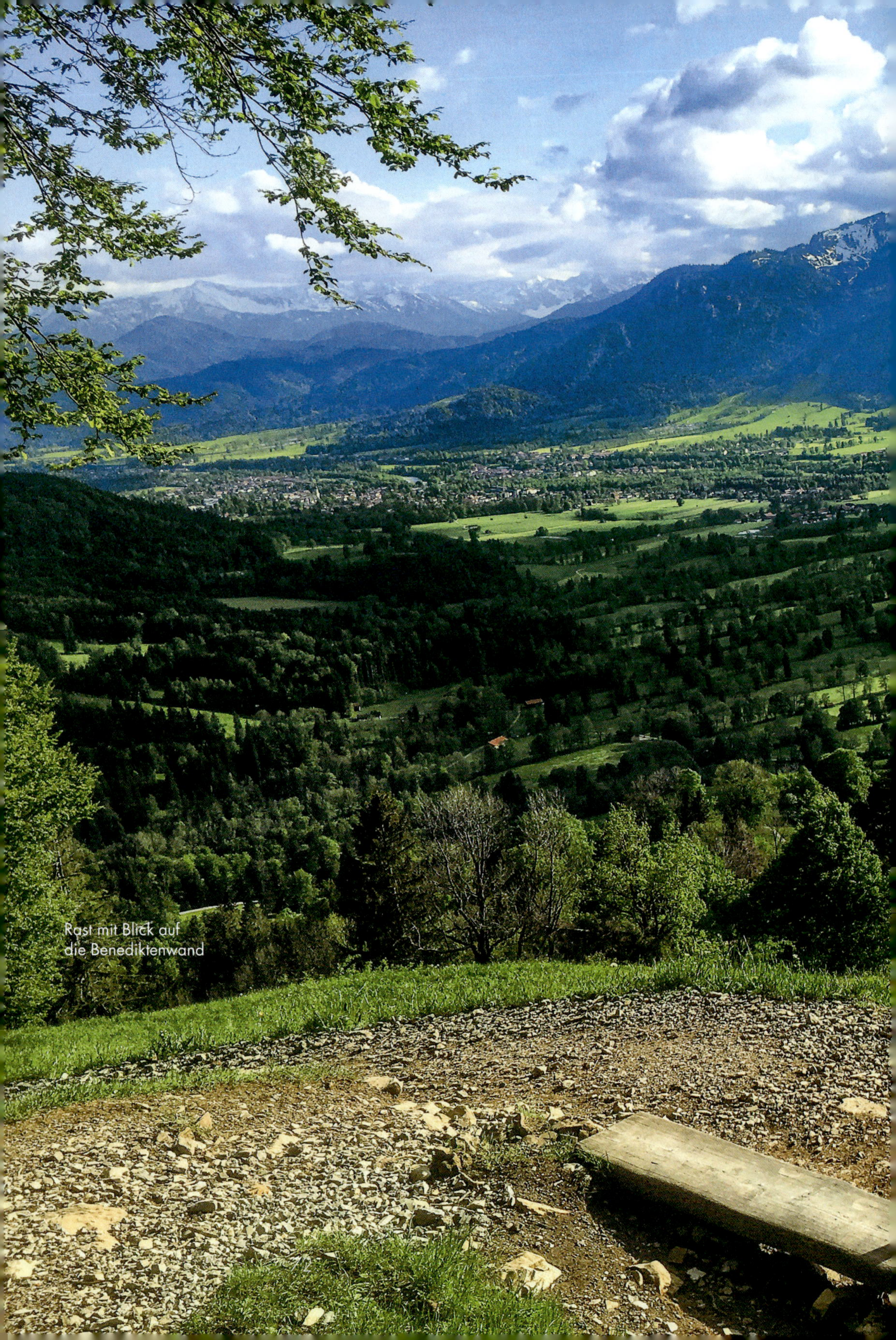
Rast mit Blick auf
die Benediktenwand

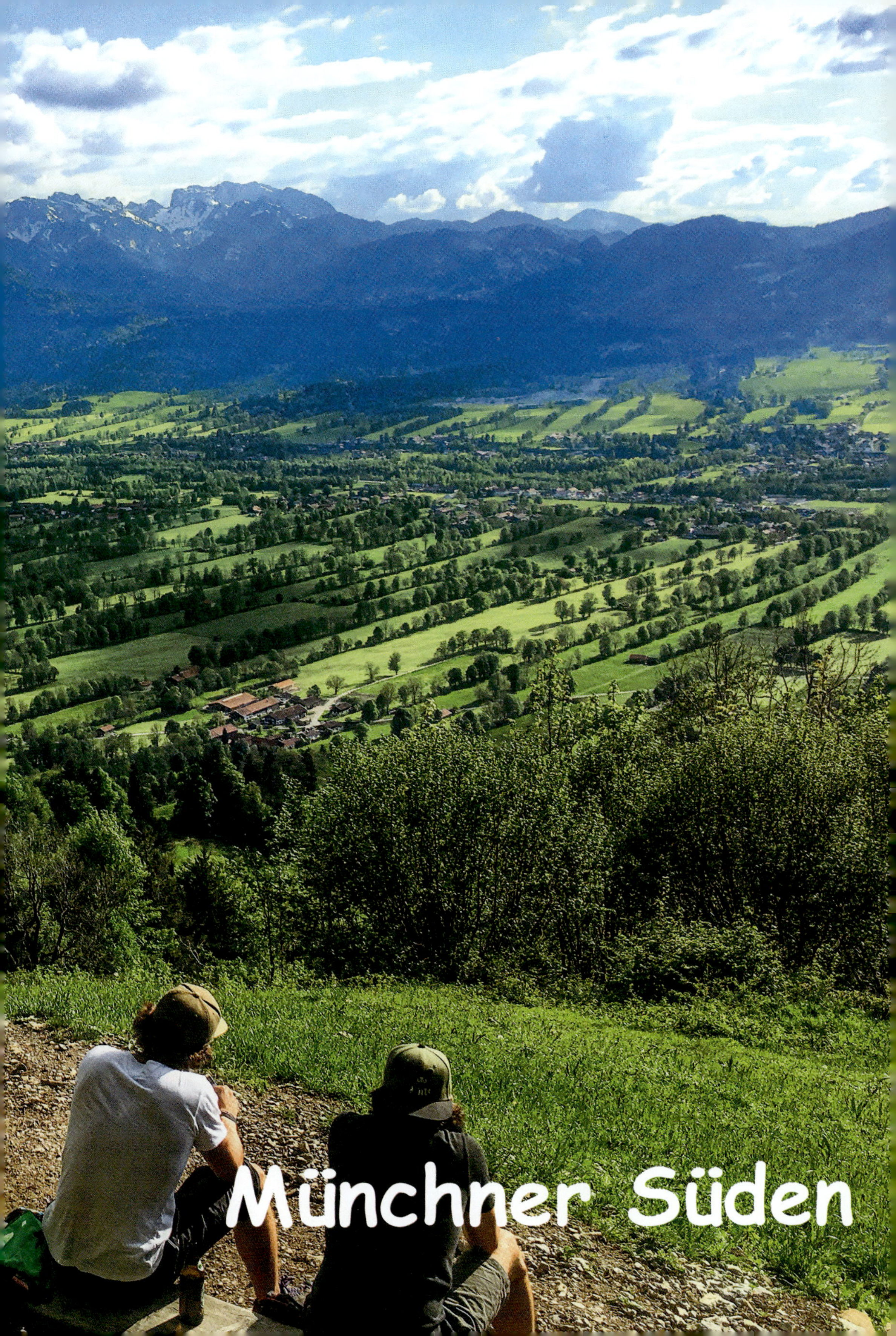
Münchner Süden

# 19 Osterseen

## Wo 35 Seen warten

| mittel | 4,5 km | 15 Hm | 1.30 Std. |
|---|---|---|---|

**Anfahrt**
A 95 München–Garmisch bis zur Ausfahrt Iffeldorf und Richtung Seeshaupt. Links abbiegen Richtung Iffeldorf und in der Ortsmitte von Iffeldorf bei der großen Linkskurve geradeaus in die Jägergasse; nach 150 m rechts zum kostenpflichtigen Wanderparkplatz.

**Höhe**
601 m

**Anforderungen**
Leichte geschotterte Wege, teilweise holprig, enge Brücke

**Geeignet für**
Rolli, Laufrad, Buggy

**Einkehr**
Waldhaus am Fohnsee, Montag Ruhetag, Tel. 08856/6094277, fohnsee.de; Landgasthof Osterseen, Dienstag Ruhetag, Tel. 08856/928, E-Mail: landgasthof@osterseen.de

**Informationen**
Gemeinde Iffeldorf, Hofmark 9, 82393 Iffeldorf, Tel. 08856/901992-14, E-Mail: tourismus@iffeldorf.de

**Die Osterseen sind eine Gruppe von etwa 35 Seen zwischen Iffeldorf und Seeshaupt im Naturschutzgebiet Osterseen. Das Gebiet der Osterseengruppe, einer Eiszerfallslandschaft, hat seinen Namen vom größten und östlichsten Einzelsee, dem Großen Ostersee, dessen Name auf »im Osten« zurückzuführen ist.**

Ist das Kleingeld erst einmal in dem Parkscheinautomaten auf dem nahe des – aus südlicher Richtung kommend – ersten Sees namens Waschsee gelegenen Parkplatz versenkt, starten wir

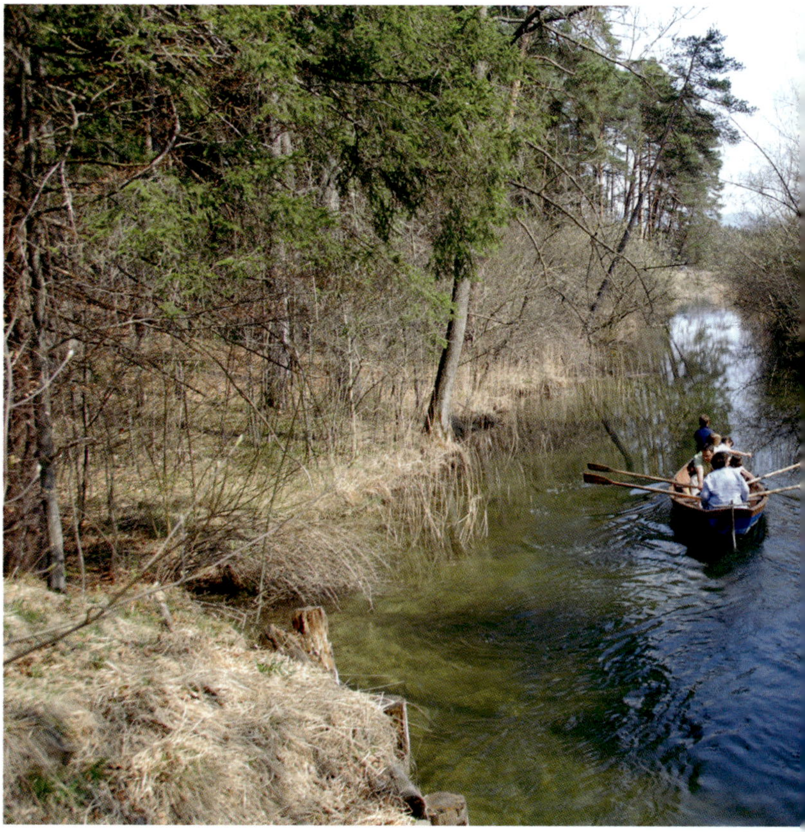

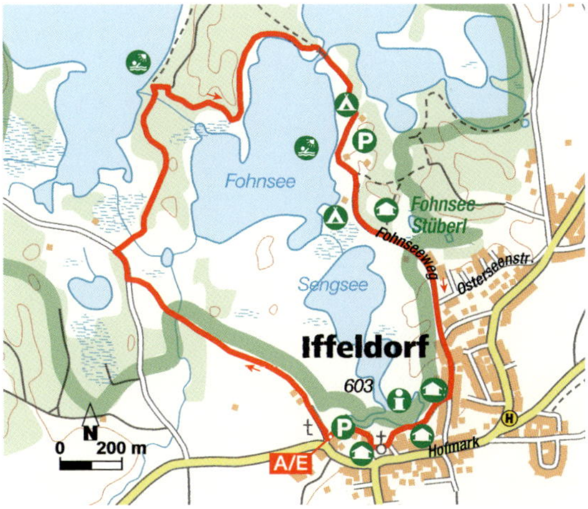


unsere Tour im Uhrzeigersinn. Wir werden Waschsee, Schiffhüttensee, Sengsee, Wolfelsee und Fohnsee (Reihenfolge von Süden her gesehen) in einer großen Tour umrunden und dabei am Strand des Großen Ostersees eine Still- bzw. Spielpause einlegen. Der Anfahrtsstraße zum Parkplatz weiter folgend, welche ab dem Parkplatz nur mehr in Form einer breiten Schotterstraße weiter nach Norden führt, geht es an den Infotafeln unweit des Parkplatzes vorbei auf den Wald zu. Der Weg führt uns über saftige Wiesen in den Wald und durch schilfbewachsene Moorflächen. Schon bald stößt der Weg an eine größere Schotterstraße, welcher wir nach rechts folgen, um diese auch schon nach wenigen Schritten wieder nach rechts zu verlassen. Der nun etwas schmälere Weg führt uns zunächst zur durchaus eindrucksvollen »Blauen Gumpe«, einem der vielen Quelltrichter der Osterseen. Weiter dem Weg folgend, tangieren wir schon bald linker Hand eine Badestelle mit Liegewiese des Großen Ostersees, die von den ersten sonnigen Frühjahrstagen bis zu den von den letzten Sonnenstrahlen erwärmten Herbsttagen zu einer Rast einlädt.

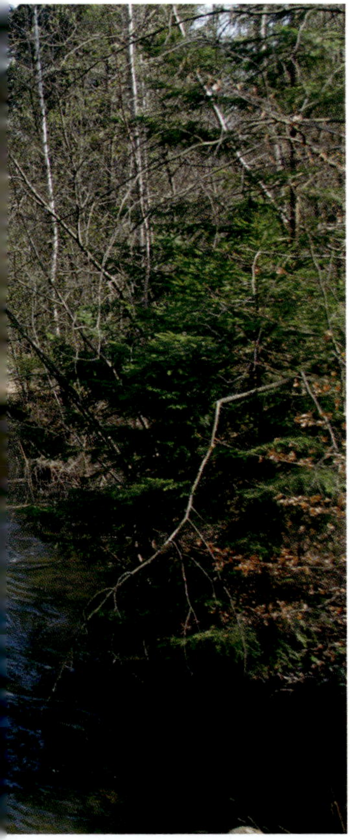

Der Verbindungskanal zwischen Großem Ostersee und Fohnsee

Anschließend folgen wir unserem Weg, der uns nun zwischen Großem Ostersee und Fohnsee in östlicher Richtung weiterführt. Auf der breiten Brücke geht es über den Verbindungskanal dieser beiden Seen zu einer Gabelung. Mit einem geländegängigen Kinderwagen (wir hatten unseren breiten Fahrradanhänger dabei) und etwas Mut zum Kampf gegen die Wurzeln geht es hier nach rechts. Der Weg führt uns bald zum Fohnsee und wird nun immer holpriger. Nun dem nahe

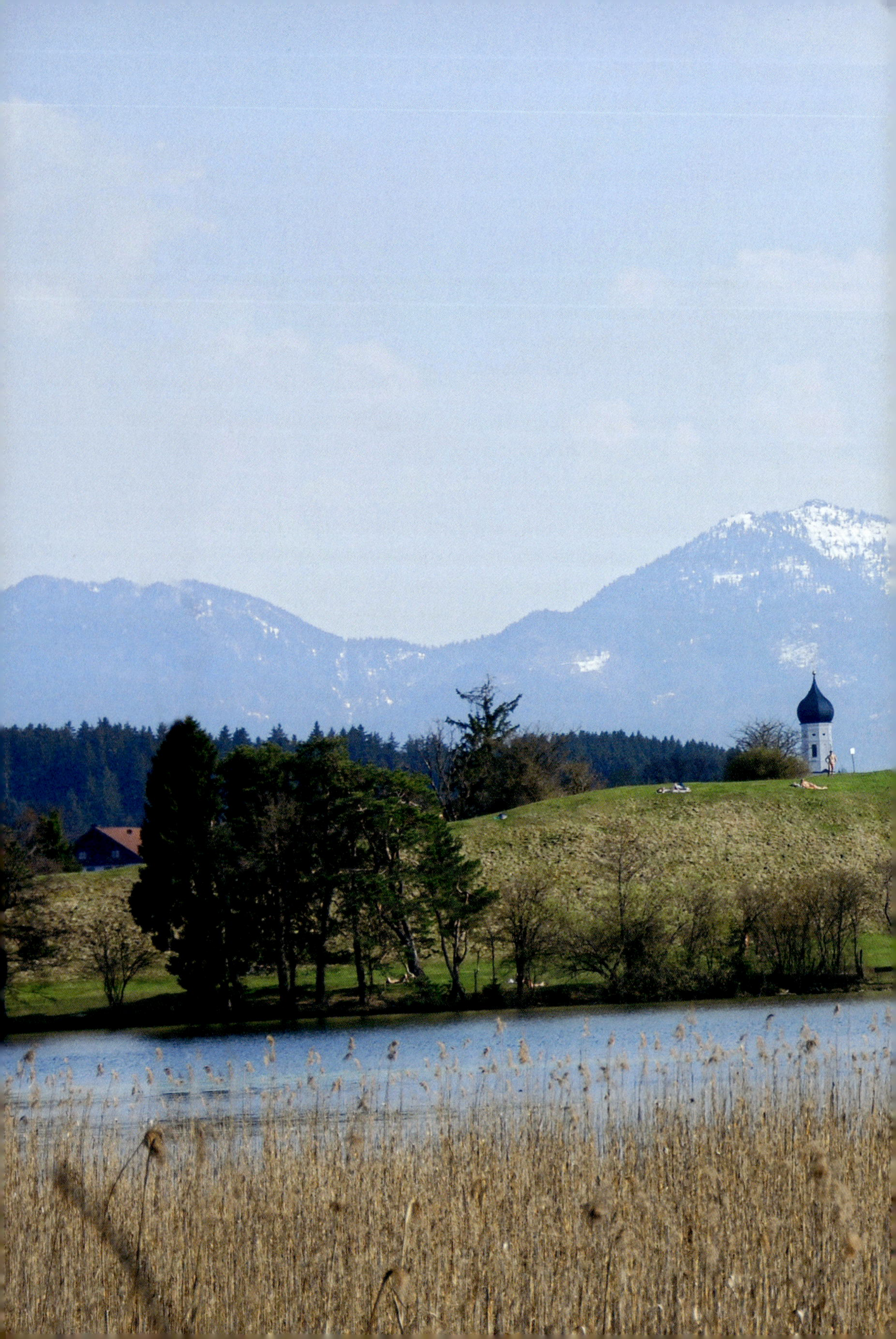

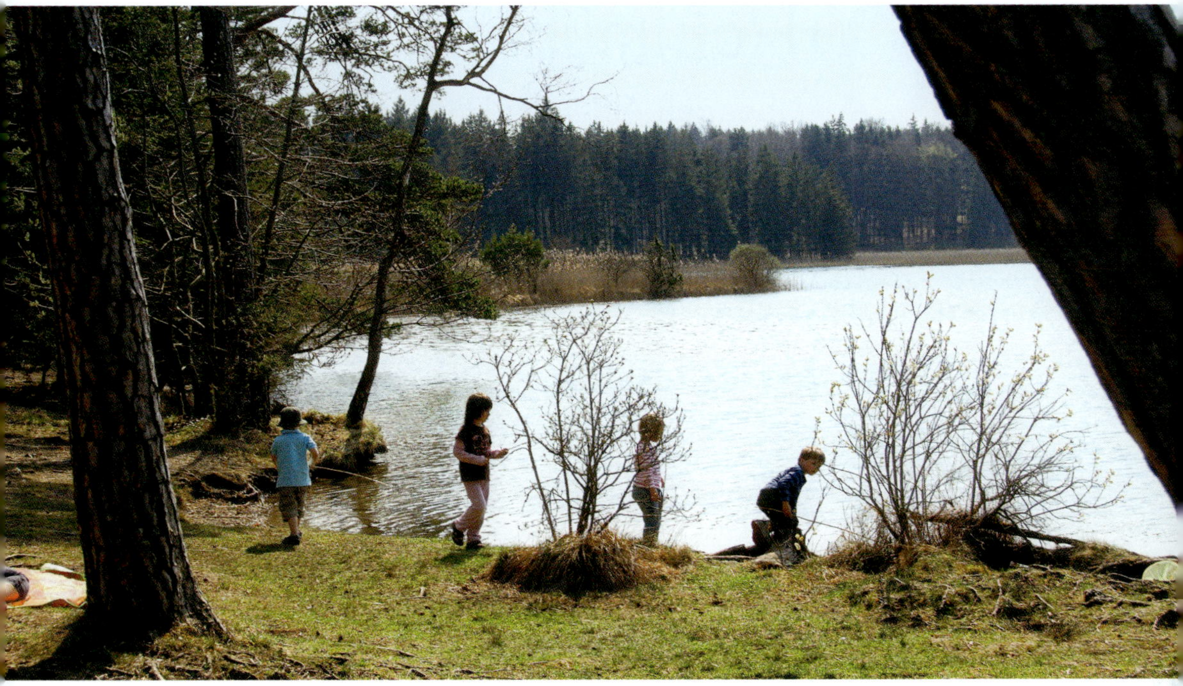

des Ufers verlaufenden Weg folgend, erreichen wir wieder einen breiteren Schotterweg. Diesen hätten wir auch mit etwas weniger Schiebemühen erreicht, wären wir an der Gabelung geradeaus weitergegangen und dann erst nach etwa 450 Metern nach rechts zum Campingplatz abgebogen. Bevor uns dieser Weg nun durch den Campingplatz führt, gilt es noch eine schmale Brücke zu überwinden. Mit dem schmalen Jogger kein Problem – mit unserem doppelt so breiten Anhänger nur tragend zu meistern. Nun wieder einer breiten Straße folgend, geht es vorbei an den ersten mobilen oder mittlerweile nicht mehr so mobilen Unterkünften auf dem Campingplatz. Gegen Ende des Campingplatzes bietet sich noch die Chance auf eine (Steckerlfisch-)Jause oder zumindest ein kühles Eis im Waldhaus am Fohnsee.

Der Fohnseeweg führt uns nun zur Osterseenstraße, welcher wir geradeaus weiter folgen. Gegenüber von Hausnummer 12 weist uns ein Schild auf einen kleinen Weg zurück zum Parkplatz. Zunächst bergab zum See, dann wieder steil bergauf zur Kirche und nach dieser rechts wieder bergab über den Fischersteig geht es so zurück zum Ausgangspunkt.

Die Seen (und das Wasser) laden zum Spielen ein.

Linke Seite: Blick nach Süden mit Alpenkulisse

**Tipp**

Das Wellenbad Penzberg garantiert Badespaß – im Sommer und im Winter.

# 20 Höhlmühle-Rundweg

## Über den Aidlinger Höhenzug

| mittel | 7,4 km | 45 Hm | 1.40 Std. |
|---|---|---|---|

**Anfahrt**
Über die A 95 München–Garmisch bis zur Ausfahrt Sindelsdorf und auf der B 472 Richtung Murnau. Nach 4,2 km nach links Richtung Holheim und nach weiteren 4 km links Richtung Aidling.

**Höhe**
670 m

**Anforderungen**
Leichter Auf- und Abstieg auf Schotterstraßen

**Geeignet für**
Buggy, Schlittschuhe

**Einkehr**
Forsthaus Höhlmühle, Montag und Dienstag Ruhetag, Tel. 08841/96 20, www.forsthaus-hoehlmuehle.de

**Informationen**
Gemeinde Riegsee, Dorfstr. 35, 82418 Riegsee, Tel. 08841/3985, www.riegsee.de

**Die malerische Rundtour nordöstlich des Riegsees – vom idyllischen Aidling aus, das bereits im Jahre 710 urkundlich erwähnt wurde, zum Forsthaus Höhlmühle – umrundet einen Ausläufer eines Molasse-Höhenrückens, auf dem sich auch Murnau befindet.**

Wir starten in Aidling und folgen der Dorfstraße in östlicher Richtung weiter durch das Dorf. Zunächst passieren wir die Kirche und folgen an der nächsten Gabelung weiter der Dorfstraße nach links. Schon bald führt uns die Dorfstraße unterhalb der Aidlinger Höhe aus Aidling über saftige Wiesen und an genüsslich dort grasenden Kühen vorbei hinaus aus dem Ort. Auf der Teerstraße geht es nun sanft ansteigend nach Osten, was uns dem Ziel Forsthaus Höhlmühle zügig näherbringt. Die Teerstraße wandelt sich zu einer Schotterstraße und wir stehen mit dem Kinderwagen vor einer Verzweigung. Das Schild »Höhlmühle Rundweg« weist uns leider nach links auf den weiter ansteigenden Weg. Durch ein Gatter geht es weiter zum höchsten Punkt der Tour. Die Aussicht macht das »leider« des Vorsatzes sofort wieder vergessen und wir genießen den berauschenden Blick über Rieg- und Staffelsee bis hin zu den Garmischer Bergen. Da der Weg nach rechts über den Höhenweg mit dem Kinderwagen zu mühsam zu bewältigen ist, folgen wir weiter der Rundweg-Beschilderung geradeaus und gehen nun schattig bergab durch den Wald am Nordhang der Hohen Lüß. Stets der Beschilderung folgend, erreichen wir nach nicht ganz einer Stunde eine kaum befahrene Teerstraße. Dieser folgen wir nach rechts, um die restlichen 800 Meter zum Forsthaus Höhlmühle zu überwinden.

Die Chronik des Forsthauses verrät uns, dass hier, 500 Meter nördlich des heutigen Forsthauses Höhlmühle, seit dem Jahre 1500 eine Ölmühle stand, die dem Forsthaus den Namen gab. Am Forsthaus Höhlmühle angekommen, freuen wir uns über die leckeren Gerichte der Speisekarte und die zahlreichen Kuchen- und Windbeutelvariationen. Etwas oberhalb des Gastgartens wartet auf die größeren Kinder eine Rutsche nebst Schaukeln sowie auf der anderen Straßenseite der Bach mit einem kleinen Brücklein.

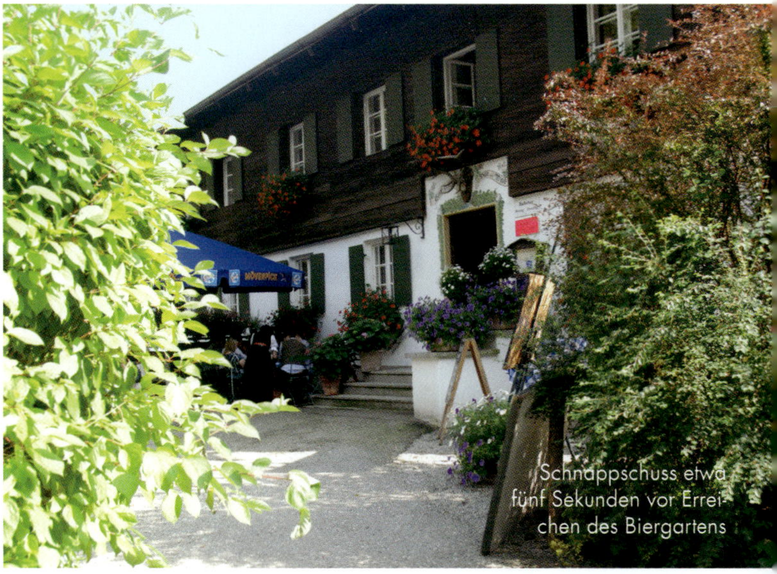
Schnappschuss etwa fünf Sekunden vor Erreichen des Biergartens

Nach der Einkehr, die man wirklich nicht verpassen sollte, folgt man der Teerstraße weiter (nach links) und nach 200 Metern geht es rechts Richtung Aidling. Nach weiteren 200 Metern zweigt der Rundweg rechts auf eine Schotterstraße ab. Für den Rückweg stehen nun wieder ein paar Höhenmeter an, die es zu überwinden gilt. Will man sanfter nach Aidling zurückgleiten, könnte man hier auch der Teerstraße geradeaus weiter folgen, würde so aber wieder zahlreiche schöne Ausblicke verpassen. Deshalb gehen wir mit der Beschilderung »Höhlmühle Rundweg« durch den Wald und erreichen so später wieder die Verzweigung am Übergang in die Teerstraße, die uns nun zurück nach Aidling führt.

## Tipp

Im Sommer ist Baden im Riegsee zu empfehlen, im Winter der Besuch des Skilifts in Habach und Ohlstadt.

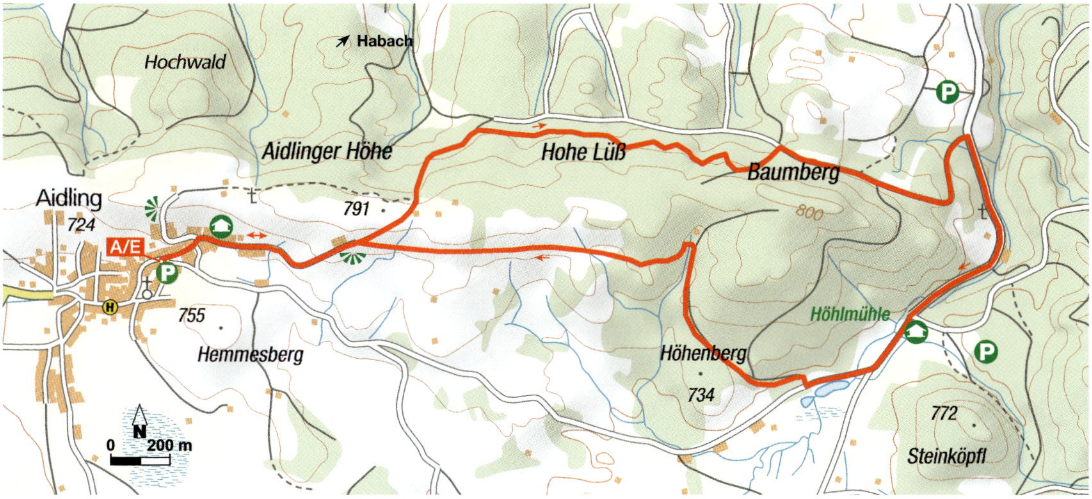

# 21 Staffelseerunde

## Baden, Bootfahren und Biergarten

| leicht | 5,6 km | 10 Hm | 1.30 Std. |
|---|---|---|---|

**Anfahrt**
A 95 München–Garmisch bis Ausfahrt Sindelsdorf. Nach rechts und weiter Richtung Murnau und Uffing. In Uffing sind Strandbad und Tennisanlage ausgeschildert. Parkplatz gegenüber vom Seerestaurant Alpenblick.

**Höhe**
662 m

**Anforderungen**
Leichte Tour auf guten Wegen

**Geeignet für**
Rolli, Buggy, Laufrad

**Einkehr**
Seerestaurant Alpenblick, nur Oktober bis April, Donnerstag Ruhetag, Tel. 08846/9300, E-Mail: info@seerestaurant-alpenblick.de, www.seerestaurant-alpenblick.de

**Informationen**
Tourist-Information Murnau, Kohlgruber Str. 1, 82418 Murnau a. Staffelsee, Tel. 08841/61410, E-Mail: touristinfo@murnau.de, www.murnau.de

**Uffing am Staffelsee im Landkreis Garmisch-Partenkirchen liegt malerisch am Nordende des wohl von noch nicht allen Münchnern erkundeten Staffelsees. Die drei großen B des sonntäglichen Voralpenausfluges – Baden, Bootfahren, Biergarten – findet man hier bestens vereint.**

Den Biergarten, der bei schönem Wetter übrigens auch am im Winter eigentlich geschlossenen Donnerstag geöffnet ist, heben wir uns für das Ende der Tour auf. Somit gehen wir vom Parkplatz aus auf der Anfahrtsstraße ein wenig zurück und dann links auf den Schotterweg mit der Beschilderung »Kleine Staffelseeschleife«. Nach wenigen Metern liegt uns nun der Staffelsee vor einem traumhaften Alpenpanorama zu Füßen. Direkten Zugang zum See hat man auf dem ersten Abschnitt nur eingeschränkt, aber so manches kleine Weglein führt durch die Uferböschung zum See und zum Spielen hinunter. Schon bald ist das Strandbad erreicht, wo wir eine schöne Badepause einlegen könnten. Auf der nun erreichten Teerstraße gehen wir nach links

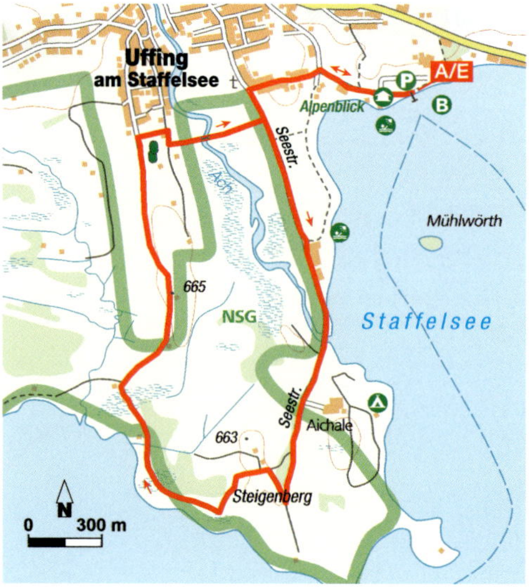


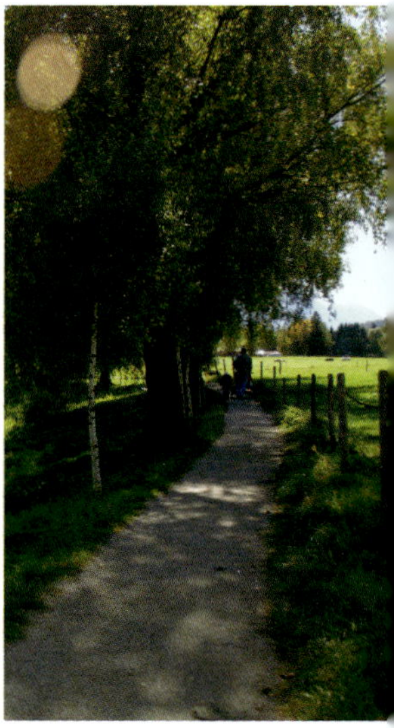

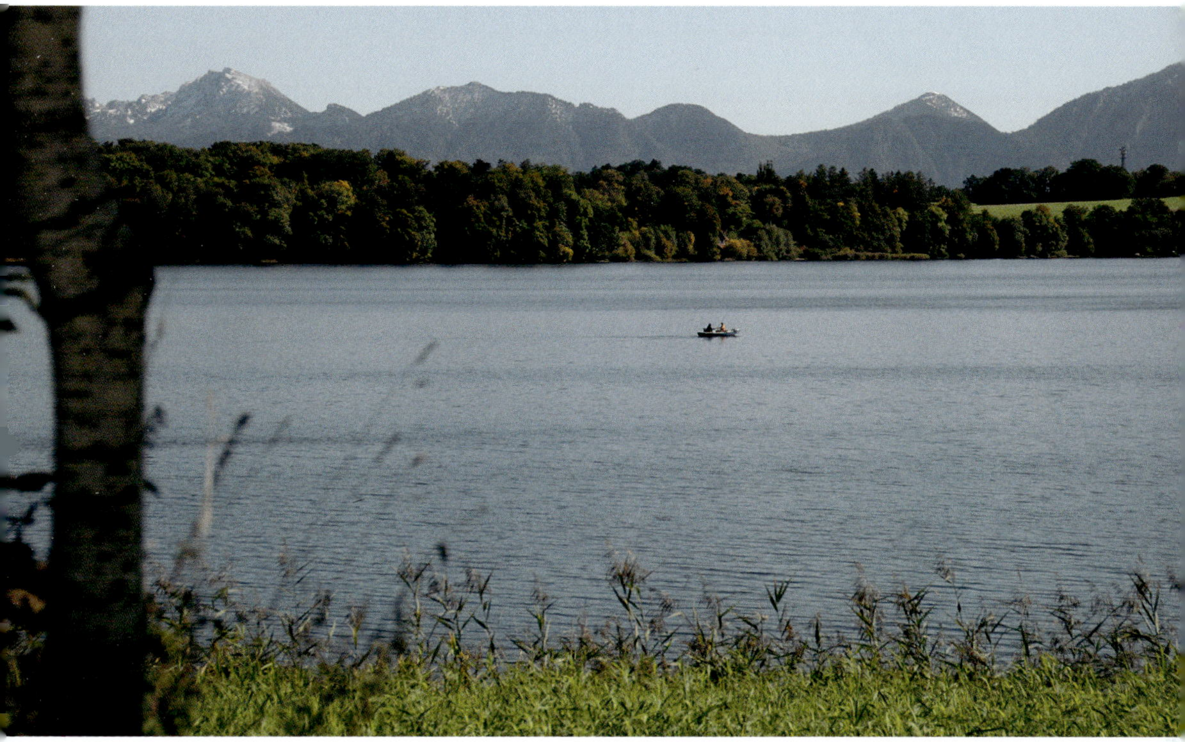

Blick über den Staffelseee

Linke Seite: Idyllisches Weglein am Staffelsee

und im Folgenden am Segelclub vorbei. Nach der Brücke über die Ach passieren wir den Campingplatz von Uffing und gehen nun stets der Beschilderung »Kleine Staffelseerunde« folgend auf dem Schotterweg weiter. Es geht leicht bergab und schon bald haben wir auf der anderen Seite der Halbinsel das Ufer des Staffelsees erreicht. Bald darauf geht es wieder etwas weg vom See und nun kurz etwas bergauf. Größere Kinder auf dem Laufrad benötigen hier etwas Hilfe, um diesen kleinen Berg zu erklimmen. Bei dem frei stehenden Baum ist der Anstieg geschafft und es geht geradeaus weiter bis an den Ortsrand von Uffing. Hier weist uns nach dem Sportplatz ein Schild »Staffelseerundweg 1« auf den Fußweg nach rechts. Wir überqueren wieder die Ach und erreichen kurz darauf eine Straße, die wir ebenfalls überqueren. Somit erreichen wir kurz darauf den Anfang unserer Tour und gehen links zurück zum Parkplatz oder, wenn genügend Zeit bleibt, zum Biergarten.

**Tipp**

Nach der Rast im Biergarten kann man noch eine kleine Schifffahrt auf dem Staffelsee (April bis Oktober) vom Bootssteg direkt beim Biergarten unternehmen.

# 22 Sonntraten

## Münchens nächstgelegener Aussichtsberg

mittel | 3,5 km | 350 Hm | 1.00 Std.

**Anfahrt**
Nach Bad Tölz und weiter über Gaißach, Unterreut und Oberreut nach Grundern. Kurz nach dem Ort rechts auf den Wanderparkplatz.

**Höhe**
1096 m

**Anforderungen**
Leichte Bergwanderung auf Schotterstraßen und Wanderwegen

**Geeignet für**
Buggy

**Einkehr**
Waldherralm auf der gegenüberliegenden Talseite in Lehen, Wackersberg, Montag und Dienstag Ruhetag, Tel. 08041/9520, www.waldherralm.de

**Informationen**
Tourist Information Bad Tölz, Max-Höfler-Platz 1, 83646 Bad Tölz, Tel. 08041/78670, info@bad-toelz.de, www.bad-toelz.de

**Die sonnige Tour, die vom Isartal zwischen Bad Tölz und Lenggries über die Bergschulter zum Schürfenkopf (1096 m) unterhalb des bewaldeten Schwarzköpf (1140 m) führt, verlängert die Saison weit in den Frühling bzw. den Herbst hinein – und ist vor allem wochentags zu empfehlen. Denn am Wochenende zieht es zu viele Münchner auf den nahen Ausflugsberg.**

Direkt gegenüber vom Wanderparkplatz startet die ausgeschilderte Sonntratentour. Nach der ersten Linkskurve trennen sich die Wege für Kinderwagenschieber und Wanderer. Während die Familien ohne Kinderwagen für den Aufstieg hier direkt links den bald schmäler werdenden Wanderweg wählen, bleibt dieser Familien mit Kinderwagen leider verwehrt. Die Stufen und engen Serpentinen im Mittelteil, sowie das eine oder andere Drehkreuz sind mit jeglichem Gefährt unpassierbar. Wir wählen also den rechten Weg und folgen weiter der breiten Schotterstraße bergauf. Der Weg führt weit nach Osten und dann in einer gro-

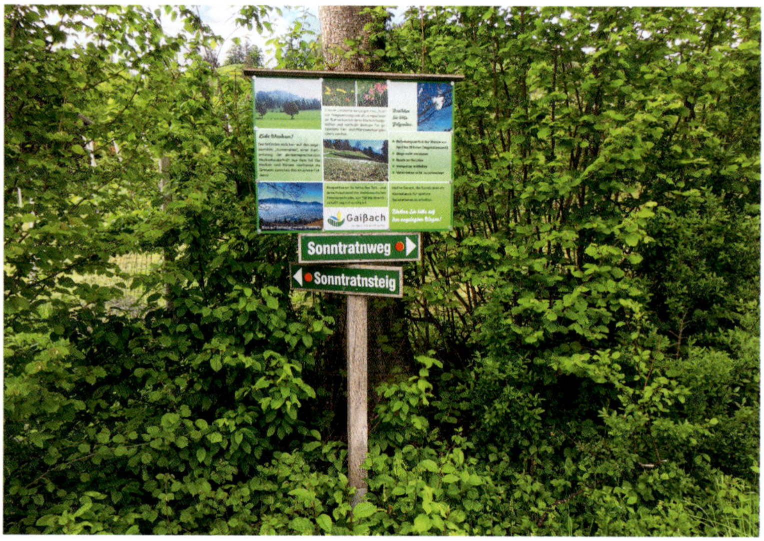


Infotafel am Start der Tour

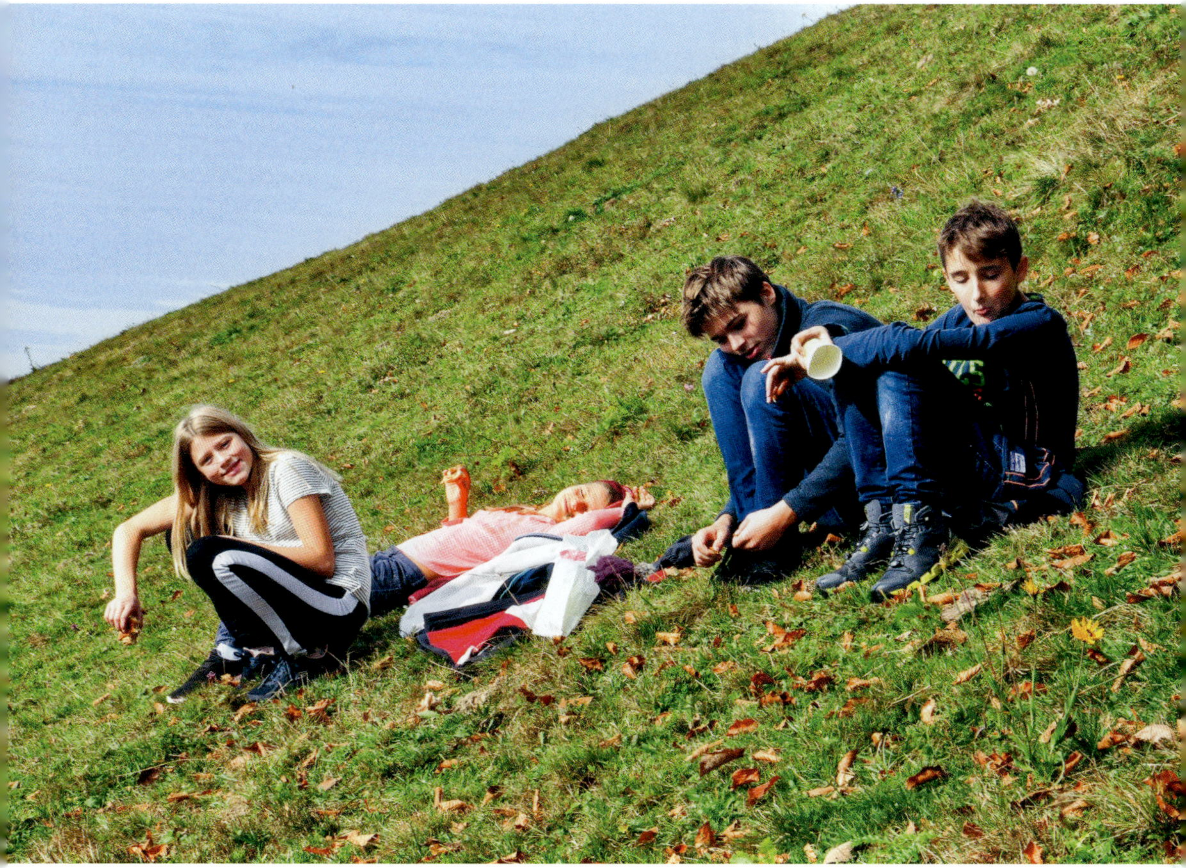

Rast auf den Wiesenhängen

ßen Kehre oberhalb wieder westwärts. Gleich nach den Bäumen und vor den Wiesen zweigen wir rechts ab und folgen den Serpentinen noch weiter bergauf, so weit der Weg fahrbar bleibt bzw. so lange wir Lust haben. Die schöne Aussicht nach Süden bis ins Karwendelgebirge und die eine oder andere Bank verleiten uns, uns jederzeit schon mit dem Erreichten zufriedenzugeben und die Gunst der Stunde für eine Brotzeit zu nutzen.

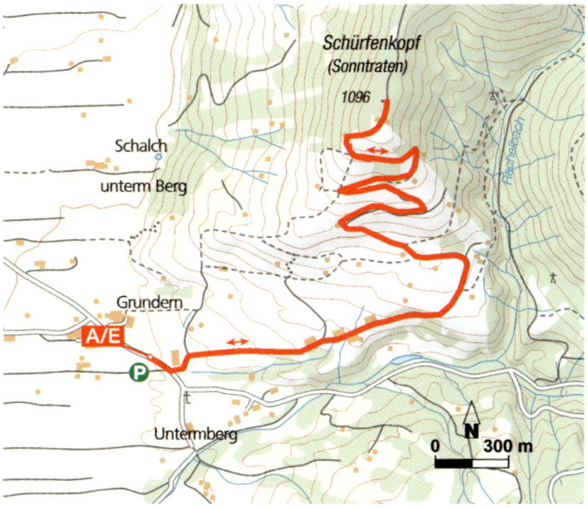


Der Abstieg erfolgt auf demselben Weg. Wer nach der Wanderung noch einen gemütlichen Biergarten sucht, wird auf der gegenüberliegenden Talseite bei Wackersberg fündig. Hier lässt sich mit der Familie in der Waldherralm wunderbar einkehren.

# 23 Kloster Beuerberg

## Sonntags gibt es Steckerlfisch

| leicht | 7,8 km | 35 Hm | 1.35 Std. |
|---|---|---|---|

**Anfahrt**
Über die A 95 München–Garmisch bis Ausfahrt Wolfratshausen und weiter auf der St 2370 über Achmühle nach Eurasburg. In der Ortsmitte beim Rathaus parken.

**Höhe**
620 m

**Anforderungen**
Geteerter Radweg und Schotterstraße

**Geeignet für**
Rolli, Laufrad, Buggy

**Einkehr**
Zur Mühle,
Tel. 08179/997390, E-Mail: gasthaus-zur-muehle@web.de

**Informationen**
Gemeinde Eurasburg, Beuerberger Str. 10, 82547 Eurasburg, Tel. 08179/94760, E-Mail: buergermeister@eurasburg.de, www.eurasburg.de

**Von Eurasburg geht es zum etwa 2,5 Kilometer entfernten Beuerberg. Dort geht es vorbei am Kloster Beuerberg, ehemaligem Kloster der Augustiner-Chorherren und heutigem Kloster der Salesianerinnen, zum Gasthaus Zur Mühle, wo man sonntags leckeren Steckerlfisch bekommt.**

Am Ende des Parkplatzes, der werktags für Besucher des Rathauses reserviert ist – einer der Gründe, warum wir diese Tour für einen Sonntag vorschlagen –, schieben wir auf den Fuß-/Radweg links am Rathaus vorbei und nun zunächst ein paar Minuten auf dem nahe der Staatsstraße verlaufenden, geteerten Weg nach Süden. Nach einiger Zeit überqueren wir die in die Staatsstraße einmündende Hauptstraße. Von nun an führt uns der Weg angenehmerweise weg von der Staatsstraße, zugleich jedoch mit stetigem Anstieg – was jedoch auch mit »voll besetztem« (= schlafendes Baby plus Kleinkind auf dem Buggyboard) Kinderwagen gut zu schaffen ist. Wir folgen diesem Weg nun stets geradeaus, bis wir nach etwa zweieinhalb Kilometern in Beuerberg auf eine große Straße stoßen. Diese überqueren wir und gehen auf der anderen Straßenseite etwas links geradeaus weiter in die Straße Am Pfarranger. Nach wenigen Metern biegen wir links in die Kuglstadtstraße ein. Zum 1121 gegründeten und St. Peter und Paul geweihten Kloster ginge es weiter geradeaus. Zwar führt auch vom Kloster ein Weg zum Gasthaus Zur Mühle, jedoch ist dieser aufgrund zahlreicher Stufen definitiv nicht mit dem Kinderwagen zu bewältigen. Rechts zweigt schon wenig später die Herrnhauser Straße ab. Da hier auch ein Schild den Weg zum Gasthaus Zur Mühle nach rechts weist, biegen wir ab und zweigen im Talgrund in einer Linkskehre unweit des Maibaums rechts in den Loisachweg ab, wo wir rechts der Straße das Gasthaus Zur Mühle vorfinden. Der Blick vom kleinen Gastgarten schweift über die Loisach und sonntags genießen wir den Steckerlfisch – der zweite Grund, warum diese Tour auf einen

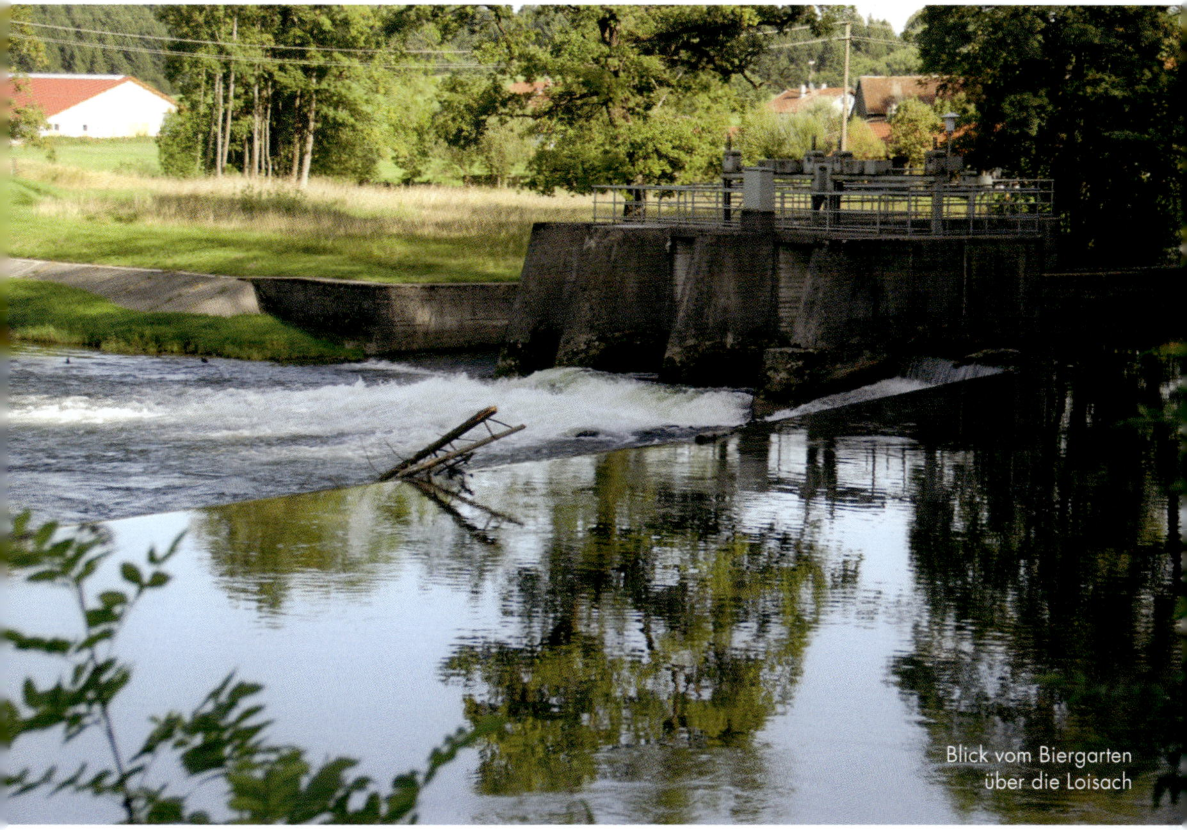

Blick vom Biergarten über die Loisach

Sonntag fallen sollte. Neben dem Gasthaus gibt es einen Sandkasten für die Kleinsten und hinter dem Gasthaus ein Schafgehege für die Größeren.

Nach der Rast gehen wir zurück zur Hauptstraße Herrnhauser Straße, folgen dieser weiter nach rechts und überqueren schon bald die Loisach. Unmittelbar vor der Brücke über den Loisach-Isar-Kanal gehen wir links auf den geschotterten Dammweg und folgen nun dem Kanal nach Norden. Bei der nächsten Brücke haben wir unseren Ausgangsort schon fast wieder erreicht und gehen nach links, wo wir wieder auf die Staatsstraße stoßen und auf dem Radweg auf der anderen Straßenseite nach rechts zurück zum Rathaus von Eurasburg gehen.

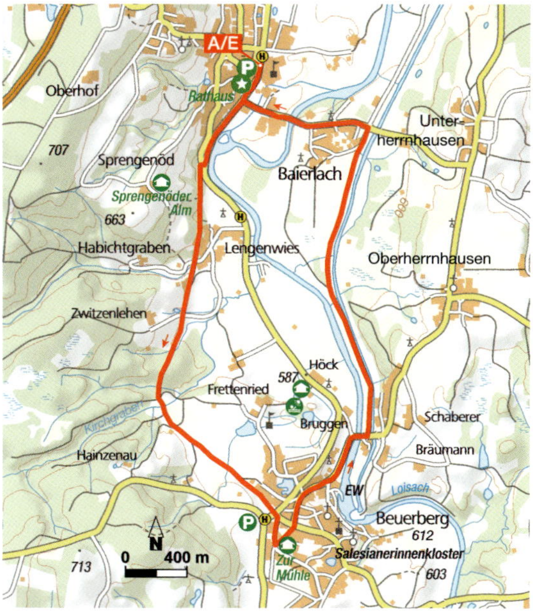

# 24 Königsdorfer Isarwege

## Die Isar mal einsam

leicht | 3,6 km | 15 Hm | 1.15 Std.

**Anfahrt**
Über Wolfratshausen auf der B 11 weiter nach Süden bis Königsdorf. In der Ortsmitte links über Niederham und Osterhofen zur Jugendsiedlung Hochland. In der scharfen Rechtskurve vor dieser ist links am kleinen Bach ein Wanderparkplatz.

**Höhe**
615 m

**Anforderungen**
Teilweise enge und holprige Auwaldtour, teilweise tiefe Schotterwege

**Geeignet für**
Buggy

**Informationen**
Gemeinde Königsdorf, Hauptstr. 54, 82549 Königsdorf, Tel. 08179/931 20, E-Mail: info@gemeinde-koenigsdorf.de, www.gemeinde-koenigsdorf.de

**Die Tour führt über und im weiteren Verlauf rund um die Jugendbildungsstätte Jugendsiedlung Hochland. Das weitläufige Gelände der Oberen Rothmühle, das einst als sogenanntes Hochlandlager zur Ausbildung der Hitlerjugend von bis zu 7500 Kindern in Zelten bewohnt war, wird heute vom Bezirk Oberbayern mit Blockhäusern und Zeltplatz für diverse Jugendbildungsmaßnahmen genutzt.**

Wir starten unsere Tour an dem kleinen Parkplatz direkt am Rothbach (in manchen Karten auch Rottach), einem idyllischen kleinen Bach, der für dem Kinderwagen bereits entwachsenen Nachwuchs als erste Spielpause dient. An der der Parkplatzeinfahrt gegenüberliegenden Seite des Parkplatzes geht es rechts auf der Schotterstraße am Gelände der Jugendbildungsstätte entlang Richtung Nordosten. Zunächst führt der Weg in den Wald, dann jedoch schon bald aus diesem heraus zu einem großen Wegedreieck, an dem wir uns rechts halten und einen kleinen Bach überqueren. Es geht geradeaus über die Wiesen, bis zu einer Wegkreuzung, bei der wir nach links abbiegen und so am Waschhaus mit den Spülen vorbeikommen. Linker Hand passieren wir die Klärteiche, gehen nun rechts bergab und überqueren den Weißbach auf einem kleinen idyllischen Brücklein.

Auf der anderen Seite des Baches folgen wir nun stets dem manchmal etwas eng wirkenden, aber mit dem Kinderwagen fahrbaren Pfad und erreichen so schon bald wieder einen breiteren Schotterweg. Diesem folgen wir nach rechts und kurz darauf sehen wir links neben dem Weg die Isar, die uns

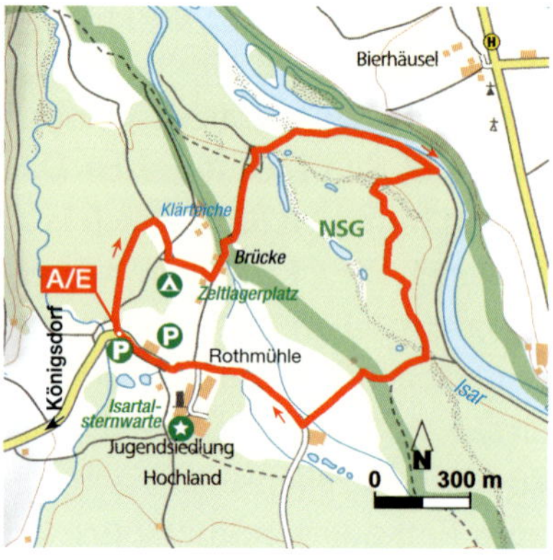

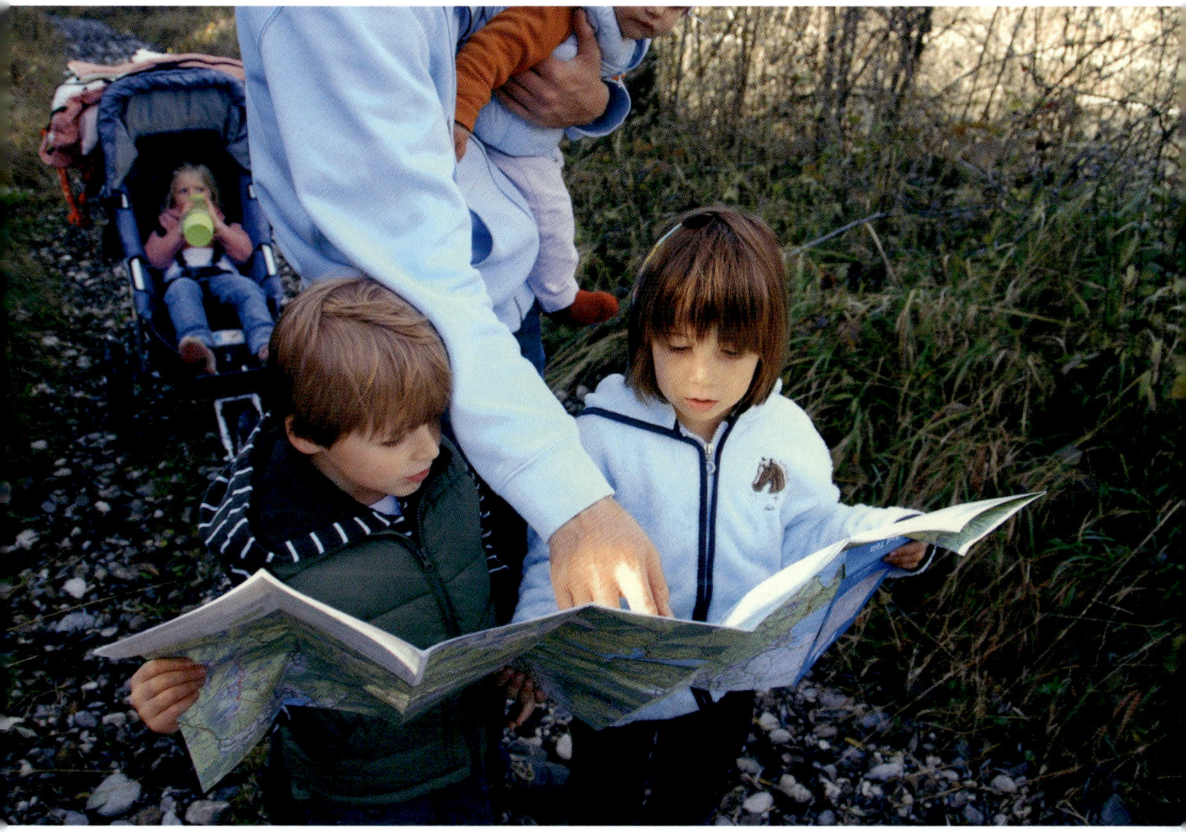

Eine gute Karte sollte immer im Rucksack dabei sein.

hier ruhig entgegenrauscht. Nach ein paar weiteren Minuten gibt es zu Nicht-Hochwasser-Zeiten eine breite Kiesbank, auf der wir mit dem Kinderwagen eine Rast einlegen können. Etwa am Ende der Kiesbank bzw. kurz bevor die Isar einen deutlichen Bogen macht, geht es rechts weg vom Isarufer, aber weiterhin auf einem breiten Schotterweg. Diesem folgen wir nun für längere Zeit, kleinere Abzweige lassen wir unbeachtet, da uns diese nur in die Auwiesen, aber nicht sinnvoll zurückführen würden. An einer deutlichen Weggabelung gehen wir nach rechts und erreichen so nach etwa fünf Minuten die Weiden und das Übungsgelände des Reithofes Rothmühle. Bei diesem stoßen wir auf eine Teerstraße, welcher wir nach rechts folgen. Gemütlich, mit wenig Autoverkehr, geht es nun dieser Straße folgend zurück zur Jugendbildungsstätte und schließlich zum Parkplatz unseres Ausgangspunktes.

**Tipp**

Im nahen Wolfratshausen wartet auf die etwas größeren Kinder »Europas größter Märchenwald«.

# 25 Bruckenfischer

## Isarauen und Floßrutsche

leicht | 2,6 km | 85 Hm | 0.25 Std.

**Anfahrt**
Von München östlich der Isar über Grünwald bis nach Straßlach. Nach dem Gasthaus Wildpark rechts in die Mühlstraße und bis zum Parkplatz am Ende der öffentlich befahrbaren Straße (vor dem für den Autoverkehr gesperrten Teilstück, das hinab ins Isartal führt).

**Höhe**
550 m

**Anforderungen**
Leichte Tour auf Teer- und Schotterstraßen

**Geeignet für**
Rolli, Buggy, Laufrad

**Einkehr**
Gasthaus zur Mühle, ganzjährig bewirtschaftet, Montag Ruhetag, Tel. 08178/36 30, E-Mail: kontakt@gasthaus-muehle.de, www.gasthaus-muehle.de; Gasthaus zum Bruckenfischer, ganzjährig geöffnet, Tel. 08178/36 35

**Informationen**
Gemeinde Straßlach-Dingharting, Schulstr. 21, 82064 Straßlach, Tel. 08170/93000, E-Mail: rathaus@strasslach.de, www.strasslach.de

**Das bereits 1007 erbaute Gasthaus zur Mühle in den Isarauen mit seinem gemütlichen Biergarten zählt zu den schönsten und weniger überlaufenen Ausflugszielen im unmittelbaren Münchner Umland. Direkt am Biergarten liegt die längste Floßrutsche Europas, auf der man in den Sommermonaten den Flößen bei ihrer feuchten Rutschpartie zusehen kann.**

Wir starten unsere Tour beim Parkplatz unmittelbar am Isarhochufer und folgen der Teerstraße bergab ins Isartal nach Mühltal. Wir erreichen den Isarkanal und sehen zur frühen Mittagszeit zahlreiche Flöße die Isar hinabtreiben. Wenige Meter nach rechts der Kanalstraße folgend, erreichen wir den Biergarten. Bei der Brotzeit vor dem Gasthaus, das schon eine 1000-jährige Geschichte vorzuweisen hat, sitzt man gemütlich im Biergarten unter den Kastanien und sieht (und hört) die Flöße auf Europas längster Floßrutsche beim Wehr hinabsausen. Zurück geht es wieder auf demselben Weg, nur leider diesmal bergauf.

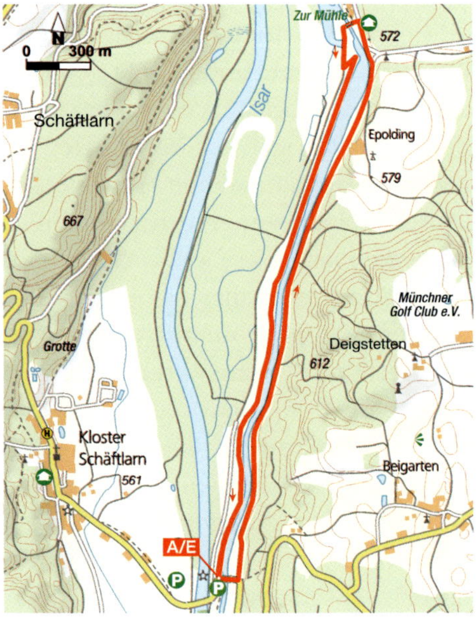


Eine mögliche Alternative: Will man einen etwas längeren Sonntagsausflug ohne Höhenmeter machen, so fährt man von Straßlach weiter Richtung Süden bis zur Abzweigung, die einen nach rechts Richtung Schäftlarn leitet. Man überquert den Isarkanal und parkt gleich rechts auf dem Wan-

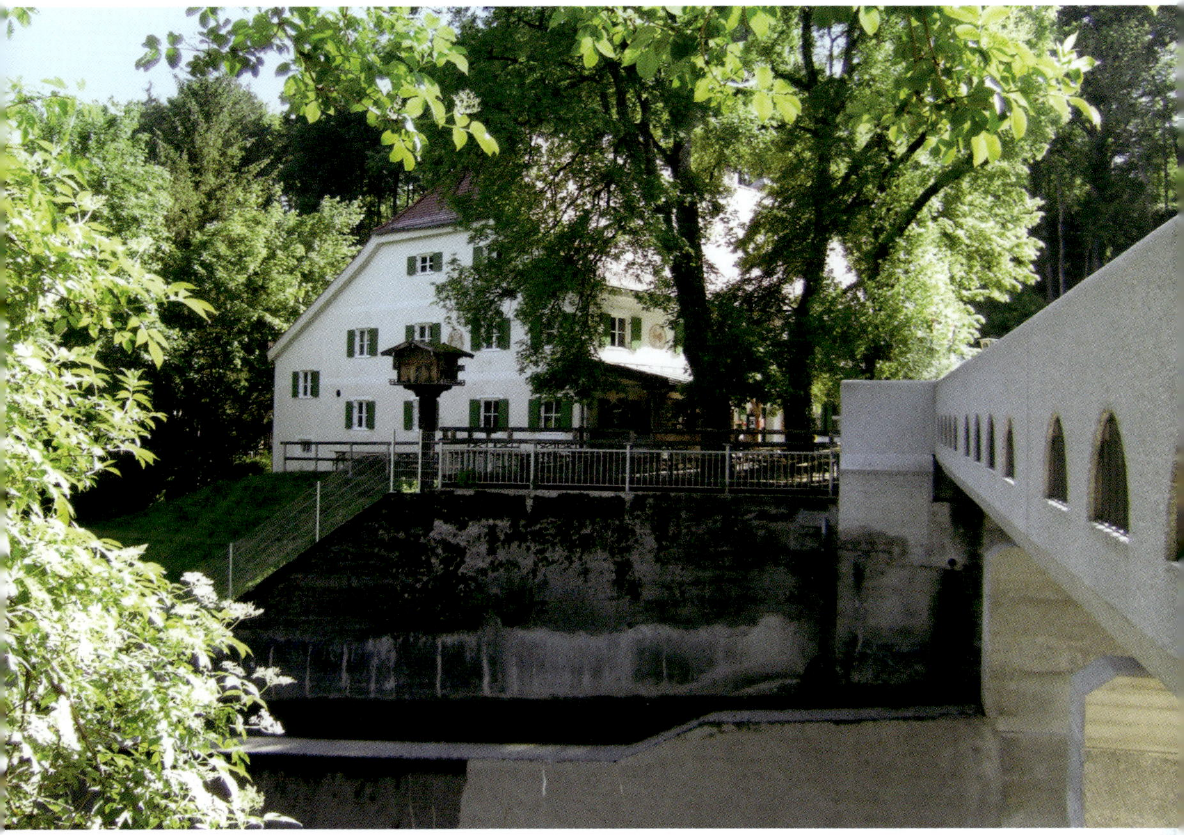

Ein wirklich schöner Biergarten an Europas längster Floßrutsche

derparkplatz gegenüber dem Gasthaus zum Bruckenfischer. Über die Kanalbrücke geht man zurück ans östliche Ufer und folgt nun zweieinhalb Kilometer der asphaltierten – für Autos gesperrten – Straße nach Norden zum Gasthaus zur Mühle. Nach der Einkehr schieben wir über das Wehr beim Gasthaus auf die andere Kanalseite und nun westlich des Kanals auf dem Schotterweg zurück zum Auto.

Alternative, ebenfalls ohne Höhenmeter, aber sehr lang: Für ausdauernde Kinderwagenschieber – eventuell mit Inlineskatern – lässt sich die Tour auch noch bis nach Wolfratshausen erweitern. An der Brücke beim Isarkanal in Wolfratshausen parkend, startet man beim Biergarten Aujäger (mit kleinem Spielplatz) nach Norden auf der durchgängig geteerten Straße – egal ob »rechtsrum« oder »linksrum« – bis zum Bruckenfischer und dann weiter zum Gasthaus zur Mühle.

**Tipp**

Besuchen Sie das Kloster Schäftlarn (mit Biergarten!), ein Juwel des bayerischen Rokokos mit seiner berühmten Klosterkirche.

# 26 Grünwalder Sauschütt

## Wilde Tiere fast in München

leicht | 2,3 km | 0 Hm | 1.10 Std.

**Anfahrt**
In München den Mittleren Ring beim Candidtunnel verlassen und über diesen nach Süden auf die Grünwalder Straße. Nun stets den Straßenbahngleisen folgen und in Grünwald auf der Hauptstraße durch den Ort nach Süden. Nach dem südlichen Ortsende (nach dem Friedhof) links auf den Parkplatz.

**Höhe**
620 m

**Anforderungen**
Leichte Tour auf schattigen Forststraßen

**Geeignet für**
Rolli, Buggy, Laufrad

**Einkehr**
Pizzeria La Villa und Bio-Restaurant Alter Wirt am Marktplatz in Grünwald

**Informationen**
Gemeinde Grünwald, Rathausstr. 3, 82031 Grünwald, Tel. 089/64 16 20, E-Mail: info@gemeinde-gruenwald.de, www.gemeinde-gruenwald.de

**»Zu Grünwald im Isartal …«, so beginnt Karl Valentins Lied, das die (Un-)Sitten der Ritter, die dort hausten, besingt. Aber nicht nur die Burg mit dem Burgmuseum und die unterhalb davon sanft dahinfließende Isar sind einen Ausflug wert, auch das Walderlebniszentrum, die Sauschütt, ist ideal für ausgedehnte Kinderwagen-Spaziergänge.**

Vom Parkplatz neben der Straße von Grünwald nach Straßlach führt eine breite Forststraße direkt in den Perlacher Forst hinein. Schon bald verstummen die Straßengeräusche und man taucht »tief« ein in den im Sommer angenehm kühlen Wald. Der gesamte Wald ist mit quadratisch angeordneten Forststraßen begeh- und erradelbar gemacht – so erreicht man schon bald die erste Querstraße und somit das Walderlebniszentrum. Hier rechts neben dem Weg befindet sich die Wasserstation. Ein paar Meter weiter links geht es geradeaus weiter und durch das Tor im Zaun betritt man die Wiesen des pädagogischen Walderlebniszentrums.

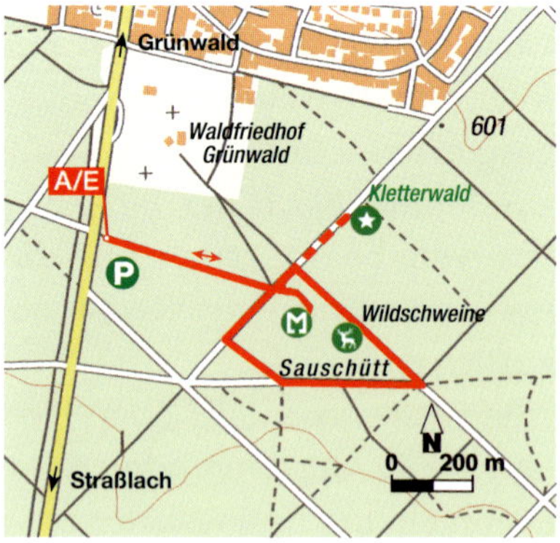


Gleich rechts geht es auf den Walderlebnispfad, der einem hilft, viele Baum- und Straucharten zu bestimmen. Für etwas größere Kinder gibt es eine Klangstation und einen Tastpfad. Etwas weiter hinten im Gelände des Walderlebniszentrums findet man den Museumspavillon mit unzähligen Pilzarten und zahlreichen ausgestopften Waldtieren. Aber wie es sich bei einer Sauschütt vermuten lässt, geht es eigentlich nicht um ausgestopfte Tiere, sondern um lebende, und zwar vor allem um Sauen, also Wildschweine. Wir verlassen das Gelände des Walderlebniszentrums wieder durch das Tor und gehen nach rechts am Zaun entlang. Kurz darauf zweigt rechts eine Forststraße ab, auf welche wir einbiegen, um weiter entlang des Zaunes in den Wald vorzudringen. Es dauert nicht lange und man hat die Beobachtungs- und Fütterungsstation des Wildschweingeheges erreicht. Vor Wind und Wetter geschützt, kann man hier die Wildschweinrotte beobachten (Füttern verboten) oder vor der Station die Hasen füttern. Um die Runde zu vollenden, folgt man weiter dem breiten Forstweg und erreicht, wenn man immer am Zaun entlanggeht, wieder den Eingang zum Walderlebniszentrum.

Für große Kinder (über acht Jahre) ohne Höhenangst gibt es etwa 800 Meter hinter dem Eingang einen Hochseilgarten (www.kletterwald-muenchen.de).

Unten: Klangstation und Tastpfad im Walderlebniszentrum

**Tipp**

Grünwald hat insbesondere für die größeren Geschwister manches zu bieten. Neben Isar und Burg (mit Museum, geöffnet März bis November Mittwoch bis Sonntag 10 bis 16.30 Uhr) z. B. ein hübsches Freibad im Sommer.

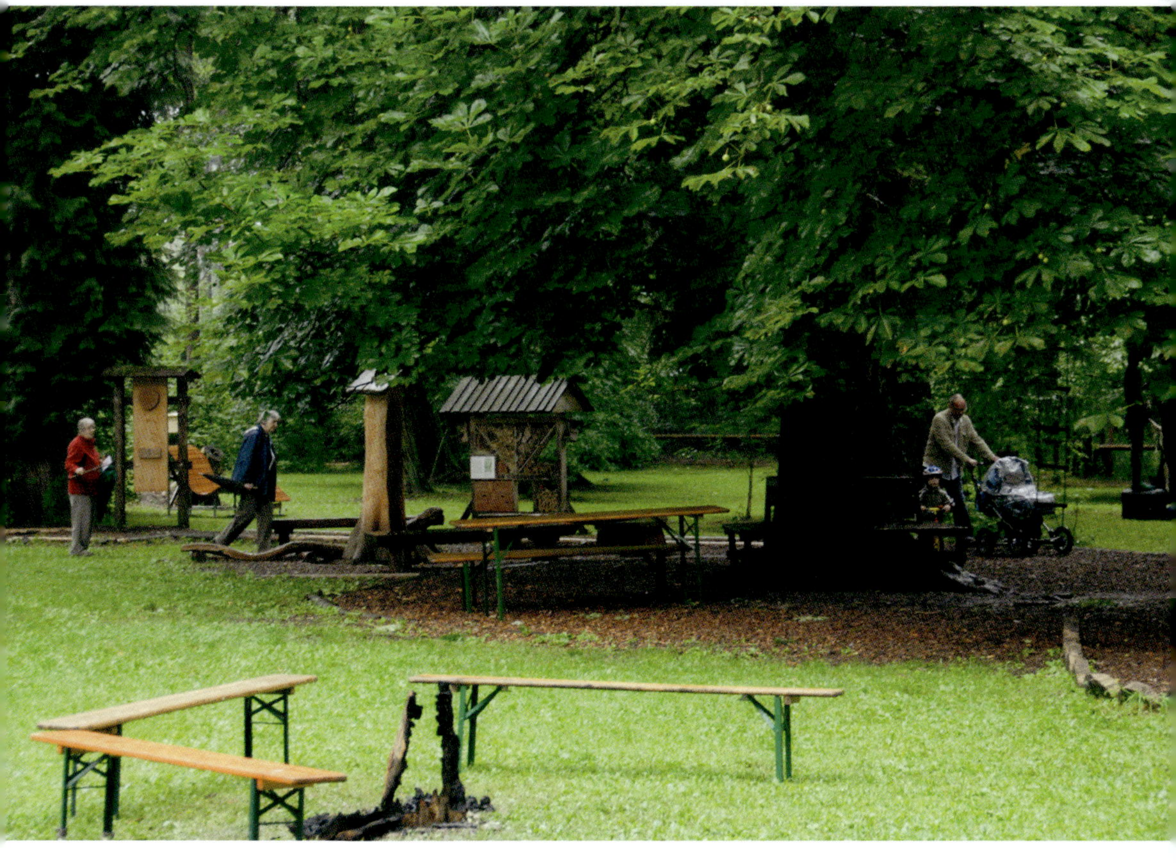

# 27 Deininger Weiher

## Moorsee mit Moorgrund

leicht | 2,4 km | 5 Hm | 0.55 Std.

**Anfahrt**
Über den Mittleren Ring B 2R in München bis zum Candidtunnel. Nicht durch diesen hindurch, sondern oberhalb über die Ampel und auf die Grünwalder Straße nach Süden abbiegen. Entlang der Straßenbahnschienen nach Grünwald und geradeaus weiter nach Straßlach. Am Ortsende links nach Großdingharting und dort links stets Richtung Deininger Weiher.

**Höhe**
590 m

**Anforderungen**
Leichter Spaziergang auf Schotterwegen

**Geeignet für**
Rolli, Laufrad, Buggy, Schlittschuhe

**Einkehr**
Waldhaus Deininger Weiher, ganzjährig geöffnet, Montag Ruhetag, Tel. 08170/998700, E-Mail: info@waldhaus-deiningerweiher.de

**Informationen**
Gemeinde Straßlach-Dingharting, 82064 Straßlach, Tel. 08170/93000, E-Mail: rathaus@strasslach.de, www.strasslach.de

**Der Moorsee Deininger Weiher im Süden von München ist sommers wie winters ein schönes Ausflugsziel mit variabler Streckenlänge. Die maximale Tiefe von nur 1,80 Metern garantiert im Sommer angenehme Badetemperaturen für Groß und Klein.**

Ausgehend vom Parkplatz im Gleißental gehen wir über den Parkplatz und durch den Biergarteneingang zum Deininger Weiher. Wir halten uns links und gehen zunächst über oder um den Abfluss des Weihers herum. Das hier abfließende Wasser versickert interessanterweise bereits nach wenigen Metern im Gleißental, einer glazialen Abflussrinne. Nach Süden, bei guter Sicht mit Blick bis zu den Alpen, gehen wir nun auf dem Schotterweg unmittelbar am Ufer des Deininger Weihers entlang. Im Sommer ist dieser gesäumt von Badegästen, im Winter gelangt man hier direkt auf die Eisfläche des zugefrorenen Sees.
Stets weiter diesem Weg folgend, erreicht man bald die ausgedehnten Schilfflächen am südlichen Seeende. Schon bald zweigt rechts ein Weg ab, der uns in nur knappen 20 Minuten zurück zum Biergarten Waldhaus Deininger Weiher führen würde. Lohnend und vor allem an schönen Sommertagen etwas ruhiger gehen wir geradeaus weiter und erreichen so nach etwa einer

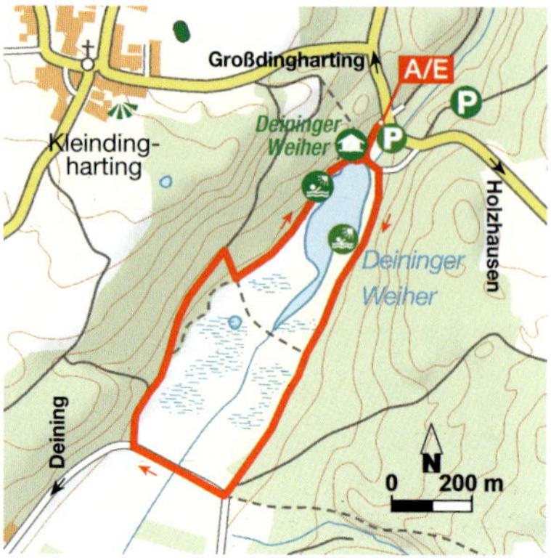


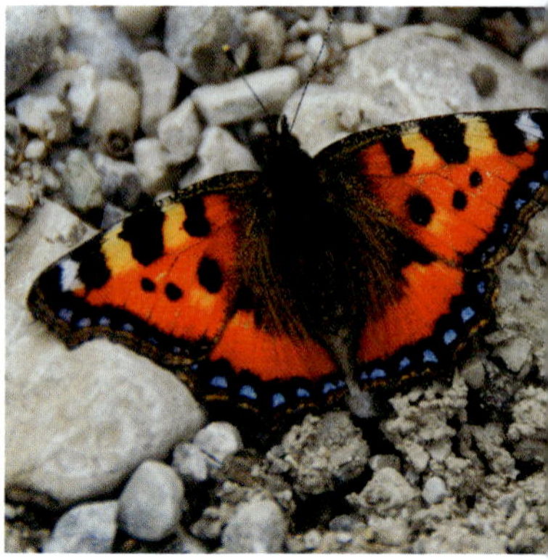

Schmetterling auf dem Weg

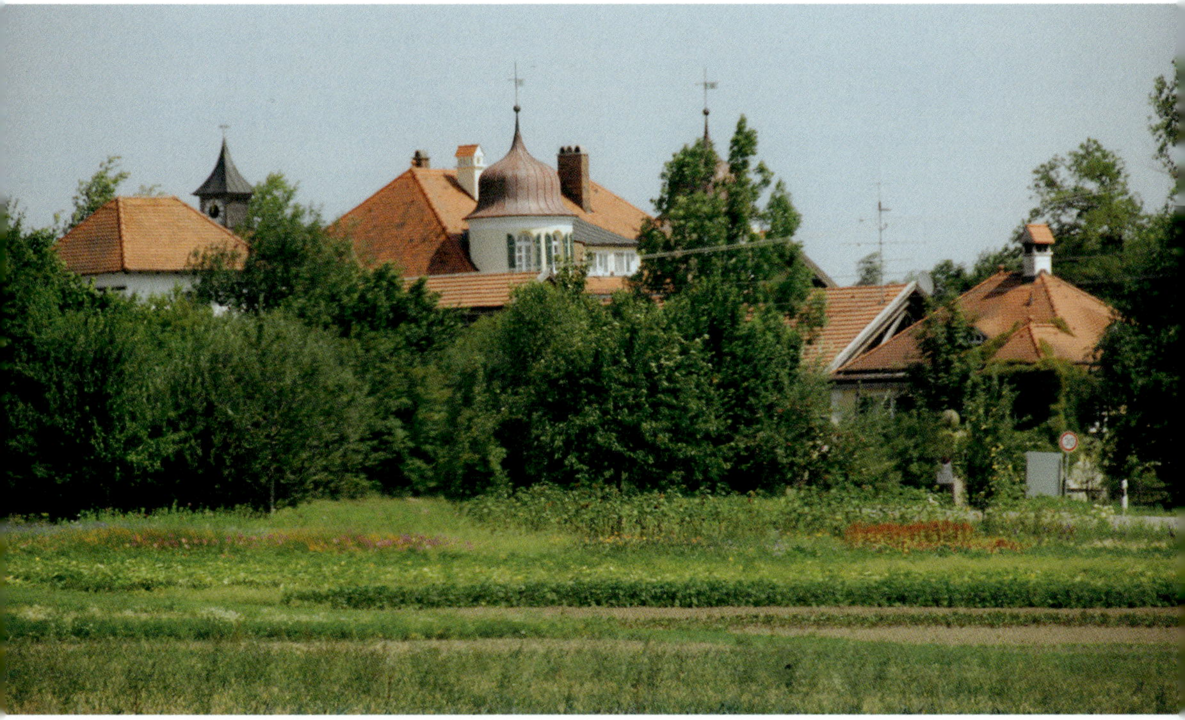

Das Bio-Gut Herrmannsdorf

die Felder und erreichen so auf etwas tieferem Geländeniveau den Ausweichparkplatz der Herrmannsdorfer Landwerkstätten. Stets geradeaus weiterschiebend, erreichen wir die Hauptstraße beim Gut Herrmannsdorf, welche wir hier überqueren, worauf wir auch schon das Ziel unserer Wanderung erreicht haben. Links können wir noch den kleinen Ferkeln und großen Muttersauen einen Besuch abstatten, bevor wir nach rechts das Hofgelände betreten. Hier warten weitere Tiere und ein kleiner Spielplatz auf die größeren Kinder, während uns Eltern der Biergarten oder eines der zahlreichen Feste des Herrmannsdorfer Jahreskreises erwarten. Auf dem Gut gibt es neben einem guten, wenn auch nicht ganz günstigen Restaurant noch einen gut sortierten Bioladen.

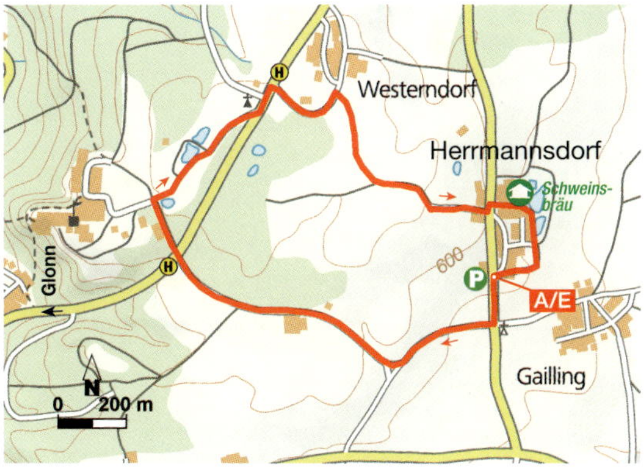


Wer den Kinderwagen noch etwas weiterschieben möchte, kann schließlich auch noch den Skulpturenweg (Infos bei den Landwerkstätten) mit zahlreichen kunstvollen Werken begehen.

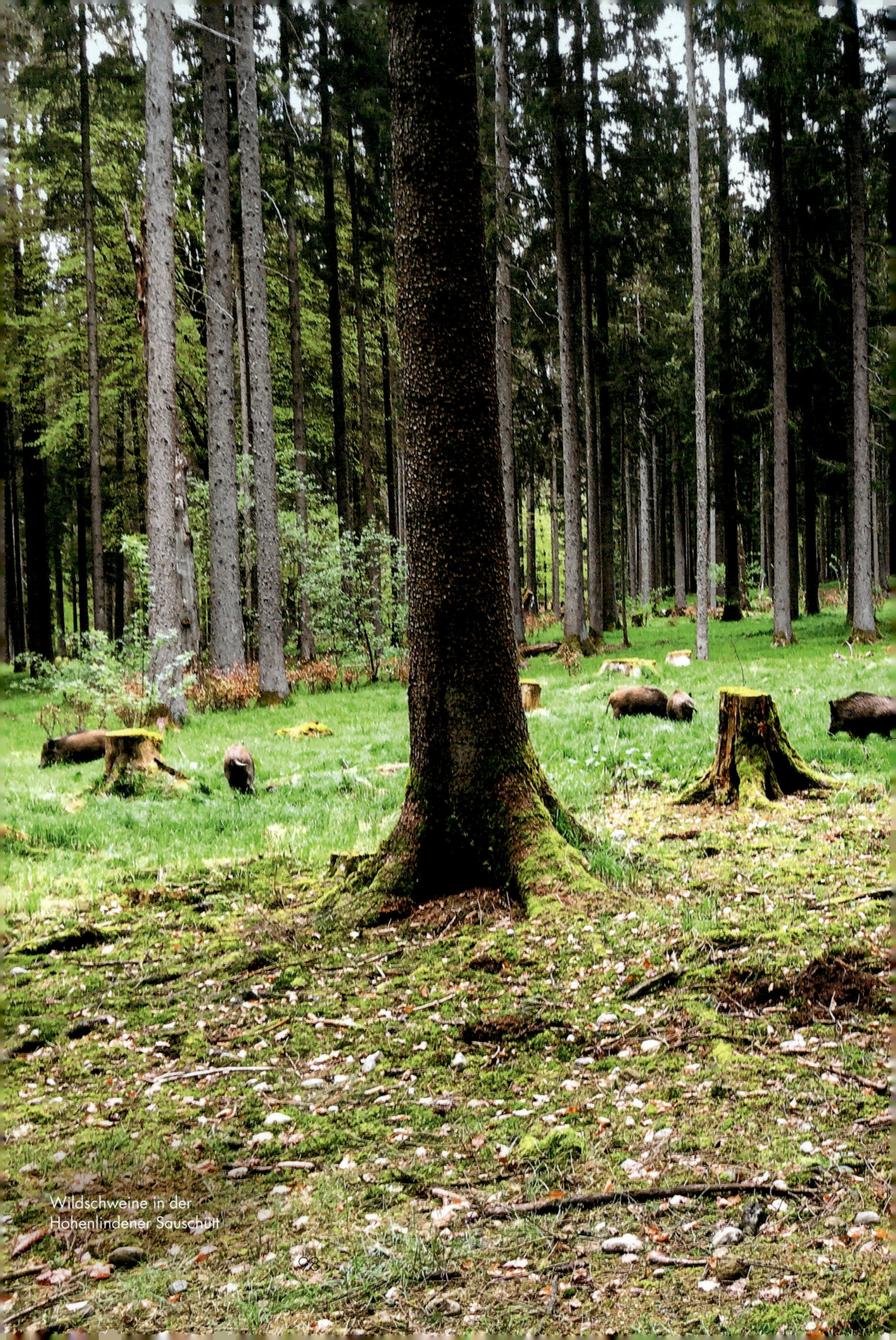
Wildschweine in der Hohenlindener Sauschütt

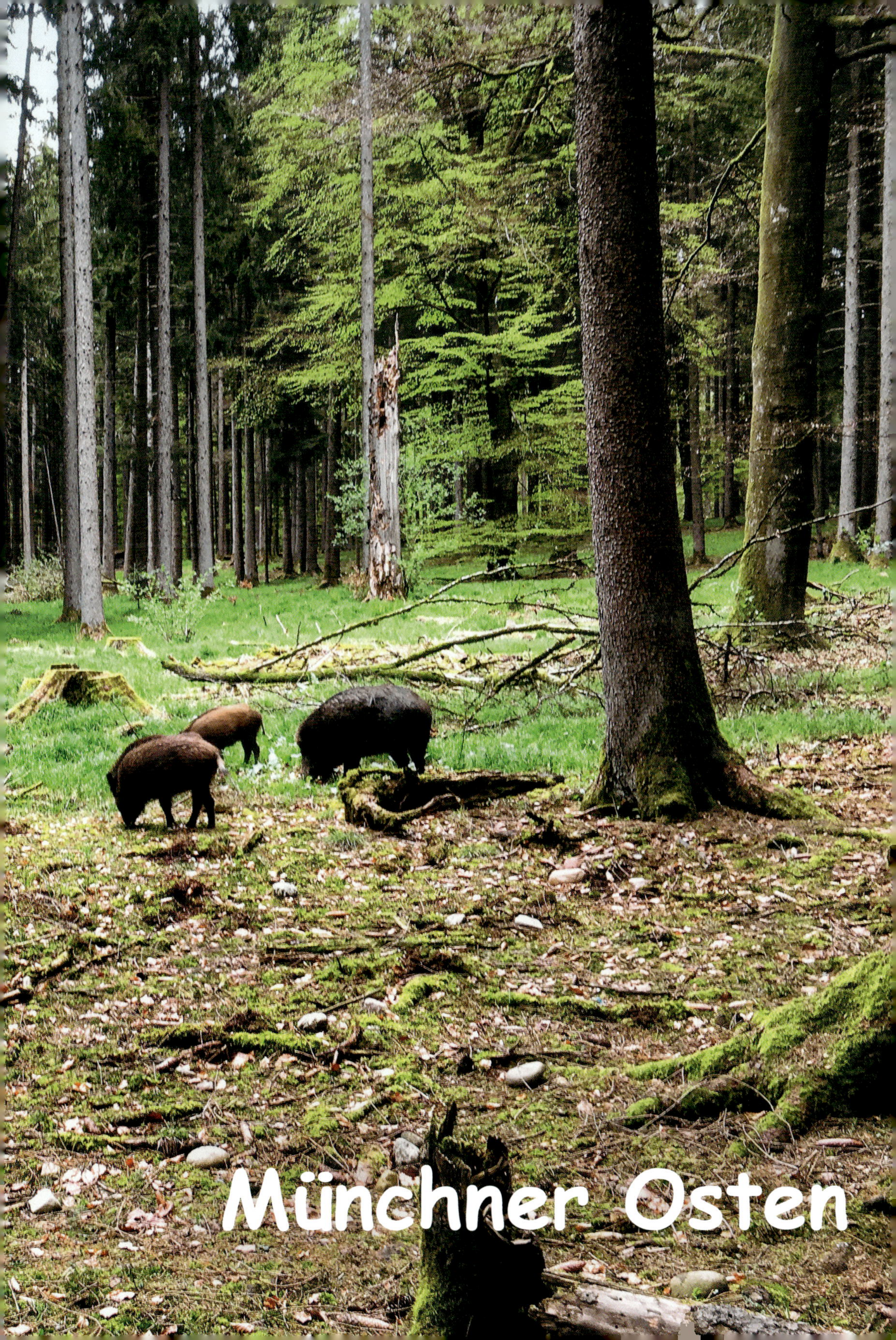
Münchner Osten

# 30 Zur Wolfmühle

## Bio-Einkaufen und Biergarten

leicht | 3,9 km | 0 Hm | 1.15 Std.

**Anfahrt**
Über die A 94 München–Passau bis Ausfahrt Forstinning und dann links auf der St 2080 nach Markt Schwaben. Nach gut 2 km rechts auf den Parkplatz des Sportgeländes.

**Höhe**
505 m

**Anforderungen**
Sonniger Spaziergang auf ruhigen Straßen und Schotterwegen

**Geeignet für**
Rolli, Laufrad, Buggy

**Einkehr**
Biergarten Wolfmühle, geöffnet von April bis Oktober an Sonn- und Feiertagen, Tel. 08121/3334, www.wolfmuehle.de

**Informationen**
Markt Schwaben, Schloßplatz 2, 85570 Markt Schwaben, Tel. 08121/4180, E-Mail: poststelle@markt-schwaben.de, www.markt-schwaben.de

**Die Wolfmühle, eine Mühle für Bio-Getreide, die seit Generationen von der Familie Löffl geführt wird, wurde in den vergangenen Jahren um einen Bio-Hofladen und ein Gartencafé erweitert. Idyllisch sitzt man direkt am Mühlenbach oder im Mühlengarten und beobachtet die Kinder beim Spielen.**

Wir starten unsere Tour am Parkplatz beim Sportgelände und gehen zum Ende des Parkplatzes bzw. zum Eingang des Sportheimes. Hier lockt im Sommer ein Badeweiher und gleich danach ein kleiner Spielplatz zum Baden und Spielen. Wir gehen auf dem Kiesweg am Weiher entlang und folgen dem Weg dann zwischen Sportplätzen und Tennisanlagen hindurch. Bei der T-Kreuzung geht es nach rechts und nach knapp 100 Metern über ein breites Holzbrücklein. Um mit dem Kinderwagen auch gleich die schwierigste Passage zu überwinden, gehen wir hier nach links. So richtig schwierig ist der Weg eigentlich gar nicht – es handelt sich lediglich um einen etwas unebenen, teilweise mit Gras bewachsenen Feldweg. Schon kurz darauf erreicht man eine Schotterstraßen-Kreuzung und geht nun nach rechts auf der breiten, im Sommer durchaus heißen Straße. Nach einer scharfen Rechtskurve geht es wenige Meter durch ein kleines Wäldchen und anschließend an einem einsamen Anwesen entlang. Der Weg macht eine leichte Linkskehre und schon steuern wir direkt auf den Ferienhof Heller (Urlaub auf dem Bauernhof) bzw. die ehemalige Kressiermühle zu. Über eine Brücke und den ehemaligen Mühlbach erreichen wir den Hof, welchen wir geradeaus bzw. leicht

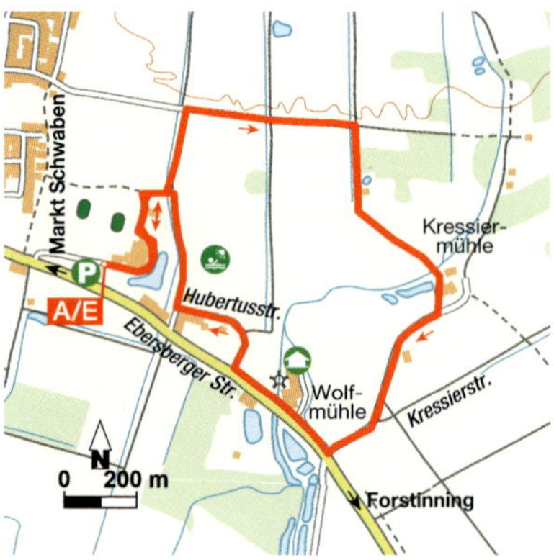

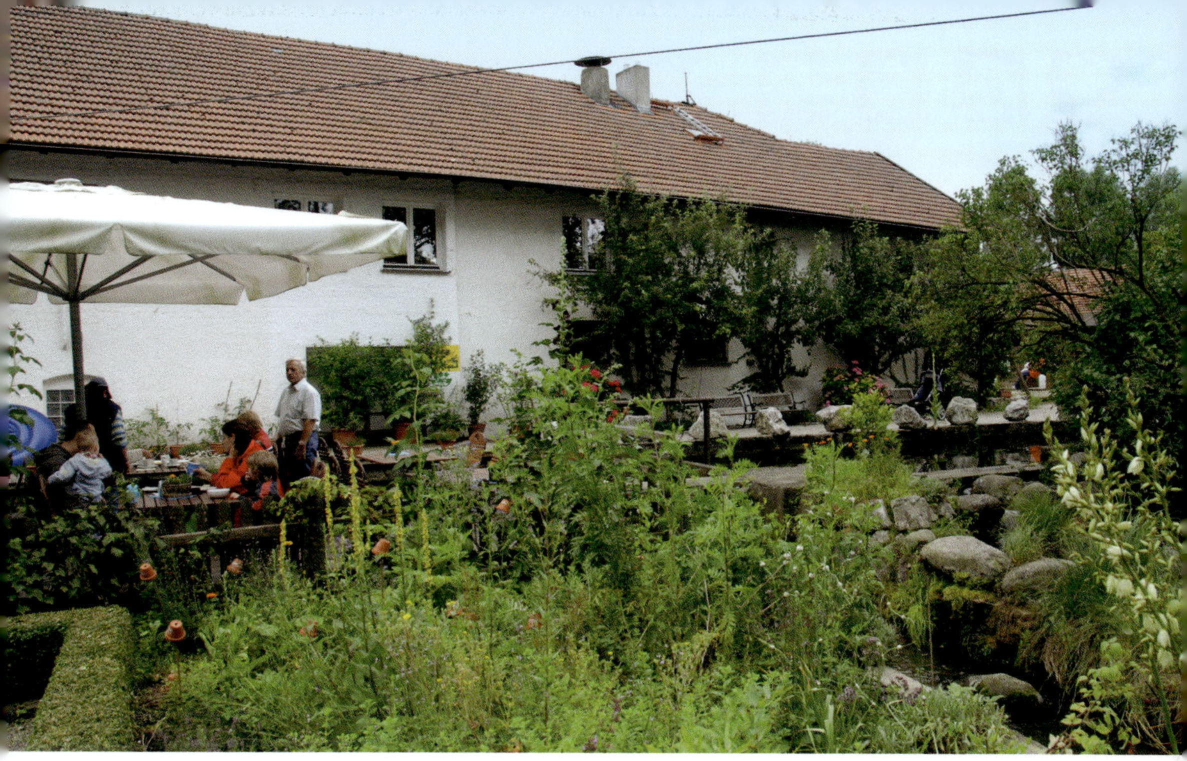

Uriger Biergarten mit leckeren Bio-Kuchen

rechts haltend tangieren, um uns schließlich über die Hofzufahrt zu einer Asphaltstraße führen zu lassen. Hier gehen wir rechts durch die Felder des Markt Schwabener Moores. Schon bald, nachdem von links eine weitere Straße in unsere mündet, erreichen wir die Straße, auf der wir zu Beginn von der Autobahn nach Markt Schwaben gefahren sind. Kurz vor dieser Straße geht rechts ein Fußweg zwischen Bach und Feld nach Nordwesten und führt uns nach etwa 100 Metern zur Zufahrt der Wolfmühle. Hier biegen wir nach rechts in den Hof und »parken« die großen Kinder am Glockenturm des Spielplatzes, während wir am Mühlenbach entlang zum Gastgarten gehen. Nun heißt es erst einmal Bio-Kuchen probieren, während die Großen am Spielplatz, beim Bach oder auf dem zweiten Spielplatz hinten im Mühlengarten toben.

Nach der Einkehr gehen wir zurück zur Hauptstraße und weiter nach rechts, um dem Fußweg noch etwa 200 Meter weiter an der Straße entlang zu folgen. Nun biegen wir nach rechts in die Hubertusstraße ein und folgen dieser um eine Linkskehre. Am Ende dieser Straße gehen wir rechts auf den Fuß- und Radweg und folgen diesem Schotterweg, bis wir schon bald wieder die Brücke bei den Sportplätzen erreichen. Nach links über die Brücke und dann nochmals nach links erreichen wir wieder die Liegewiese des Badeweihers und somit den Ausgangspunkt.

# 31 Ebersberger Alm

## Badesee und Aussichtsturm

| mittel | 5,4 km | 50 Hm | 2.10 Std. |
|---|---|---|---|

**Anfahrt**
Wasserburger Landstraße (B 304) von München über Vaterstetten und Zorneding nach Ebersberg. Nach dem Ortsanfang links in die Straße Zur Gass und in der Nähe des Gasthauses Zur Gass parken.

**Höhe**
617 m

**Anforderungen**
Einfache Wege

**Geeignet für**
Rolli, Buggy

**Einkehr**
Ebersberger Alm, ganzjährig geöffnet, Montag und Dienstag Ruhetag, Tel. 08092/2911, www.ebersberger-alm.de

**Informationen**
Rathaus Ebersberg, Marienplatz 1, 85560 Ebersberg, Tel. 08092/82550, E-Mail: info@ebersberg.de, www.ebersberg.de

**Vor knapp 100 Jahren durfte auf dem landwirtschaftlichen Anwesen auf der Ludwigshöhe unterhalb des Aussichtsturmes erstmals Kaffee und Kuchen angeboten werden. Noch heute warten beide, die Alm und der Aussichtsturm oberhalb des Klostersees, auf große und kleine Gäste.**

Wir starten unsere Tour auf der Anfahrtsstraße zum Wirtshaus Zur Gass und schieben unseren Kinderwagen rechts an diesem vorbei. Wir folgen der Straße durch die Rechtskurve, überqueren auf der kleinen Straße die Ebrach und zweigen dann die erste Straße nach rechts ab. Nach dem Seeweber-Hof gehen wir geradeaus auf dem kleineren Weg weiter über die Wiesen in den Wald hinein. Hier führt uns der Weg zunächst an einem kleinen Weiher entlang. An dessen Ende erreichen wir eine Teerstraße, der wir geradeaus auf derselben Uferseite weiter folgen. Wir passieren den Gotzler Weiher und kurz darauf sind wir am Klostersee angelangt. Am linken Ufer erreichen wir gleich die Liegewiese des Familienbades. Ist der Nachwuchs wach, drängt sich hier eine Badepause geradezu auf. Nach dieser Pause geht es auf der Teerstraße weiter am See entlang. Gleich nach dem kleinen Parkplatz beim Familienbad biegen wir in das erste Sträßchen scharf nach links und gehen gegenüber dem Eingang zum Hotel Klostersee nach rechts auf die sich schon bald zur Allee wandelnde Straße. Diese Heldenallee erinnert an jedem Baum mit einer kleinen Tafel an die Gefallenen des Ersten Weltkrieges. Schnell und ohne nennenswert Höhenmeter überwinden zu müssen, erreichen wir die Ebersberger

**Tipp**
Nicht weit weg in Grasbrunn wartet im Sommer und Herbst ein tolles Maislabyrinth.

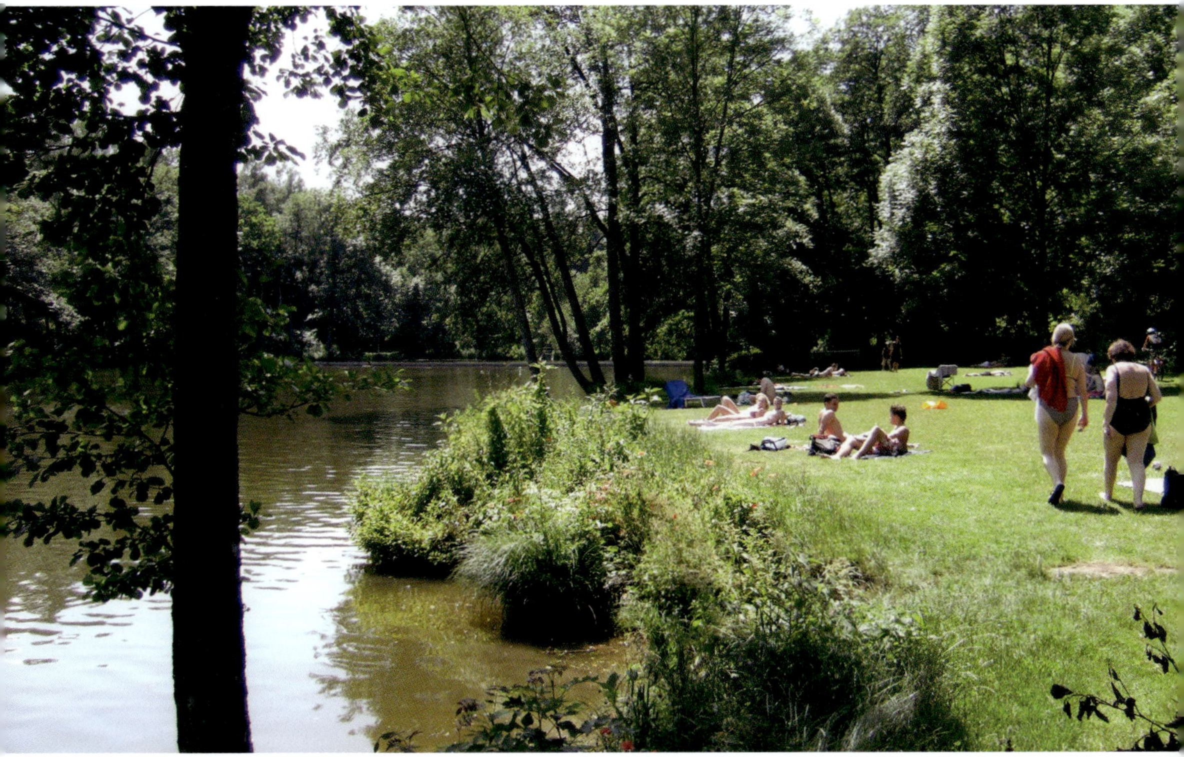

Im Sommer sind Badepausen mit Jausen die Alternative zum Sausen.

Alm und das Museum für Wald und Umwelt. Zeit für eine Rast mit Alpenpanorama und Spielpause mit Wippe und Rutsche. Nach der Einkehr gehen wir über den Parkplatz zum Museum und kurz vor dem Eingang nach rechts auf den Schotterweg; nach ein paar leicht zu überwindenden Stufen schieben wir geradeaus weiter bis zum Waldrand und dort rechts hoch über die Wiese zum Weg und nach links in den Wald. Dort rechts durch den Wald weiter – schon bald erkennt man den Weg wieder besser und nach wenigen Metern bergab hat man den Aussichtsturm erreicht.

Nach vielen Stufen und 36 Metern ist der Betonturm bezwungen und man genießt die Aussicht von der Stelle, an der schon 1873 ein Turm errichtet wurde. Nach diesem Gipfel und dem definitiv höchsten Punkt der Umgebung geht es auf demselben Weg wieder zurück zum Auto.

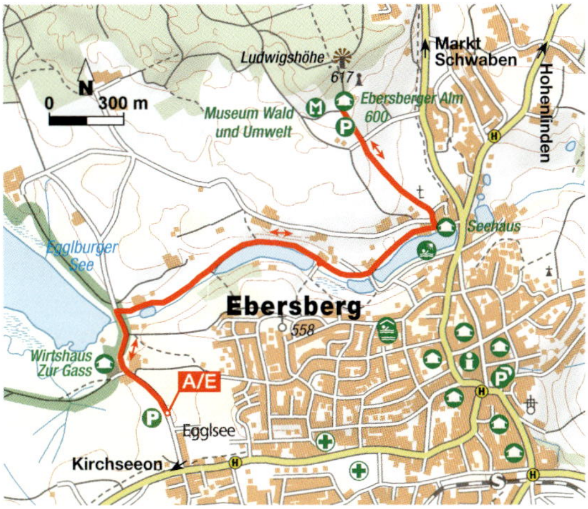

# 32 Hohenlindener Sauschütt

## Zu Besuch bei Rot-, Dam- und Schwarzwild

leicht | 2,9 km | 5 Hm | 0.55 Std.

**Anfahrt**
Über den Autobahnring (A 99) auf die A 94 und später B 12 Richtung Passau. Kurz vor Hohenlinden rechts nach Ebersberg. Nach 1 km rechts in den Wald.

**Höhe**
550 m

**Anforderungen**
Breite Waldwege

**Geeignet für**
Rolli, Laufrad, Buggy

**Einkehr**
Biergarten Sauschütt, Montag und Dienstag Ruhetag, Tel. 08124/446478, waldgaststaette-sauschuett.de

**Informationen**
Gemeinde Hohenlinden, Rathausplatz 1, 85664 Hohenlinden, Tel. 08124/53120, E-Mail: poststelle@hohenlinden.de, www.hohenlinden.de

**Einst gab es die Überlegung, im Ebersberger Forst, dem in der Region München mit Abstand größten zusammenhängenden Waldgebiet, den Neubau des Münchner Flughafens zu errichten. Die Wahl fiel damals aber auf das Erdinger Moos, sodass auch heute noch die Hohenlindener Sauschütt mit Rot-, Dam- und Schwarzwildgehegen Groß und Klein begeistert.**

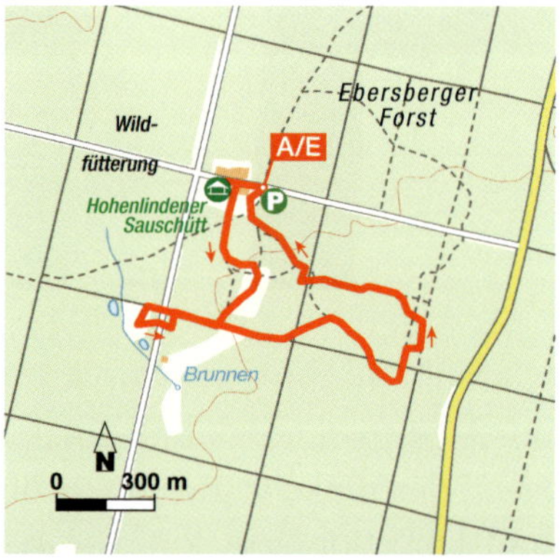


Direkt am Ende der geteerten Zufahrtsstraße zum Parkplatz bei der Sauschütt starten wir unsere wenig anstrengende Tour. Dem verlockenden Biergarten können wir dank eiserner Disziplin mühelos widerstehen, zumindest jedoch können wir uns die Einkehr für nach dem Rundweg aufheben.

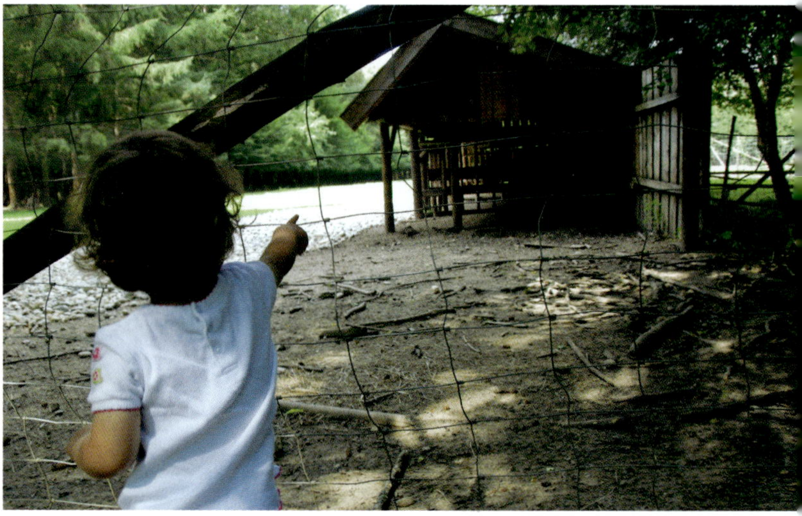

»Da« sind die Rehe.

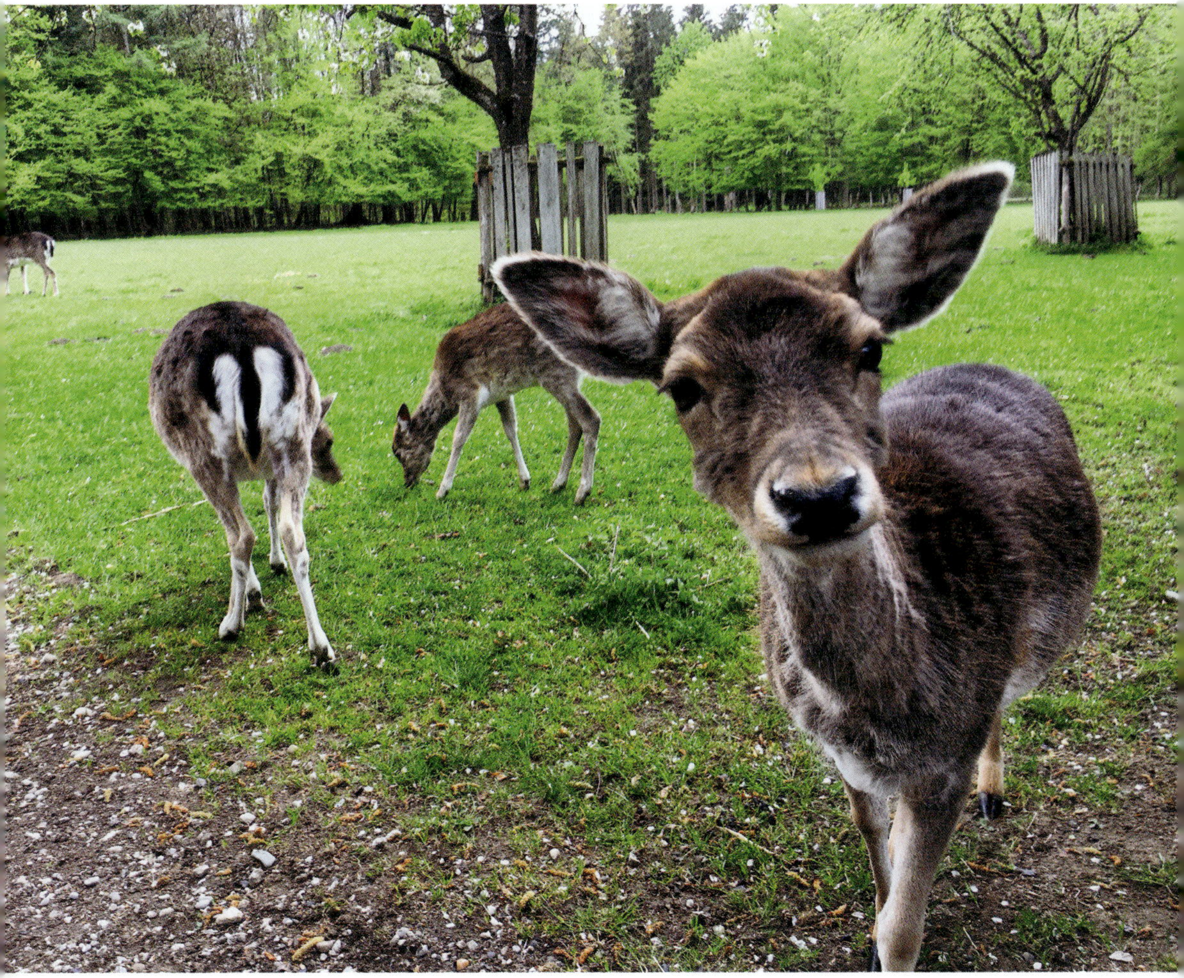

Am Zaun kommt man den Rehen ganz nah.

Einem Start in den Parcours steht somit fast nichts im Wege – wäre da nicht auch gleich neben dem Biergarten der kleine Spielplatz, der »mangels Disziplin« größerer Kinder nicht bis später warten kann. Für Stadtkinder – und sicherlich nicht nur die – beginnt auch hier schon gleich das Tiererlebnis mit dem Laufstall der Hasen mitten auf der saftigen Wiese des Spielplatzes. Die ersten Minuten sind somit geprägt vom Thema »Löwenzahn und wo man ihn am besten pflücken kann«. Hat der Spielplatz dann (endlich) seinen magischen ersten Reiz verloren, steht einem Einstieg in den Rundweg eigentlich nichts mehr im Wege – wäre da nicht das erste Gehege mit den Ziegen … Nach den Ziegen ist vor den Rehen, und somit geht es auf den nun folgenden

**Tipp**

An schönen Sommertagen kann man noch im Ebersberger Klostersee baden.

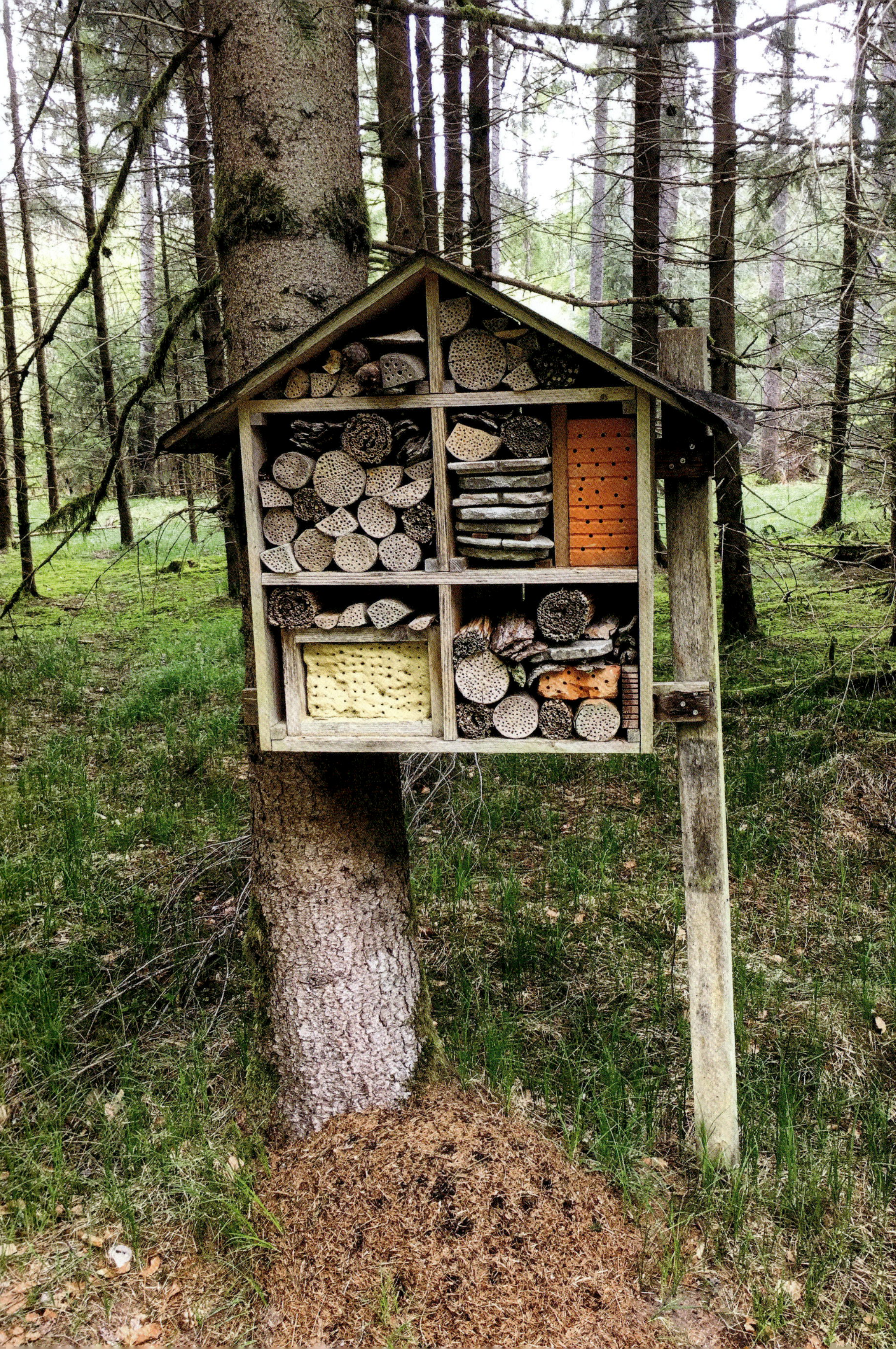

ersten Metern erst mal an diesen vorbei – schon den Kleinsten, des Zeigefingerdeutens gerade mal ein paar Tage mächtig, entfährt hier ein »Mmmm« beim Deuten auf diese eher unbekannten Geschöpfe.
Es geht angenehm schattig am Gehege entlang und vorbei an mehreren hölzernen Fernrohren, die den größeren Kindern einen gezielten Blick auf Spechthöhle, Baumpilz und andere sehenswerte Naturwunder ermöglichen. Das folgende Gehege, bei dem uns der rote Pfeil auf den Weg nach links weist, beherbergt das Schwarzwild. Der Nachwuchs des Schwarzwildes kommt nach »3 Monaten, 3 Wochen und 3 Tagen« zur Welt, zumeist zwischen März und Mai. So imposant, wie die großen ausgewachsenen Wildschweine sind, so süß sind die kleinen Frischlinge im Frühjahr, wenn sie mit der Bache durch das Gehege streifen. Der Weg wird nun kurz etwas schmäler und führt in einem kleinen Bogen durch ein paar Büsche. Gleich darauf erreicht man den Unterstand des Schwarzwildes und den hier nach rechts führenden Rundweg. Im Anschluss stößt man direkt auf die Aussichtskanzel beim großen Rotwildgehege. Der Weg führt hier nach rechts weiter und schon bald nach links (leicht zu übersehen, noch vor der großen Schotterstraße). In einem Rechtsbogen geht es schließlich am kleinen See entlang und wieder zurück zur Rotwild-Aussichtskanzel. Wer schon genug hat, geht hier wieder zurück zum Ausgangspunkt; andernfalls geht man geradeaus weiter, um noch ein paar zusätzliche Stationen des erweiterten Rundweges (z. B. Ameisen) zu passieren.

Linke Seite: Ein stattliches Insektenhotel auf dem Walderlebnispfad

Sicher begegnet man auch (eingezäunten) Wildschweinen.

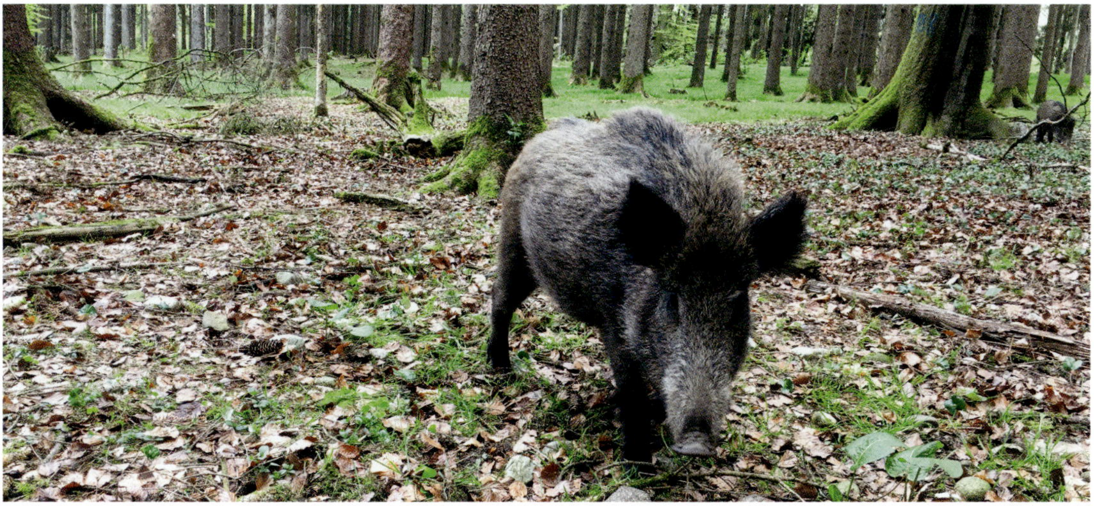

# 33 Wasserburg am Inn

## Altstadtruhe und Inn-Gewalten

leicht | 3,2 km | 75 Hm | 1.00 Std.

**Anfahrt**
Über den Autobahnring München A 99 bis zur Ausfahrt Haar und weiter über die B 304 bis nach Wasserburg. Bei der Ausfahrt Wasserburg-West die B 304 verlassen. Weiter Richtung Altstadt und stets auf der Hauptstraße halten. Die Münchner Straße geht über in die Straße Im Hag, dann über Heisererplatz, Kaspar-Aiblinger-Platz, Max-Emanuel-Platz, vor der nächsten Rechtskurve links auf den Parkplatz Am Gries.

**Höhe**
495 m

**Anforderungen**
Leichter Spaziergang mit anschließender steiler Rampe

**Geeignet für**
Rolli, Laufrad, Buggy

**Einkehr**
Zahlreiche Einkehrmöglichkeiten in Wasserburg am Inn

**Informationen**
Gäste-Information Wasserburg a. Inn, Marienplatz 2, 83512 Wasserburg a. Inn, Tel. 08071/10522, E-Mail: touristik@wasserburg.de

**Zur Abwechslung führt der heutige Ausflug einmal nicht ins Grüne, sondern in die Stadt. Zwar ist Wasserburg am Inn keine Millionenstadt wie München, aber mangelnden Charme kann man ihr, auf einer großteils vom Inn umspielten Insel gelegen und mit einer mittelalterlichen Altstadt, nicht vorwerfen.**

Wir verlassen den Parkplatz auf der der Einfahrt gegenüberliegenden Seite und erklimmen den etwa zwei Meter hohen Hochwasserdamm am Inn. Auf diesem Damm mit seinem breiten Schotterweg gehen wir nun links flussabwärts. Vorbei an zahlreichen Skulpturen führt uns der Skulpturenweg nun in einer lang gezogenen Linkskurve einmal um die Altstadt von Wasserburg herum. Schon bald passiert man den Sportplatz und anschließend die Schule. Hat man die Skulptur »Ohne Titel« des Künstlers Helmut Karow passiert, verlässt man den Damm nach links und geht geradeaus durch die Untere Innstraße in Richtung Stadtmitte. (Alternativ kann man auch geradeaus dem Inn und dem Skulpturenweg weiter folgen, der bald in den Naturwissenschaftlichen Weg übergeht.) Die Straße verengt sich kurz vor der Hauptstraße, welche wir überqueren, um durch den Roten Turm in die Flaniermeile der Altstadt einzutauchen. Wir gehen nicht rechts durch die Ledererzeile, sondern geradeaus durch die Salzenderzeile bis zum Marienplatz. Links durch die Tränkgasse würden wir wieder den Parkplatz erreichen; wir gehen jedoch rechts, um zumindest noch ein paar Höhenmeter auf dieser Tour zu erklimmen. Gleich wieder links

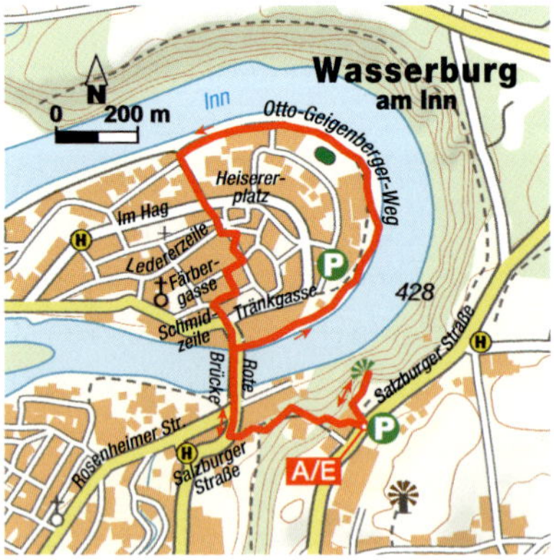

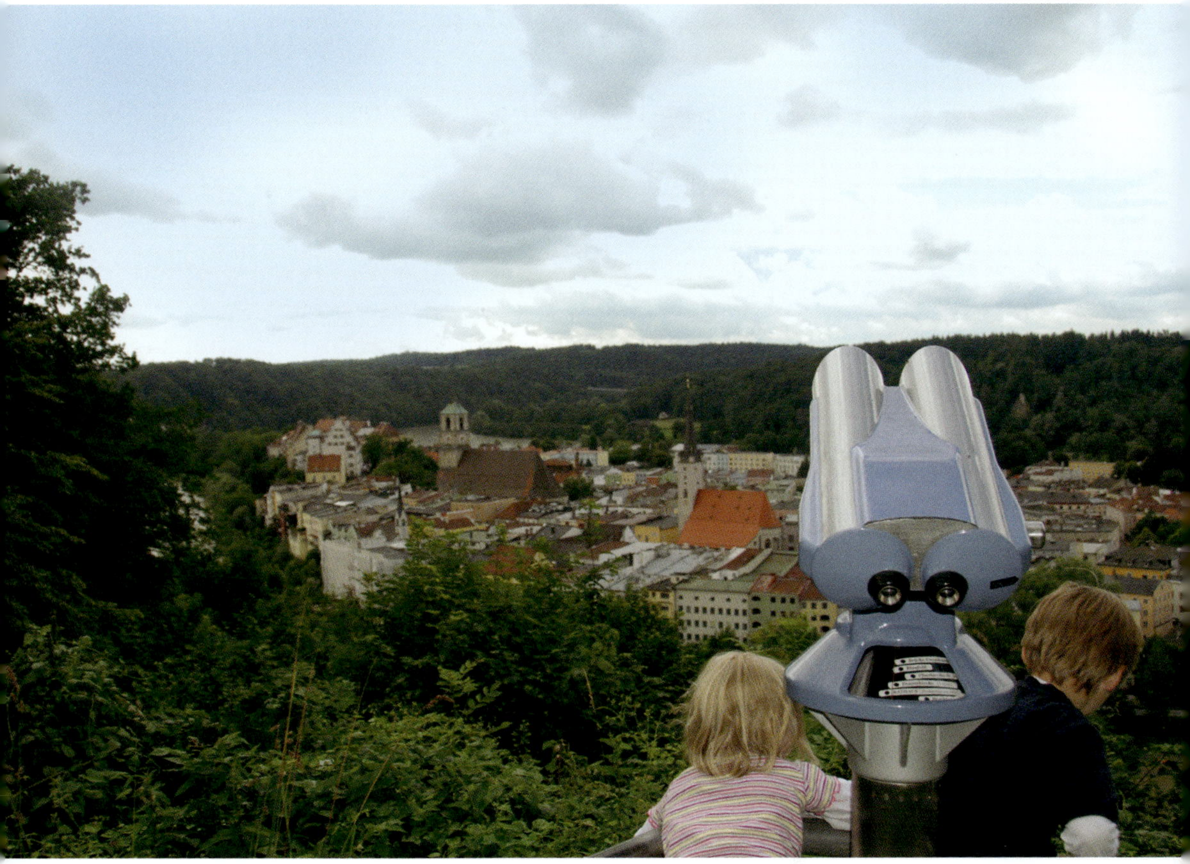

durch die Bruckgasse erreichen wir das Brucktor, durch welches früher die Salzstraße in die Altstadt führte. Die auf der Innfront zu sehende Malerei stammt aus dem Jahr 1568. Nach dem Tor überqueren wir den Inn auf der Innbrücke. Auf der anderen Uferseite gehen wir nicht sofort links in die Kellerstraße (Garagenzufahrt), sondern erst nach etwa 150 Metern links auf den Kellerbergweg. Lässt man sich von den wenigen Stufen, die hier nur zu Beginn dieses Weges das Kinderwagenschieben etwas mühsam machen, nicht abschrecken, erreicht man über diesen steilen Steig das etwa 70 Meter über der Altstadt gelegene Steilufer. Nach links führt ein kleiner Weg zur »Schönen Aussicht«, von wo man einen guten Blick über die Wasserburger Halbinsel hat.

Im Anschluss geht es auf dem Kellerbergweg wieder zurück, über die Innbrücke und rechts weiter zum Parkplatz.

Blick von der »Schönen Aussicht« über die Wasserburger Halbinsel

**Tipp**

Nach der Tour empfiehlt sich ein Abstecher ins Freizeitbad Badria mit schönem Kleinkindbereich.

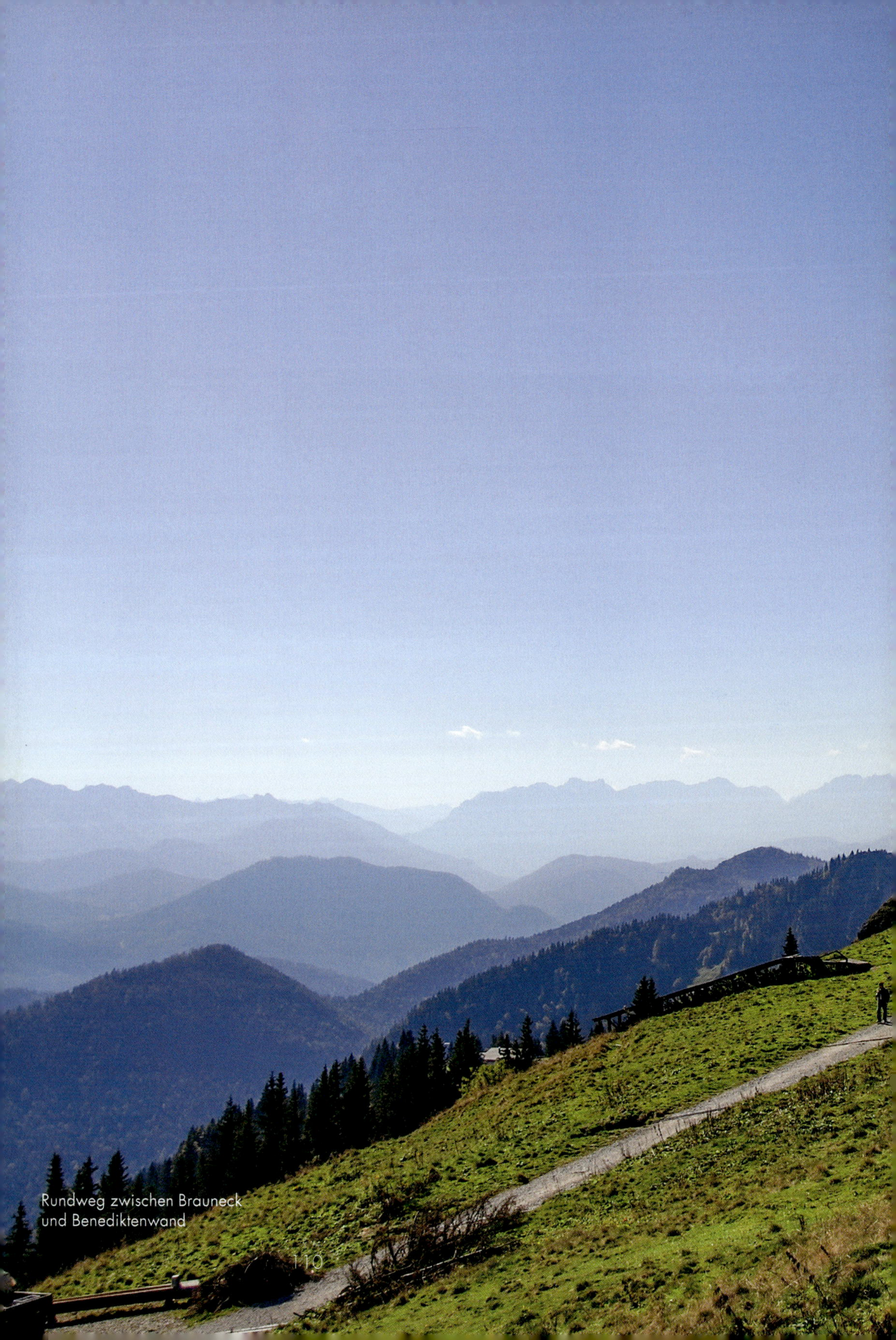

Rundweg zwischen Brauneck und Benediktenwand

# Voralpen

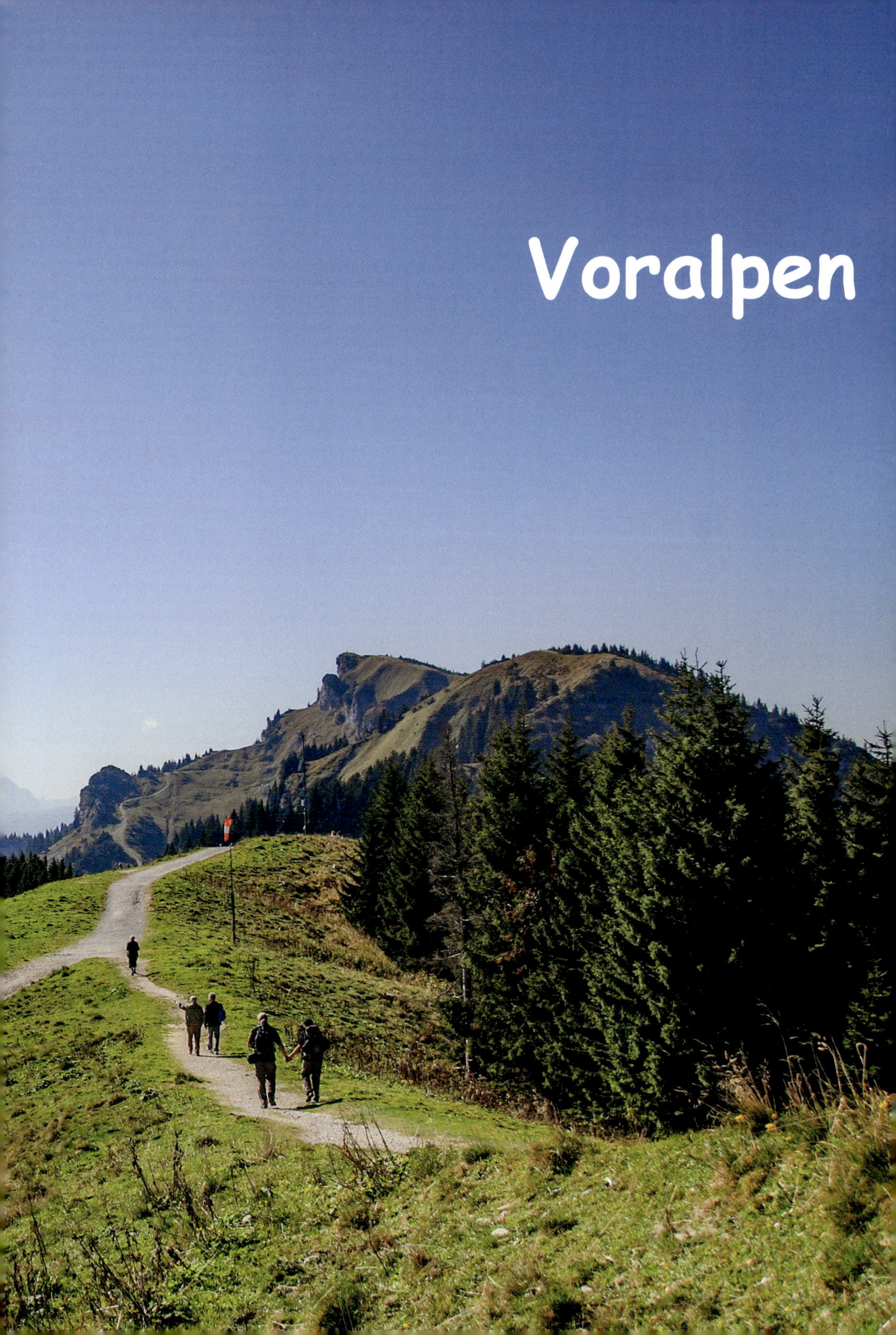

# 34 Milchrundweg Pfaffenwinkl

## Alles über Milch

| leicht | 4,1 km | 45 Hm | 2.10 Std. |
|---|---|---|---|

**Anfahrt**
A 95 München–Garmisch bis Ausfahrt 9 Peißenberg. Nach rechts und weiter über Murnau Richtung Steingaden. Nach der Echelsbacher Brücke links nach Wildsteg und rechts hoch zum Parkplatz vor der Käse-Alm.

**Höhe**
800 m

**Anforderungen**
Leichte Tour auf kleinen Teerstraßen mit kurzem Schotterabschnitt

**Geeignet für**
Rolli, Buggy, Laufrad

**Einkehr**
Schönegger Käse-Alm, April bis Oktober täglich, November bis März Freitag bis Sonntag geöffnet, Tel. 08867/7489, www.schoenegger.de

**Informationen**
Tourist-Info Rottenbuch, Tel. 08867/911018, E-Mail: tourist-info@rottenbuch.de, www.rottenbuch.de

**Im Pfaffenwinkel, also dem Gebiet zwischen Lech und Ammer, gibt es etwa 1200 Milchviehbetriebe in klassischer Voralpen-Kulturlandschaft. Nicht nur für die Stadtkinder, die vielleicht nicht recht wissen, wo die Milch eigentlich genau herkommt, sondern auch für einen malerischen Sonntagsspaziergang ist der Milchweg ein ideales Ausflugsziel.**

Vom Parkplatz vor der Schönegger Käse-Alm gehen wir gegen den Uhrzeigersinn, also zunächst nach Osten, und starten so unsere Tour auf dem Milchweg mit seinen zehn Stationen. Diese werden uns auf den kommenden 4,2 Kilometern nun das Landleben bzw. die Milcherzeugung und -verarbeitung näherbringen. Aufgrund des guten Untergrundes (Teer) und der angenehmen Länge können auch größere Geschwister mit dem Laufrad (Vorsicht: Der Weg ist nicht ohne Gefälle – das Bremsen sollten die Kleinen unbedingt schon draufhaben!) oder Kinderfahrrad mitfahren. Nach wenigen Metern erreichen wir den Parkplatz der Käse-Alm und kommen nicht umhin, uns an den Zitzen der großen Plastikkuh beim Melken zu versuchen. Gleich neben der Kuh und der ersten Station des Milchweges befindet sich die Schönegger Käse-Alm mit Ziegen, Ponys, Schweinen, Hasen und manch anderem Hofgetier. Einen Besuch der Tiere oder des kleinen Spielplatzes heben wir uns für das Ende der Tour auf. Der Weg weckt zudem bei so manchem Besucher die Lust auf einen großen Schluck aus der Milchkanne, sodass der Besuch am Ende der Tour gleich doppelt lohnt.

**Tipp**

Nach der Tour sollten Sie noch in den Schwaigsee gleich beim Wildsteg springen, mit kostenlosem Badestrand.

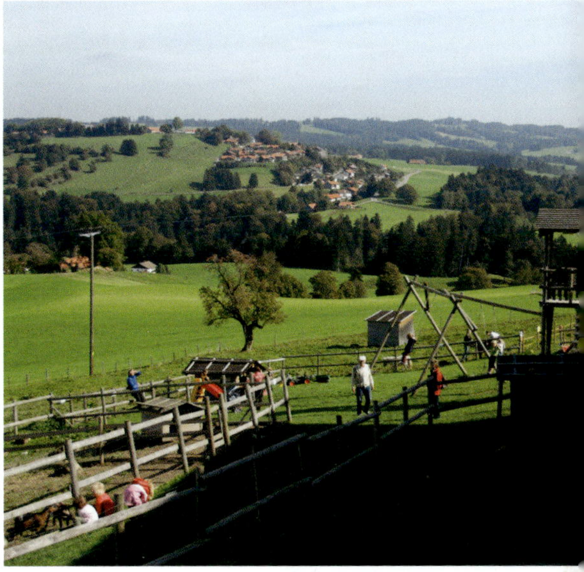

Start und Ziel der Tour bei der Schönegger Käse-Alm

Wir folgen dem Milchweg nach Norden und nun zunächst bergab. Die ersten beiden Milchstationen »Milch ist gesund« und »Der Landwirt als Energiewirt« sind schnell passiert, da steht schon bei der Station »Ziegen und Schafe« ein vergnügliches Highlight an. Auf farbig markierten Ziegenglocken können größere Kinder anhand der farbig notierten Noten ein paar Lieder auf einem Glocken-Xylofon schlagen. Man touchiert Rottenbuch, hält sich links und erreicht so die auch für Erwachsene lehrreiche Station »Vom Kalb zur Kuh« – oder hätten Sie gewusst, dass Färse die Bezeichnung für eine erwachsene Kuh, die noch kein Kalb bekommen hat, ist?

Scharf links geht es weiter zur nächsten Station »Was aus Milch gemacht wird«, wo auf die Kleinen ein Milch-Bandolino wartet. Die darauffolgende Station »Milchbauern und die Waldarbeit« ist ein kleines Highlight für die Größeren, da wenige Meter nebenan im Wald zwischen zwei Bäumen eine Tarzanschaukel gespannt ist. Die folgende Station »Die Arbeit des Bauern« begeistert mit einem etwa 1x1 Meter großen Memory. Nun geht es auf Schotter weiter zur Station »Futter und Wasser« – eine Station mit Wasserpumpe, bei der man z. B. erfährt, dass eine Kuh vier Liter Wasser trinken muss, um einen Liter Milch zu erzeugen. Für die täglichen 20 Liter Milch muss eine Kuh also unglaubliche 80 Liter Wasser pro Tag trinken. Die letzte Station auf dem Anstieg zurück zum Parkplatz, »Beste Qualität – fairer Preis«, verdeutlicht, dass die 35 Cent Milchpreis, die ein Bauer heute (Stand 2018) von der Molkerei für einen Liter Milch bekommt, nicht die Herstellungskosten von etwa 40 Cent deckt.

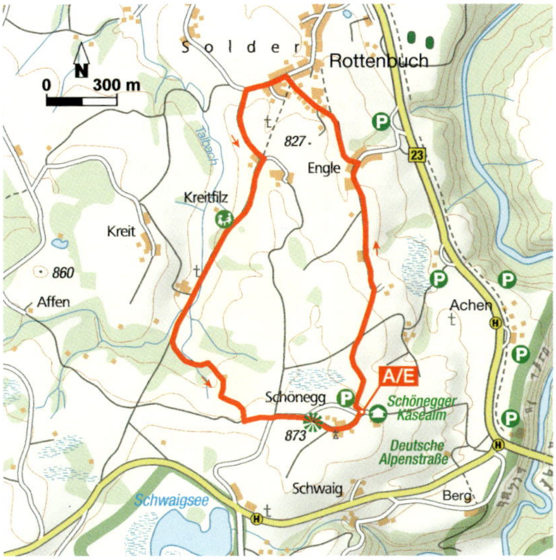


Auf der Anhöhe angekommen, geht es nun nach links zur Teerstraße und, wenn wie vermutet die Lust auf einen kühlen Schluck Milch geweckt ist, gleich weiter in den kleinen Biergarten der Käse-Alm.

# 35 Um den Katzenkopf

## Seepromenade am Walchensee

leicht | 6,4 km | 60 Hm | 1.40 Std.

**Anfahrt**
A 95 München–Garmisch bis Murnau/Kochel. Über Kochel weiter auf der B 11 und über Urfeld bis nach Walchensee. Kurz nach dem Ortsende links der Abzweigung zum Campingplatz folgen und nach etwa 80 m direkt am See parken.

**Höhe**
800 m

**Anforderungen**
Flache Tour, ideal auch fürs Laufrad

**Geeignet für**
Rolli, Buggy, Laufrad

**Informationen**
Tourist-Info Walchensee, Ringstr. 1, 82432 Walchensee, Tel. 08858/411, E-Mail: info@walchensee.de, www.walchensee.de

**Die Tour um den Katzenkopf, meist unmittelbar am Ufer des Walchensees, führt uns zunächst eben zum derzeit leider geschlossenen Gasthof Einsiedl. Hier geht es dann etwas mühsam über die 60 Höhenmeter des Katzenkopfes zurück zum Parkplatz.**

Der Walchensee, ein von nur mühsam zu bezwingenden Bergen umgebener Bergsee – wenn man von einer Auffahrt mit der Herzogstandbahn einmal absieht –, bietet für einen Kinderwagen- oder Laufradausflug einen grandiosen seetypischen Vorteil: Am Ufer ist es flach wie sonst nur in Norddeutschland, wobei man sich zugleich inmitten eines eindrucksvollen Bergpanoramas befindet. Der ansatzweise mit dem Gardasee vergleichbare Walchensee teilt dessen trauriges Schicksal einer viel befahrenen Straße in unmittelbarer Ufernähe! Gottseidank führt diese aber nicht komplett um den See herum, was uns Spaziergängern auf der Zwergern-Halbinsel am Südwestzipfel einen für den Verkehr gesperrten, aber asphaltierten Uferweg bietet, der sich herrlich für leichte Spaziergänge mit dem Kinderwagen oder Laufrad eignet.

**Tipp**
Interessant ist ein Abstecher zum Besucherzentrum beim Walchenseekraftwerk.

Vom Parkplatz wandern wir auf der Teerstraße weiter Richtung Campingplatz zunächst nach Süden. Am Ende des Sees folgen wir der Straße durch eine große Linkskurve zur Einfahrt zum Campingplatz und an dessen Zaun entlang. Viel falsch machen kann man nun nicht mehr – es geht stets der Straße folgend an so mancher einladender Bank am See entlang und zunächst am Klösterl vorbei. An schönen Tagen kann man kurz darauf die Kitesurfer bewundern, bevor es ab der Ansiedlung Zwergern über

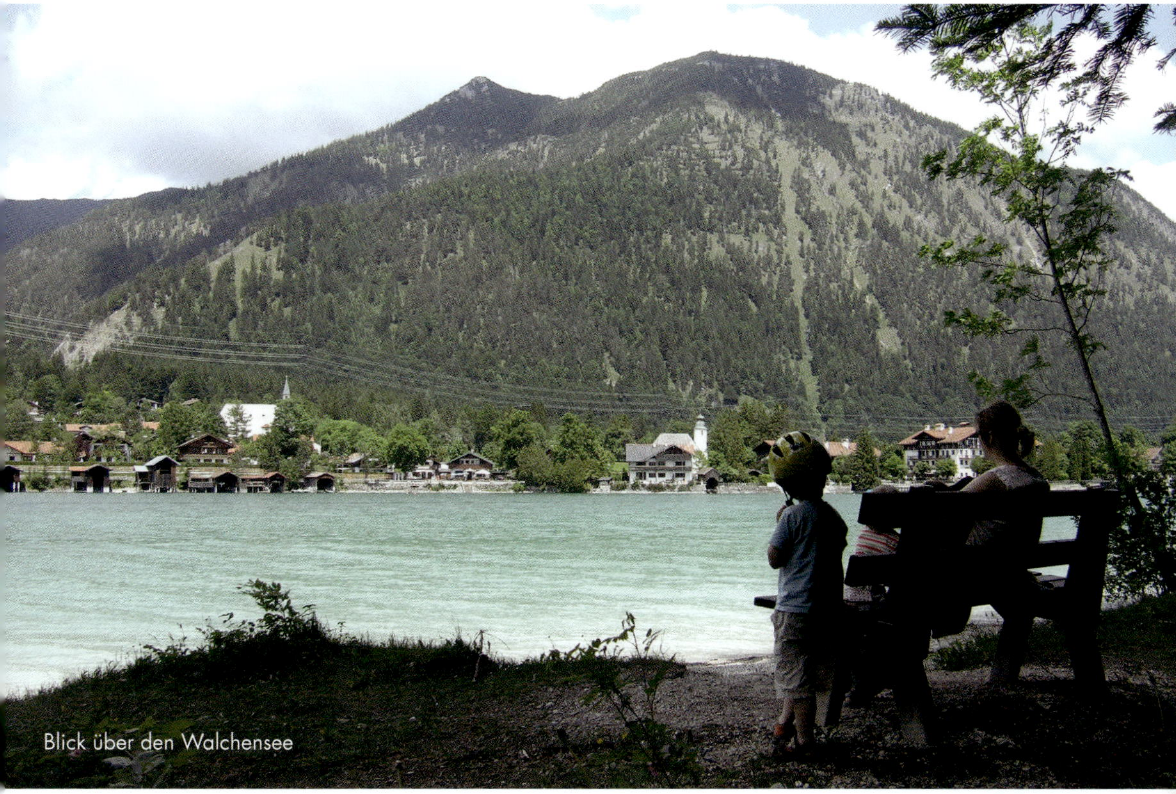

Blick über den Walchensee

saftige Wiesen nach Süden geht. Die Hälfte der Tour ist geschafft und man folgt stets der Straße – nun etwas abseits des Ufers –, bis man zwangsläufig direkt am derzeit geschlossenen Gasthof Einsiedl ankommt. Will man den kleinen Strand und eventuell sogar den Bootsverleih nutzen, empfiehlt sich die Mitnahme der üblichen Badeutensilien.

Nach der Rast geht man wieder etwa 300 Meter zurück und zweigt dann auf die Schotterstraße nach links bergauf Richtung Campingplatz ab. Man überquert den Katzenkopf und erreicht den Katzenkopf-Skilift. Gleich nach dem Lifthäuschen geht man links auf den Fußweg und erreicht so wieder die Teerstraße bei der Campingplatz-Einfahrt. Nach links auf der Straße geht es wieder zurück zum Auto.

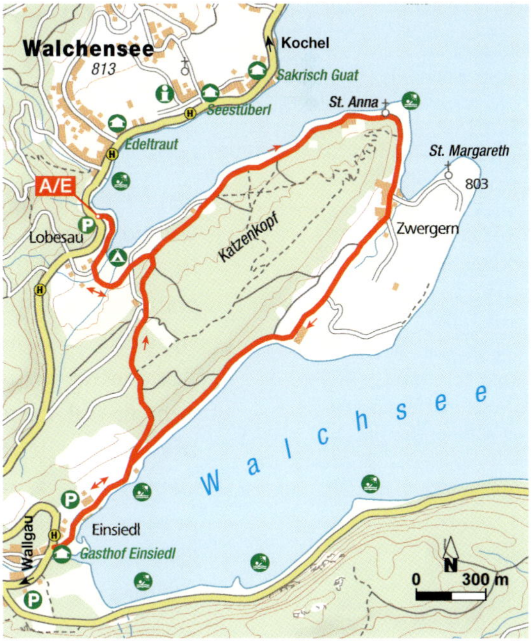

# 36 Rundweg am Brauneck

## Münchens Hausberg par excellence

| mittel | 3,5 km | 85 Hm | 1.15 Std. |
|---|---|---|---|

**Anfahrt**
Auf der A 8 München–Salzburg bis Ausfahrt Holzkirchen. Weiter Richtung Bad Tölz und in Bad Tölz Richtung Achensee und Lenggries. In Lenggries zum ausgeschilderten Parkplatz der Brauneck-Bergbahn.

**Höhe**
1556 m

**Anforderungen**
Breite Schotterwege mit traumhaftem Panorama

**Geeignet für**
Rolli, Buggy, Laufrad (nur bis Tölzer Hütte)

**Einkehr**
Tölzer Hütte, täglich geöffnet, ganzjährig bewirtschaftet, Tel. 08042/87 32, www.toelzerhuette.de; Quenger Alm, täglich geöffnet, ganzjährig bewirtschaftet, Tel. 08042/29 34, www.quenger-alm.de

**Informationen**
Gästeinformation Lenggries, Rathausplatz 2, 83661 Lenggries, Tel. 08042/501 80, E-Mail: info@lenggries.de, www.lenggries.de.

**Der Brauneckgipfel (1556 m) oberhalb der Bergstation der Brauneck-Seilbahn (1520 m) ist ein Ausläufer der Benediktenwand etwa 700 Meter über Lenggries. Zwischen Loisach und Isar ist dies ein nicht nur für Münchner dank der Bergbahn sehr leicht zu erreichendes Höhenziel.**

Auf dem Parkplatz an der Talstation der Brauneck-Bergbahn halten wir uns zielstrebig Richtung Umlaufkabinenbahn. Die Bullcarts und sonstigen Vergnügungsangebote am Fuße des Braunecks ignorieren wir geflissentlich. Mit der Familienkarte zu 48 Euro (Stand: 2019) für eine gemeinsame Berg- und Talfahrt geht es dann zügig statt schweißtreibend bis fast zum Brauneckgipfel. Schon bei der Auffahrt genießt man Meter für Meter die immer berauschender werdende Aussicht. Im Gegensatz zu manch anderer bayrischer Umlaufkabinenbahn ist die zum Brauneck zwar auch nicht die neueste, aber immerhin hat man das Gefühl, die Moderne hätte hier zumindest eine gewisse Färbung hinterlassen.

**Tipp**
Nach der Tour lohnt ein Besuch des Erlebnisbades Isarwelle in Lenggries.

In der Bergstation angekommen, teilt sich nun das Wandervergnügen in die beiden Varianten Kinder-im-Wagen-Schieber und Kinder-auf-dem-Rücken-Trager.

Alternative 1 für Schieber: Nur ein bis zwei Meter nach oben geht es auf dem rechten breiten Schotterweg gen Westen. Der Blick schweift nach Süden mit Fernblicken von Zugspitze bis Großglockner. Stets diesem breiten, gut fahrbaren Weg folgend, geht es fast flach in etwa 30 Minuten hinüber zur ersten Hütte (Tölzer Hütte) der »Höhenpromenade«. Wer sich nun nicht noch weitere 40 Minuten steile Ab- und Aufstiege mit dem Kinderwagen antun will, tut gut daran, es hier für heute gut sein zu lassen und bei einem kühlen Getränk Tag und Aussicht zu genießen. Nur für die wirklich (!) schiebeerprobten Bergsteiger geht es dem breiten Weg folgend hier weiter – zunächst kurz, aber steil bergab – über die Quenger Alm zur kurz darauf folgenden Strasser Alm. Nun heißt es ordentlich Kinderwagenstemmen, denn zur Stie-Alm sind einige steile Höhenmeter zu überwinden.

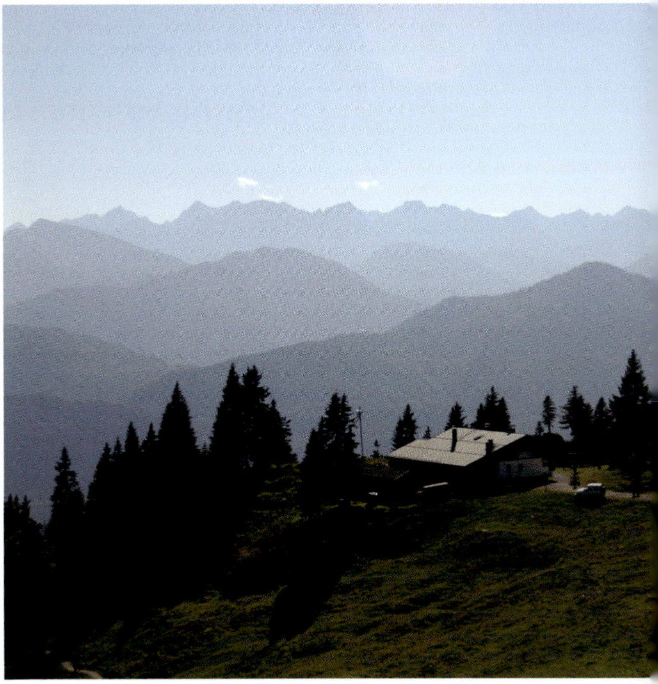

An schönen Tagen ist es oben traumhaft …

Alternative 2 für (geländegängige) Kinderwagen und Rückentrager: Hat man den Kinderwagen an der Talstation oder Bergstation geparkt und den Nachwuchs auf den Rücken geschnallt, geht man von der Bergstation hoch zum Brauneck-Gipfelkreuz und dort oben auf dem breiten Weg nach Westen. Man passiert auf dem »Kleinen Höhenweg« den Startplatz der Gleitschirmflieger und biegt dann kurz vor dem Schrödelstein nach links auf den schmalen Steig ein, der zur Tölzer Hütte führt. Nach weiteren zehn Minuten hat man die Quenger Alm erreicht. Nach der Einkehr geht man wieder wenige Meter nach oben und biegt dann nach rechts durch den Wald auf den schmalen Weg »Zur Bergstation« ab.

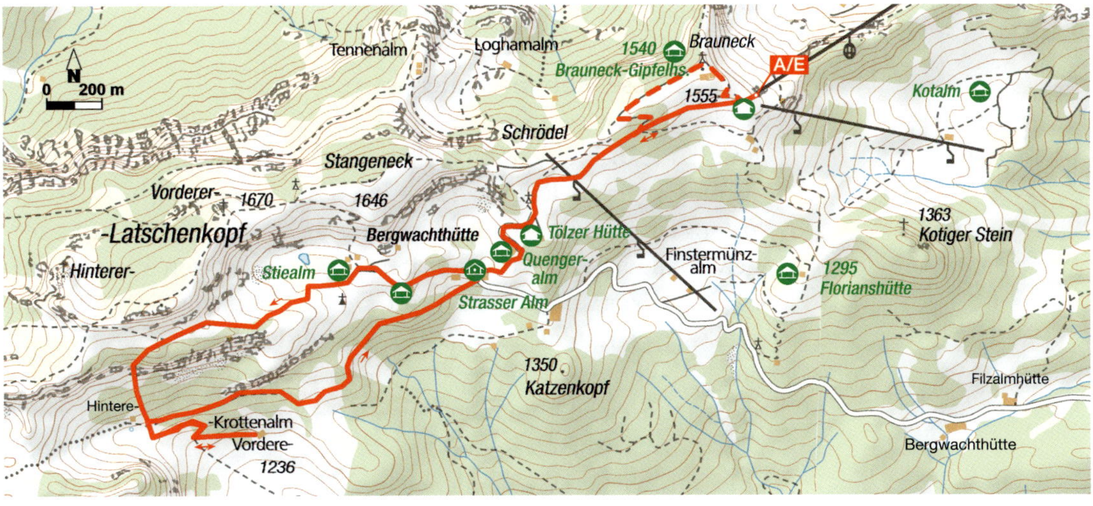

# 37 Albert-Link-Hütte

## Herrliche Rundtour ab dem Spitzingsee

| leicht | 4,5 km | 45 Hm | 0.55 Std. |
|---|---|---|---|

**Anfahrt**
A 8 München–Salzburg bis Ausfahrt Weyarn. Über Miesbach und Schliersee nach Neuhaus. Kurz nach Neuhaus rechts bergauf zum Spitzingsattel und am Spitzingsee entlang bis zum (gebührenpflichtigen) Parkplatz bei der Kirche links der Straße.

**Höhe**
1053 m

**Anforderungen**
Leichte Tour überwiegend auf Teerstraßen (für Kfz gesperrt)

**Geeignet für**
Rolli, Buggy, Laufrad, Rodel, Schlittschuhe

**Einkehr**
Albert-Link-Hütte, ganzjährig geöffnet, Montag Ruheag, Betriebsferien im April und November, Tel. 08026/712 64, E-Mail: info@albert-link-huette.de, www.albert-link-huette.de

**Informationen**
Gäste-Information Schliersee, Bahnhofstr. 11a, 83727 Schliersee, Tel. 08026/606 50, E-Mail: tourismus@schliersee.de, www.schliersee.de

**Die Albert-Link-Hütte des Alpenvereins München-Oberland mit ihrem Holzofen und den davor aufgereihten, frisch gebackenen Broten begeistert sommers wie auch winters.**

Der Weg zur Hütte ist eigentlich zu jeder Jahreszeit mit dem Kinderwagen zu bewältigen, als Rundtour jedoch nicht im Winter. Wir verlassen den Parkplatz und schieben den Kinderwagen nach links an der Kirche vorbei zum Südende des Spitzingsees. Dort gehen wir zur Schranke, die die Teerstraße ins Valepp für den allgemeinen Verkehr sperrt. Polts Spruch direkt an der Schranke »Ein Paradies ist immer da, wo einer aufpasst, dass keiner hineinkommt« ist für die leider durchgehend geteerte Straße und das Valepp zwar hoch gegriffen, zaubert aber doch ein Schmunzeln auf das Gesicht von jedem, der hier vorbeigeht.

**Tipp**
Den Spitzingsee kann man auch mit Kinderwagen umrunden.

Die nun schon mehrfach erwähnte Teerdecke erlaubt sowohl den Kinderwagen schiebenden Eltern als auch größeren Geschwistern mit ihrem Laufrad ein leichtes Vorankommen, zumal die Straße ab hier stets sanft bergab führt – zum Anfahren-Üben ideal, zum Radeln etwas weniger. Die Breite der Straße kann, wenn man nicht an einem sonnigen Hochsommertag unterwegs ist, der hier zahlreiche Mountainbiker und Wanderer anlockt, komplett für waghalsige Manöver ausgenutzt werden. Nach etwa 20 bis 25 Minuten sieht man schon rechts, inmitten der saftig grünen oder idyllisch schneebedeckten Wiesen, die Albert-Link-Hütte des Deutschen Alpenvereins liegen. Noch ein paar Meter und man zweigt rechts auf die Schotterstraße ab, die über das Flüsschen Rote Valepp und anschließend wenige Meter ansteigend zur Hütte führt.

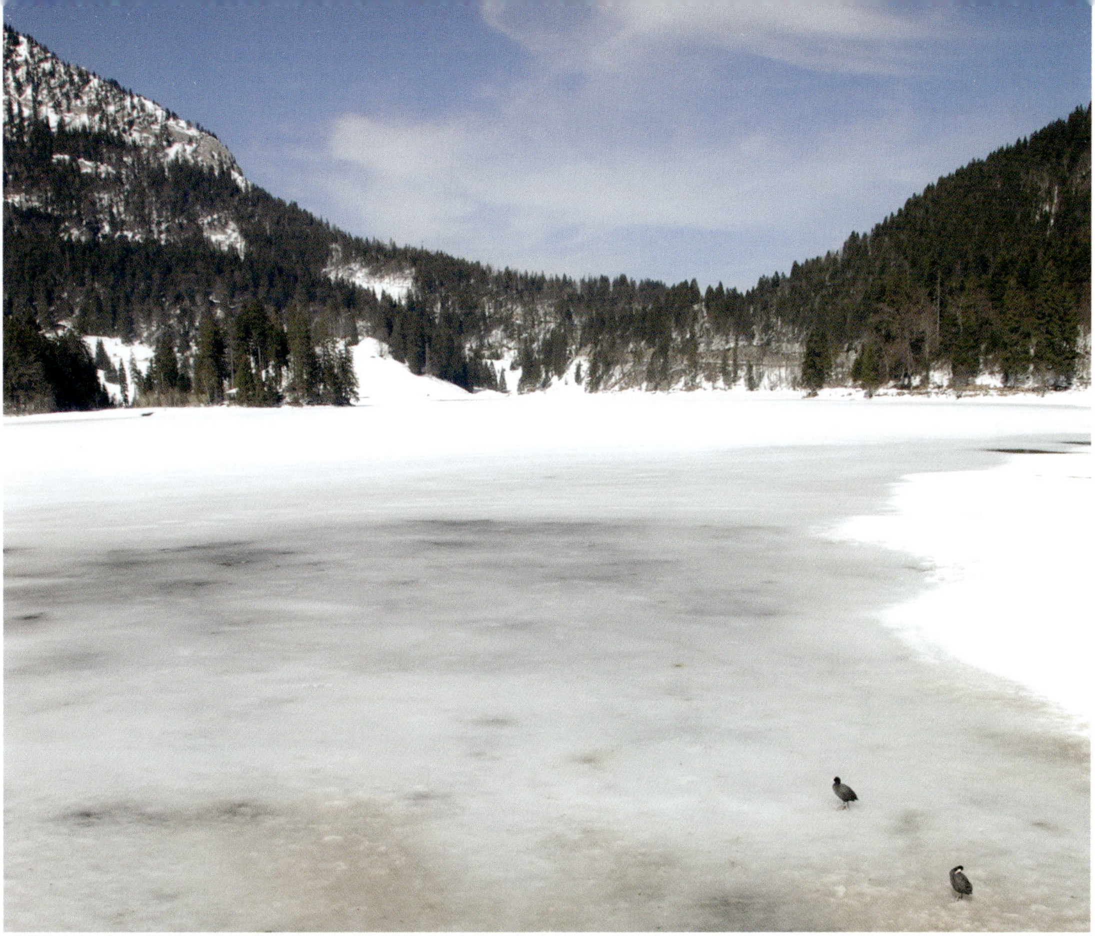

Ein lohnenswertes Ganzjahresziel: der Spitzingsee

Um die Treppenstufen zu umfahren, folgt man der Schotterstraße und geht so von hinten auf das Haus zu. Man passiert dabei noch den Holzofen, bevor man die Sonnenterrasse erreicht, und stimuliert auf diese Weise schon vor dem Studium der Speisekarte mit dem Duft frisch gebackener Holzofenbrote den Appetit. Ein Klassiker und Tipp, den man nicht verpassen sollte, ist hier der Kaiserschmarrn. Die Schaukel, der nahe Bach und die Wiesen rund um die Hütte verkürzen spürbar die Wartezeit für die Kleinen.

Im Winter erfolgt der Rückweg auf der gleichen Strecke. Im Sommer folgt man dem Weg über die Wiesen nach Westen auf den Stolzenberg zu und erreicht so eine Wegkreuzung, bei der man nach rechts spaziert. Schon bald geht es unter dem Skilift hindurch und man erreicht kurz darauf eine Teerstraße, die zurück zum Südufer des Spitzingsees führt.

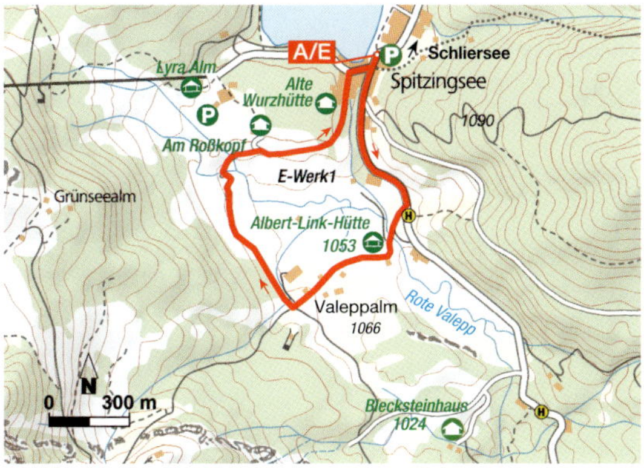

# 38 Schwaiger Alm

## Kurz oder lang, aber immer gut

| mittel | 4,3 km | 30 Hm | 2.00 Std. |
|---|---|---|---|

**Anfahrt**
A 8 München–Salzburg bis Ausfahrt Irschenberg. Weiter Richtung Fischbachau. Nach Elbach in Buchberg nach links abbiegen und am Ende der Straße direkt bei der Schwaiger Alm parken.

**Höhe**
885 m

**Anforderungen**
Leichte Schottertour mit Wegen in beliebiger Länge

**Geeignet für**
Rolli, Laufrad, Buggy, Rodel

**Einkehr**
Schwaiger Alm, ganzjährig geöffnet, Mittwoch und Donnerstag Ruhetag, Tel. 08028/9026467, www.schwaigeralm-fischbachau.de

**Informationen**
Tourismusbüro Fischbachau, Kirchplatz 10, 83730 Fischbachau, Tel. 08028/876, E-Mail: info@fischbachau.de, www.fischbachau.de

**Die Tour startet am Ziel, somit kann man die Länge und den Schwierigkeitsgrad beliebig und genau dosieren – ideal, wenn man die Schlafdauer des Nachwuchses mal nicht genau einschätzen kann. Bei den hier beschriebenen Varianten hat man die Wahl zwischen einer Kurztour, einer etwas längeren Tour, die man eventuell auch aus der anderen Richtung angehen könnte, und einer Rundtour mit 150 Höhenmetern.**

Links an der Schwaiger Alm vorbei folgen wir quasi in der Verlängerung der Anfahrtsstraße dem breiten Wanderweg Richtung Wallfahrtskapelle Birkenstein. Vorbei an der Kneippanlage schieben wir nun auf dem leichten Höhenweg geradeaus weiter, stets der Beschilderung zur Wallfahrtskapelle folgend, direkt zu dieser. Die Wallfahrtskapelle Maria Himmelfahrt wurde bereits 1710 erbaut und 1786 von Fürstbischof Joseph Ludwig von Welden geweiht. Gleich nebenan findet man einen Freialtar und eine monumentale Kreuzigungsgruppe auf dem der Kapelle gegenüberliegenden Hügel.

Wer hier schon genug für heute hat, geht auf demselben Weg wieder zurück zur Schwaiger Alm und genießt die Einkehr auf der Terrasse. Ein Brunnen beschäftigt die Kleinen ebenso wie die Ziegen hinterm Haus.

Alternative für eine weitere Strecke: Wer noch weiter gehen will, folgt ab der Wallfahrtskapelle der Beschilderung nach Geitau. Zunächst geht es zum großen Parkplatz am Ende der Straße in Birkenstein und dann weiter an der Flanke des Wendelsteins

**Tipp**
Eine echte Wanderung (ohne Kinderwagen) führt von Birkenstein über die Kesselalm und den Breitenstein zur Bucheralm und wieder zurück.

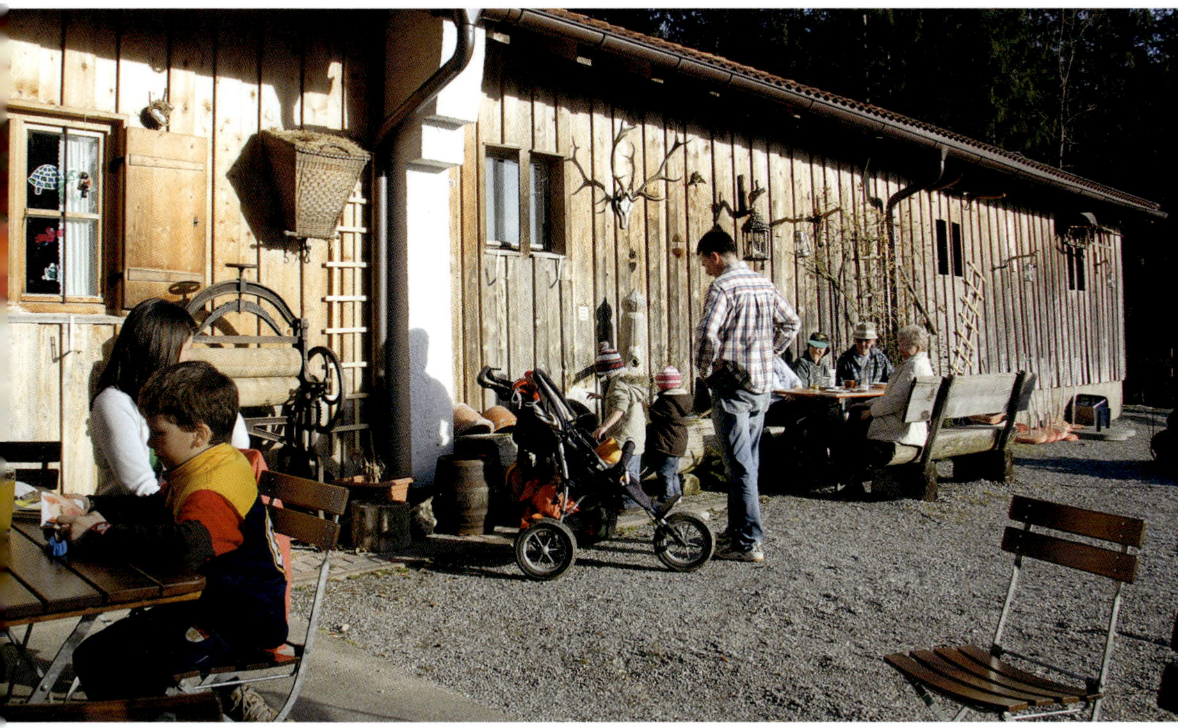

Rast mit (Spiel-)Brunnen bei der Schwaiger Alm

entlang bis zum Bahnhof nach Geitau. Hier wäre auch ein alternativer Startort für die Tour.

Alternative für mehr Höhenmeter: Wer sich nicht noch wesentlich weiter von der Schwaiger Alm entfernen, aber die Kleinen sich noch etwas auspowern lassen will, wählt die Variante der Rundtour mit mehr Höhenmetern. Man folgt dem Weg mit der Beschilderung zur Kesselalm, der zunächst über die Brücke und dann am Bachlauf entlang leicht bergauf zur breiten Forststraße zur Kesselalm führt. An dieser orientiert man sich weiter bergauf bis zur Abzweigung zur Kesselalm. Dieser rechte Weg würde nun auf die schöne, aber hart zu erkämpfende weil auf 1285 Metern gelegene Kesselalm führen. Wir gehen links auf der breiten Forststraße weiter und zweigen schon bald auf den kleinen Weg nach links ab, der uns wieder hinunter zum Höhenweg und dann nach rechts zur Schwaiger Alm führt (man hat hier drei Abzweige nach links zur Auswahl).

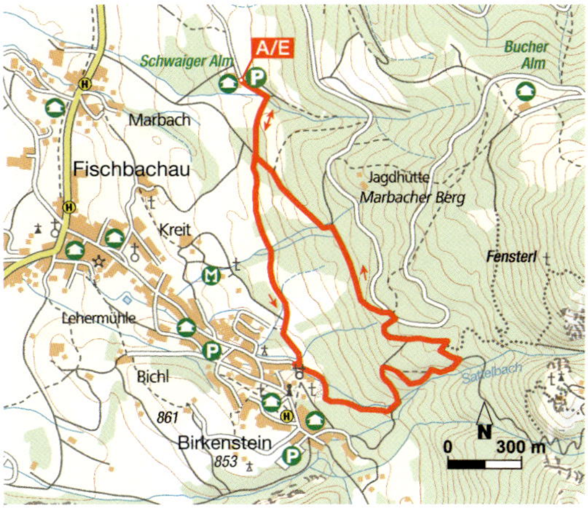

# 39 Taubenberg

## Turm mit Aussicht

| mittel | 4 km | 50 Hm | 0.40 Std. |
|---|---|---|---|

**Anfahrt**
Über die A 8 bis zur Ausfahrt Holzkirchen und weiter Richtung Tegernsee. In Oberwarngau links in den Ort und in der Ortsmitte rechts nach Süden. An Allerheiligen vorbei und dann die Erste links Richtung Weyarn. Nach ca. 700 m links auf die Schotterstraße, hoch zum Taubenberg und am höchsten Punkt bei der Kapelle parken.

**Höhe**
896m

**Anforderungen**
Leichte Bergwanderung auf Schotterstraßen und Wanderwegen

**Geeignet für**
Buggy

**Einkehr**
Berggasthof Taubenberg, Samstag, Sonntag und feiertags geöffnet, Taubenberg 1, 83627 Warngau, Tel. 08020/1705, berggasthaus@taubenberg.de

**Informationen**
Markt Holzkirchen, Marktplatz 2, 83607 Holzkirchen, Tel. 08024/6420, info@holzkirchen.de

**Die leichte Kinderwagenrunde auf dem Taubenberg führt uns am Aussichtsturm vorbei zur Kapelle Nüchternbrunn und anschließend zum Berggasthof Taubenberg mit Tieren und Spielplatz. Wer will, legt den Weg zum Auto dann barfuß ohne Schuhe zurück.**

Vom Parkplatz gehen wir zur kleinen St.-Benno-Kapelle und folgen dann dem breiten Schotterweg, der an dieser vorbei zum Aussichtsturm führt. Den steinernen Turm aus dem Jahr 1910 kann man kostenlos besteigen, falls die Türe geöffnet ist. Den Schlüssel erhält man gegen Pfand beim Gasthof. Nach 105 Stufen hat man die Aussichtsebene erreicht und blickt auf die Schlierseer und Tegernseer Berge und sogar bis nach München.
Im Anschluss gehen wir weiter auf dem breiten Weg in einem gestreckten Rechtsbogen und zweigen nicht links nach Oster-

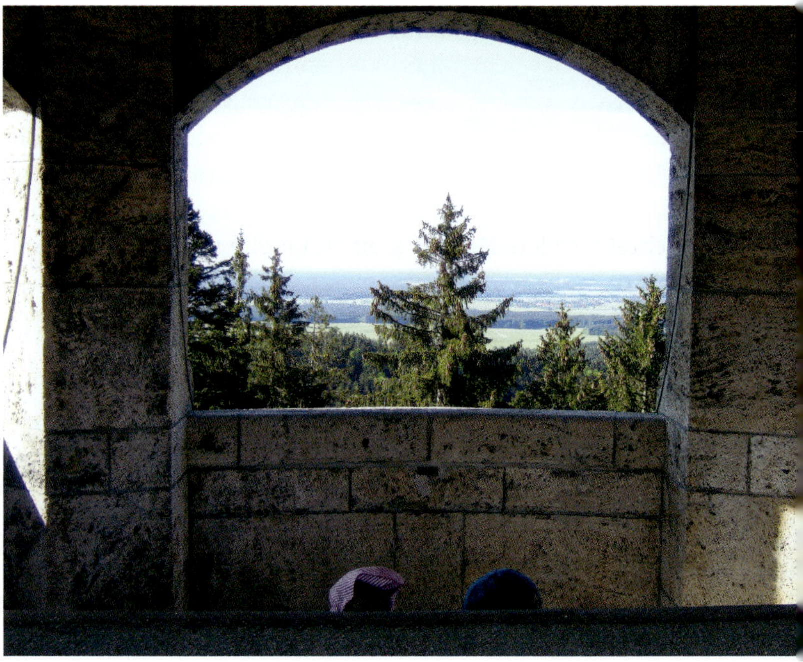

Tolle Fernsicht vom Aussichtsturm

# Ebenfalls erhältlich ...

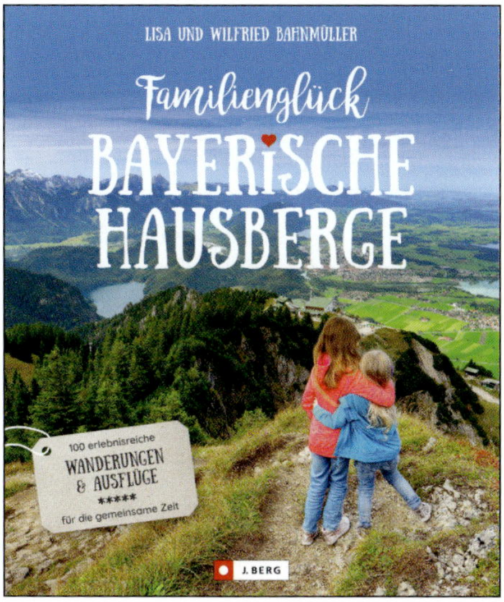


ISBN 978-3-86246-601-6

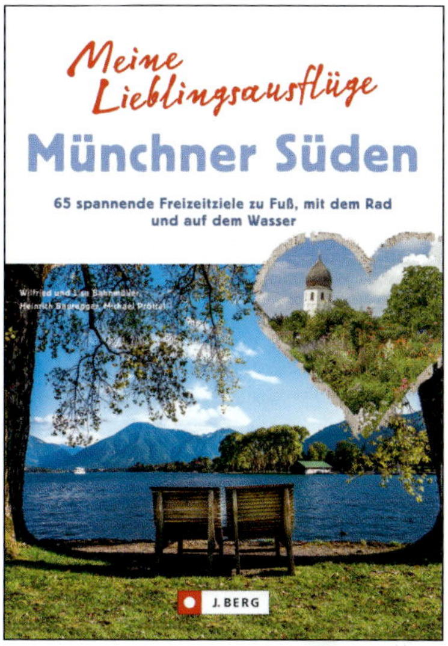


ISBN 978-3-86246-624-5

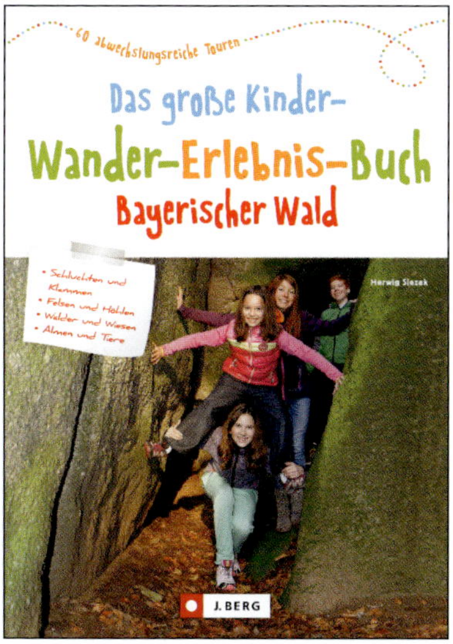


ISBN 978-3-86246-502-6

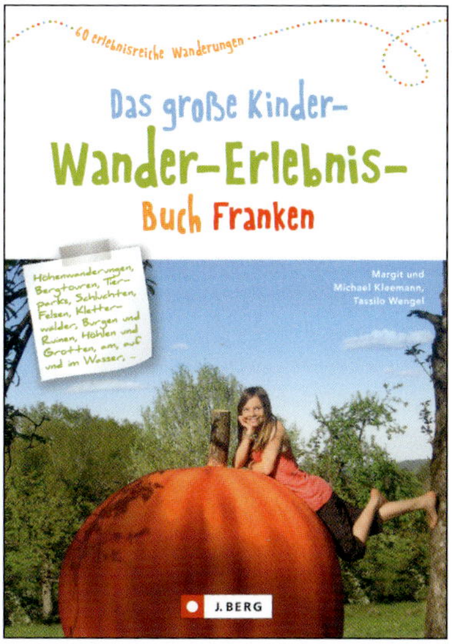


ISBN 978-3-86246-531-6

J. BERG

www.j-berg-verlag.de

# Impressum

Verantwortlich: Sabine Klingan, Miriam Gieler
Redaktion und Lektorat: Daniela Hansjakob
Layout und Illustrationen: Eva-Maria Klaffenböck
Repro: Cromika, Verona
Kartografie: Bruckmann Verlag GmbH, Heidi Schmalfuß
Herstellung: Alexander Knoll
Printed in Slovenia by Florjancic

★★★★★

Sind Sie mit diesem Titel zufrieden? Dann würden wir uns über Ihre Weiterempfehlung freuen. Erzählen Sie es im Freundeskreis, berichten Sie Ihrem Buchhändler, oder bewerten Sie bei Onlinekauf. Und wenn Sie Kritik, Korrekturen, Aktualisierungen haben, freuen wir uns über Ihre Nachricht an J. Berg Verlag, Postfach 40 02 09, D-80702 München oder per E-Mail an lektorat@verlagshaus.de.

Unser komplettes Programm finden Sie unter www.j-berg-verlag.de



Autorenempfehlung
Sie sind auf der Suche nach weiterführender Literatur? Dann empfehle ich Ihnen den Titel »Meine Lieblingsausflüge Münchner Süden« von Lisa und Wilfried Bahnmüller, Heinrich Bauregger und Michael Pröttel. Oder Sie werfen einen Blick in die Zeitschrift »Bergsteiger«. Hier werden Sie bestimmt fündig.
*Ihr Robert Theml*

Bildnachweis: Alle Bilder im Innenteil und auf der Umschlagrückseite stammen vom Autor.

Umschlagvorderseite: Claudia Theml: Tragen, schieben oder laufen – alle Touren mit Spaßgarantie
Umschlagrückseite: Spaß mit Kinderwagen im Lechpark Pössinger Au (Tour 1)

Die Deutsche Nationalbibliothek verzeichnet diese Publikation in der Deutschen Nationalbibliografie; detaillierte bibliografische Daten sind im Internet über http://dnb.d-nb.de abrufbar.

Aktualisierte und erweiterte Neuauflage des Titels »Die schönsten Wanderungen mit Kinderwagen im Münchner Umland«

ISBN 978-3-86246-665-8